Dietz

Mechtild Jansen

Das Claudia-Nolte-Phänomen

Verlag J.H.W. Dietz Nachfolger

Ich danke
Tremezza von Brentano, Detlef Hensche, Alfred Jansen,
Gisela Kessler, Emmi Kuhlmey, Gerhard Stuby und Inge Zeller,
daß sie mir die Arbeit an diesem Buch ermöglicht haben.

Die Deutsche Bibliothek – CIP-Einheitsaufnahme

Jansen, Mechtild:
Das Claudia-Nolte-Phänomen /
Mechtild Jansen. - Bonn : Dietz, 1997
ISBN 3-8012-0248-8

In der Raste 2, D-53129 Bonn
Lektorat: Christine Buchheit
Umschlaggestaltung: Manfred Waller, Reinbek
Druck und Verarbeitung: Ebner Ulm

Printed in Germany 1997

Inhalt

Einleitung

Claudia Nolte, Frauenministerin von Helmut Kohl, erhielt bei ihrer Ernennung zweifelhafte Aufmerksamkeit. Mittlerweile macht sie unter dem Kopfnicken großer Teile der Öffentlichkeit Tag für Tag ein bißchen mehr Karriere. Das erstaunt. Ist sie nicht – fernab von Sympathie oder Antipathie – eine etwas bizarre Erscheinung auf der politischen Bühne?

Wie kommt es, daß dieses junge, alte Fräulein, unbeleckt von emanzipatorischem, gar feministischem Gedankengut, im Zeitalter der Frauenbefreiung als Frauenministerin präsentiert wird? Weshalb gehen die Frauen nicht auf die Barrikaden? Warum fühlen Männer sich nicht beleidigt? Wieso sind Öffentlichkeit und Gesellschaft nicht zutiefst befremdet? Hat der Kanzler sie alle in die Tasche gesteckt? Ist jeder und jede schon wie Helmut Kohl? Was geht politisch vor? Welche Zusammenhänge gibt es zu den tiefen Umbrüchen der Gesellschaft, deren weithin sichtbare Zäsur das Ende des Systemkampfes zwischen Kapitalismus und Sozialismus durch den Zusammenbruch des sozialistischen Systems ist? Wohin treibt die bundesdeutsche Gesellschaft?

Diese Fragen drängen sich aufgeklärten Zeitgenossen auf und veranlassen, das Claudia-Nolte-Phänomen genauer zu analysieren. Es geht dabei nicht um die individuelle Person Claudia Nolte, allenfalls neben vielem anderen geht es um sie als Politikerin. In erster Linie und vor allem aber ist das Politikum von Interesse, für das diese Ministerin ein Symptom ist. Die Überlegungen resultieren aus langjähriger Beschäftigung mit der Politik der Rechten und der Linken, die als große und vielschichtige Strömungen die Bundesrepublik bestimmen, sowie der Rolle der Frauen und Frauenpolitik. Landläufig wird Frauenpolitik viel zu eng definiert und ihr deshalb ein untergeordneter Stellenwert eingeräumt, allemal in einer Zeit, in der vor jede emanzipatorische Politik ein „post“ gesetzt wird. Nichts davon ist Zufall. In Wirklichkeit ist allein die Tatsache einer gesonderten Frauenpolitik ein gesellschaftspolitisches Ereignis höchsten Grades. Frauenpolitik ist Grundlage jeder Form von Politik, die sich auf alle Bürger und Bürgerinnen und die Allgemeinheit bezieht. So betrachtet muß sie als roter Faden für die gesamte gesellschaftliche Verfaßtheit gesehen und verstanden werden. Dieses Buch beschäftigt sich folglich mit dem Claudia-Nolte-Phänomen als einem Ausdruck der Politik Helmut Kohls sowie des politischen Zustandes und Zeitgeistes der Bundesrepublik insgesamt. Dieses Phänomen ist die Spitze eines Eisberges: was heute den Frauen geschieht, geschieht morgen auch den Männern. Das Buch fragt nach den Ursachen, der Reichweite und der Veränderbarkeit dieses Phänomens. Es richtet sich an junge Frauen und junge Männer, die Frauenbewegung, die Frauen und Männer in Politik, Wirtschaft, Parteien, Gewerkschaften, Kirchen und Verbänden, an die bundesdeutsche Öffentlichkeit.

Inwiefern Claudia Nolte nun die 1983 versprochene „Wende" auf dem Feld der Frauenpolitik darstellt, inwiefern die vergleichsweise am Rand stehende Frauenpolitik Ausdruck des Zentrums und das vermeintlich Nebensächliche das Allgemeine und die Substanz der Kohlschen Politik ist, soll hier diskutiert werden. Das Buch zeichnet den Weg von Rita Süssmuth über Ursula Lehr und Angela Merkel zu Claudia Nolte nach, von der ersten expliziten zur zweiten impliziten Modernisierung konservativer Frauenpolitik im Kontext des sozialen Wandels und des politischen Umbruches. Dabei beleuchtet es auch die Rolle des Kanzlers und seines Verhältnisses zu diesen Frauen und Frauen allgemein. Es widmet sich auch der Rolle der traditionellen Opposition, die der tiefen feministischen Herausforderung im Grunde eher ignorant begegnete, hier heimlich mit Helmut Kohl Frieden schloß und sich gerade dadurch um ihre eigene Fähigkeit zur politischen Alternative brachte. Es analysiert ferner die Entwicklung der Frauenbewegung, ihren offensiven Versuch, Gesellschaft neu zu gestalten, der dann jedoch steckenblieb. Frauenbewegung verfing sich in Abwehrkämpfen, formalistischer Gleichstellungspolitik oder Karrierismus. Der CDU gelang es schließlich, deren Kritik an ihr in Begeisterung für die feministische Modernisierung zu verwandeln, um danach die Frauenbewegung politisch zu entwaffnen. Das Claudia-Nolte-Phänomen läßt, so wird deutlich, für die Zukunft einen Geist und eine Politik erwarten, die nicht nur die spießige Enge, Kleingeisterei und Geldfixierung wie in den 50er Jahren der aufstrebenden Republik, sondern obendrein scharfe neue soziale Kämpfe befürchten lassen. Ob die politische Lähmung von Öffentlichkeit und Gesellschaft anhält und die politische Provokation und demokratische Gefährdung des Landes weiterhin echolos bleiben, wird sich zeigen. Abschließend sollen hier mögliche Alternativen aufgezeigt werden: die Neugestaltung aller sozialen Beziehungen, der Arbeit, des Sozialstaates und der demokratischen Institutionen, die zusammen einen neuen

Geschlechter- und Gesellschaftsvertrag umreißen könnten. Aus der nun auch schon nicht mehr neuen Frauenbewegung können existentiell wichtige Impulse für eine allgemeine politische Erneuerung kommen. Denn Claudia Nolte kündet vom Ende der Kohl-Ära.

I. Claudia Nolte so jung so alt – ein Porträt

„Claudia Nolte. CDU. Bundesministerin für Familie, Senioren, Frauen und Jugend seit November 1994.

Am 7. Februar 1966 in Rostock geboren. Katholisch. Verweigerte die DDR-Jugendweihe, was ihr den Weg zum Abitur versperrte. Umweg über Ausbildung zur Elektronikfacharbeiterin. Dann Ingenieurstudium (Automatisierungstechnik und Kybernetik) an der TH Ilmenau in Thüringen. 1989 Mitarbeit im Neuen Forum. Seit Februar 1990 in der CDU. Wahl in die DDR-Volkskammer; im Oktober 1990 – mit 24 als jüngste Abgeordnete – in den ersten gesamtdeutschen Bundestag gewählt. Verheiratet, ein Kind. Hat Sohn Christoph (wird im Oktober vier) in ihrem Bundeshausbüro gestillt. Ehemann Rainer arbeitet halbtags als Diplomingenieur, kümmert sich um Sohn und Haushalt."

Aus: Journal für Deutschland Okt./Nov. 1995.

Die Ministerin Claudia Nolte muß gut beaufsichtigt und von einem ganzen Apparat behütet ritualisierte Amtspflichten erfüllen. Die Politikerin Nolte muß die gültige Parteipolitik repräsentieren. Von einer solchen Person einen lebendigen Eindruck zu gewinnen, ist schwierig. Die Authentizität von Politik und die konkrete Wirkung einer Politikerin ergibt sich gleichwohl aus ihrer Persönlichkeit. Die ganze organisierte Professionalität in der Darstellung von Person und Politik kann die ursprüngliche und direkte Information einer Person über sich selbst zwar überdecken, jedoch niemals ganz verbergen. Welche Auskunft gibt Claudia Nolte über sich? Was besagt dies über ihre politischen Absichten, ihre Wirkung und Bedeutung? Was sagt es über die bundesrepublikanische Verfassung, sie als Bundesministerin für Familie, Senioren, Frauen und Jugend zu haben?

Claudia Nolte ist eine Ministerin ohnegleichen. So eine hatte die Bundesrepublik noch nie. Den Werdegang und Status betrachtet, möchte man sie einen „steilen Zahn" nennen. Claudia Nolte ist die Jüngste, die das Land je zum Minister hatte. Sie ist schon als junge Frau in der Regierung, in der Frauen immer noch nicht die Regel, sondern die Ausnahme sind. Sie kommt aus der DDR und ist von ihr geprägt, einem Land, das in der alten BRD ungeliebt war und als fremd, als Kunstgebilde oder Gefängnis angesehen wurde. Sie leitet, nun volksmundlich ein „Ossi“, ein Ministerium, das für eine konservative Regierung stets ein ideologisches Flaggschiff erster Güte ist. Deutet das auf besondere Stärke der Politik oder besondere Schwäche oder beides zugleich hin? Was für eine Frau ist Claudia Nolte? Wie sieht für sie die Welt aus?

Rund und rosig, Blick und Finger nach oben

In der Erscheinung Claudia Noltes fallen einige Merkmale ins Auge. Rund, rosig, hell, strebsam, spitzfingrig und altklug, braves Schulmädchen und altmodische Tante. Niedlich und ganz adrett bisweilen, doch keine aufregende Weiblichkeit, kein Sex, keine Erotik. In ihren Bewegungen scheint ein unterdrückter und verklemmter Drang nach Zucht und Ordnung auf. So wirkt sie auf die Betrachterin.

Rund sind ihr Gesicht, ihre Brille, ihr Kurzhaarschnitt, ihre Kleiderausschnitte, die Blümchen und Blumen auf ihren Blusen, das Perlenkettchen, Perlmuttknöpfchen, die Schal- und Spitzenkrägen, die Rüschen, die hohe Taille ihres Kleides, der hoch geschlossene Mantel. Sittsam sind die langen Ärmel und zugeknöpften adretten Kostümjacken mit kleiner Brosche. Rosa, weiß, blau, rot, grau, in den Farbtönen wie aus dem Kindermalkasten, wo der Anlaß es nahelegt, schwarz sind die Farben. Sie verheißen: Ich bin klein und rein, aber doch auch schon groß, konventionell bis zur Selbstverleugnung, eigentlich geschlechtsneutral, ein keusches, nettes Mädchen allenfalls, oder eben Jungmutter. Ich rege euch als Männer weder an noch konkurriere ich mit euch, noch braucht als Mächtige ihr mich zu fürchten. Ich füge mich, um mich hochzudienen bei eurer großen Sache. Wenn sie dazu nicht paßt, lege ich auch die Rüschenbluse wieder ab.

Rosarot sind ihre Wangen, schnell glühend rot, manchmal bis hinter die Ohren, wenn sie aufgeregt oder eifrig ist, sich berufen fühlt oder ihr vielleicht gar bange ist. Sie lächelt gern, rundlichweich. Röte huscht übers Gesicht, wenn sie unsicher ist, ins Schwanken gerät, wie wohl das passende Verhalten ist. Meine Röte zeigt, wie unschuldig ich bin, sie verrät leider auch meine Erregung und mein eisernes Streben. Aber ich werde alles tun, keinen Anstoß zu erregen und keine schädliche Aufmerksamkeit. Und doch möchte ich so gern strahlend glänzen im Dienste einer guten Sache.

Hell sind ihre Augen, sie schaut brav und lieb, aufmerksam nicht minder, den Blick oft nach oben gegen den Himmel oder in die Weite oder dankbar zum Kanzler gerichtet, umrahmt vom braunen Haarschopf und kleinen Steckerchen in den Ohren. Seht, ich bin wach und lerne jeden Tag mit Fleiß dazu. Ich scheue keine Mühe. Ich will hoch hinaus.

Strebsam blickt sie, aufmerksam darauf bedacht, artig zu sein und gut erzogen alle Erwartungen zu erfüllen. Ernsthaft überzeugt ist sie von diesem Weg des Aufstiegs. Nicht eine Spur von Skepsis, Aufmüpfigkeit oder nur Distanz, kein jugendlicher Leichtsinn oder Spaß findet sich. Vollkommen fremd wie eine strenge Lehrerin aus einer Erziehungsanstalt und doch zu jung und weich geraten für sie, betrachtet sie Jugendliche, um tapfer deren vermeintlicher oder tatsächlicher No-Future-Mentalität zu widersprechen. Offener und selbstsicherer in ihrem Element, nicht minder wacker wegweisend fällt ihr Auge auf alte Damen, die zu ihr aufblicken. Einmal nur sitzt sie ohne Lächeln bei der frauenpolitischen Debatte im Bundestag zwischen lauter Männern. Verloren spitzt sie die Ohren, aufgeschreckt und verängstigt irrend guckt sie durch die Brille, über den Rand der Papiere hinweg, die sie hochkant vor sich hält. Sie versteckt sich hinter ihnen und hält sich zugleich an ihnen fest. Die großen Stühle lassen Abstand, der sie hilflos scheinen läßt. Es ist, als dämmere ihr ungewollt doch die Lage der Macht, jedenfalls ihrer eigenen Ohnmacht. Auch wenn Ihr es nicht versteht: Das nehme ich alles hin und ertrage es. Ich werde mir doch nichts verderben, nur um des Spiels, für einen Augenblick der Lust oder des Glücks wegen. Ich habe Höheres vor und muß eine Mission erfüllen. Dafür, und für die richtige Moral, opfere ich mich. Daß sie mich benutzen werden, ahne ich gewiß. Ich nehme es aber in Kauf, denn ich werde meinen Lohn bekommen.

Sie faltet ihre Hände häufig übereinander oder wie zu einem spitzen Dach zusammengelegt. Sie macht kleine Fäuste, zeigt immer wieder mit dem Zeigefinger in die Luft. Allein in ihrem Finger- und Händespiel ist etwas Kantigeres. Zielstrebigkeit und ein wenig Schärfe zeigt sie, subtil Machtanheischendes. Denkt nicht, ich wäre ganz harmlos. Ich weiß mich schon durch Löcher und feine Spalten nach vorne durchzuschlängeln. Durch Erfüllung der Erwartungen der Mächtigen eben, die ich fülle mit mir selbst und meiner Macht durch Opferung.

Wie ein junges altes Fräulein zeigt sich die Verheiratete und Mutter eines Kindes. Sie könnte 20 oder auch schon 50 Jahre alt sein. Nur eine Abbildung, sie sieht aus wie ein älteres Freizeitfoto, weicht ein wenig ab. Das Haar ist leicht verweht, ein Schal um den Hals flattert, das Lächeln ist gelockerter. So präsentiert sie sich als Abgeordnete unter dem Slogan „Selbst mitgestalten – eine wunderbare Sache“ in der

Broschüre der CDU-Frauen im Bundestag. Doch der Hauch von Verwegenheit aus weniger verantwortungsschwerer Zeit kann auch hier das Ältliche nicht verbergen. Auch hier verkündet sie: Ich bin eifrig im Streben nach oben, nach der Zugehörigkeit zu den Mächtigen. Ich bin im Geiste schon dort, muß also bereits gelebt haben, sonst wäre ich nicht alt genug dafür.

Spricht Claudia Nolte die Frauen von heute, junge Frauen, die der CDU am meisten fehlen, an? Mit einem historisch neuen Lebens- und Politikverständnis? Wohl kaum. Von wenigen Neukonservativen abgesehen. Gleichwohl liegt das Konventionelle längst wieder in der Luft. Mögen werden sie jene, die traditionell die Christdemokraten bevorzugen: die über 60- bis 70jährigen, die mit dem Frauenbild der 50er Jahre großgeworden sind und sich in ihm wohlgefühlt oder eingerichtet haben. Sie haben so als Großmütter noch Einfluß. Seht: Ich bin eure Enkelin und politische Tochter, aber ich habe es ganz in eurem Sinne auch schon weiter gebracht als ihr damals. Was ich erreicht habe, ist etwas anderes als die Frauen in der Politik vor mir hatten. Ich bin weder heimliche noch offene Emanze, weder gewollte noch ungewollte. Von gleichberechtigt muß ich nicht reden, als Frau bin ich es. Ich gehe politisch auf in der Rolle, die mir gegeben ist. Und ich bin die erste meiner Art seit 1945.

Wertkonservativ im Dienst des Ganzen

Claudia Nolte sagt von sich, sie sei sehr wertorientiert, wertkonservativ eben, als sei das identisch. Was sind ihre Werte? Wie sehen ihre eigenen Vorstellungen aus, nachdem sie das offizielle Programm beiseite gelegt hat? Eine führende Tageszeitung nennt „Ehe" und „Familie" ihre politischen Koordinaten. Da war sie schon ministeriell geweiht und zurückhaltend geworden. Denn das ist noch nicht alles. Hinzukommen die Absage an „Gruppenegoismen", die Bejahung von „Staat", dem „Ganzen". Diesen Werten muß der einzelne sich „(ein)fügen" oder „Strafe" erfahren.

Claudia Nolte kommt aus einem katholischen Elternhaus in der Diaspora, das sich mit der antichristlichen Macht zu arrangieren wußte. Der vermeintlich oppositionell eingestellte Vater entpuppte sich als Mitarbeiter der Stasi. Im jugendlichen Alter begann sie ihre politische Laufbahn religiös rechtsaußen. „Lebensschützerin", Verfechterin verschärften Strafrechts für abtreibende Mütter und delinquente Jugendliche, Befürworterin von Mutterschaftsprämien, Quotengegnerin, organisatorische und ideologische Nähe zu rechtsradikalen, national-klerikalen Kreisen, so machte sie von sich reden. Nach dem gescheiterten Versuch, einen ähnlich gewirkten Steffen Heitmann zum Präsidentschaftskandidaten zu küren, verbot Helmut Kohl ihr, solche Allüren zur Schau zu tragen. Geändert hat das ihr taktisches Verhalten, ihr Wertesystem und Denken nicht. Sie bleibt die brave, eifrige, altkluge Tochter. Sich-Fügen oder bestraft werden gilt auch für sie selbst. „Nur aufmüpfig sein, weil ich jung bin – auf keinen Fall", erklärt sie. Das muß als grundlegende Selbstauskunft verstanden werden. Nicht-jung-sein als Programm, Erwachsensein um jeden Preis, das heißt dabei sein wollen bei den Großen. Claudia Nolte will gegen keine gottgewollte Ordnung verstoßen, sondern an ihrer Größe teilhaben, in ihr und auf ihrer Klaviatur eigene Macht und Größe erfahren. Sie erlaubt sich keine Eigenwelt. Sie füllt das Vakuum, indem sie aufgeht in Bedeutenderem als sie selbst und so bedeutsam wird. Das „Miteinander in der Gesellschaft" sei das Wichtigste. Das Ganze ist das Ganze nur, wenn alle Teile sich ihm unterordnen bzw. aufopfern. Das Ganze bleibt aber Fiktion ohne eine Macht, die es als solches definiert. Der Staat ist dafür ihr Bezugsobjekt. Ihre Vorstellung von ihm bleibt auffallend vage. Hat sie eine andere als die ihr bekannte, die autoritär-diktatorische, nur nicht kommunistisch, sondern konservativ-klerikal? Claudia Nolte verrät die Sehnsucht nach einer heilen, kontrollierten, versorgten Welt, die sie sich nur als erwachsene, nicht-oppositionelle, etablierte und autoritäre denken kann. Jung zu sein, ist für sie ein Synonym dafür, sich nicht aufopfern und ein eigenes, ein freies Leben haben zu wollen. Und wer das will, ist schon oppositionell. *Das* will sie *nicht* sein.

Claudia Nolte bringt eigene Empfindungen nicht oft zum Ausdruck. Es falle ihr schwer, ihren Sohn so selten zu sehen, läßt sie wissen. Eigentlich wollte sie noch mehr Kinder und natürlich erst einmal „nicht arbeiten". Sie fände es gut, wenn Frauen sagen, sie wollten zu Hause bleiben und sich um die Familie kümmern. Sie selbst aber nimmt sich das nicht heraus, nicht einmal ein wenig „Extrazeit". Sie opfert das Zusammensein mit ihrem Kind und das Kleinfamilienleben der Regierung, dem Ganzen, der Macht, der wunderbaren Sache des Mitgestaltens.

Von der Wertschätzung der Familie spricht Claudia Nolte endlos gern. Ihr gebühre die Vorfahrt. Eine Gesellschaft ohne Familie sei eine Gesellschaft ohne Zukunft. Sie möchte eine neue Gesinnung für die Familie verbreiten. Fast sehnsüchtig spricht sie davon, wie die ganze schlechte DDR ein Gutes gehabt habe: nämlich fast überall wie eine

Familie zu funktionieren. Freudig lobt sie, daß die Familie im Osten höher geschätzt wird als im Westen. Sie bedauert die diesbezüglichen Verluste der Frauen in den neuen Bundesländern. Das Arbeiten in der DDR sei „familiär ohne Konkurrenz Hand in Hand im Kollektiv“, und die Arbeit Hand in Hand „mit gemütlichen Kameradschaftsabenden“ und diese Hand in Hand mit der Familie gegangen. Ein Zusammenhang dieser Art Gemeinschaftserfahrung mit einem autoritär-diktatorischen Regime erschließt sich ihr nicht. Die kommunistische Diktatur und den SED-Staat lehnt sie ab. Doch autoritäre Grundideen vom Ganzen, vom Staat und seiner Familie, das Leben der einzelnen in hierarchischen Abhängigkeitsbeziehungen stellt sie nicht in Frage. Der Staat versorgt die Bürger wie der Vater seine Kinder, jedenfalls solange man sich seinem Gesetz und seinen Vorlieben beugt. Selbständig, unabhängig, mündig können nur geweihte Auserlesene sein. Claudia Nolte bedauert, daß diese obrigkeitsstaatliche fürsorgliche Verbindung von Familie, Arbeit und Kinderversorgung nicht mehr besteht. Ein Verständnis des gesellschaftlichen Wandels und seiner Ursachen offenbart sie nicht. Erst recht hat sie keine Idee von einem freieren, demokratischen und sozialen Leben in der modernen Gesellschaft.

Claudia Nolte spricht stets nur von Familien mit Kindern. Kinder als eigene Wesen und junge Menschen mit eigenen Rechten und Ansprüchen auch gegenüber Erwachsenen tauchen bei ihr nicht auf. Kinder konstituieren zwar die hochgelobte Familie und deren Vorstufe, die Ehe. Sie werden jedoch nur als Anhängsel der Eltern, der nächstgrößeren sozialen Einheit, gesehen. Sie kriegen einen „Klaps auf den Po“, damit sie ihre Grenzen erfahren. Die Familie ist Keimzelle des Staates, der das Ganze verkörpert. Auf ihn bezogen sind wiederum die Erwachsenen Anhängsel und Erfüllungsgehilfen. Eltern veräußern sich für die Kinder zum Wohle des Ganzen, am besten tun dies die Mütter in ausgiebigen Erziehungsurlauben. Doch gilt dies nur, solange sie nicht noch höhere Interessen von dieser Aufgabe wegrufen, wie zum Beispiel „die Wirtschaft“.

Jugendliche brauchen noch mehr Mühe als kleine Kinder, damit sie den Ernst des Lebens begreifen. Sie sollen unter den Fittichen der Claudia Nolte für die Bereitschaft zum freiwilligen sozialen Jahr und für die Bundeswehr erzogen weden. Notfalls gilt auch der Zivildienst noch als ein wichtiger Dienst an der Gemeinschaft, wenngleich sie für entsprechende Ratgeber die Mittel streicht. Die Ministerin will die Jugendlichen vor der Unmoral und dem Verfall, Drogen, Mißbrauch, Sex,

Genußsucht und Gefährlichem mehr retten. Hilfe sollen sie bekommen, wenn sie auf die Straße geraten, und Strafe, wenn sie „Böses" tun oder delinquent werden. Jugend muß sich einfügen und nach oben auf die Vorderen schauen, um ihnen nachzueifern. Claudia Nolte lehnt ein Wahlrecht schon für 16jährige ab. Ihnen fehle die dazu erforderliche „Reife". Gesellschaftliche Zusammenhänge zu durchschauen, sei sehr schwierig. Es gehe beim Wählen schließlich ums Ganze und nicht nur um Jugendliche. Auch erwachsen werdenden Zöglingen spricht sie eigene Ansprüche und eigenständige demokratische Repräsentanz ab. Reife scheint für sie im vorauseilenden Gehorsam gegenüber dem Ganzen und seinen erwachsenen Leitern zu bestehen. Claudia Nolte will sich jedoch für „örtliche Jugendgemeinderäte" einsetzen. Hier, meint sie, könnten Jugendliche lernen, Spielregeln einzuhalten, realistische Vorschläge zu machen und Kompromisse einzugehen. Danach könnten ihnen auch die Verwaltungen entgegenkommen. Unter fürsorglicher Beaufsichtigung dürfen Jugendliche Erwachsensein proben und sich bewähren. Das nennt sich Erziehung.

Claudia Nolte liegt schließlich der „Dialog" zwischen Jung und Alt am Herzen. Besuche in Altenheimen scheint sie zu lieben. Sie will das „Wissen der Älteren" nutzen, ihr „Erfahrungsschatz" sei unentbehrlich. Ältere dürften nicht an den Rand gedrängt, der Gruppenegoismus dürfe nicht zugelassen werden. Phrasenhaft klingt der Inhalt des Gesagten, die Ministerin spricht aber sehr gefühlvoll. Es hört sich wie Schönrednerei zur einen und Moralpredigt zur anderen Seite an, damit die Alten sich in die Entmündigung fügen und die Jungen die Versorgung übernehmen. Auch im Alter ist an Selbstbestimmung und Bedürfnisbefriedigung nicht zu denken.

Die Frauenfrage, die Geschlechterfrage, die Gleichberechtigung, erst recht die Emanzipation und Selbstbestimmung der Frau interessiert Claudia Nolte wenig. Dazu schweigt sie meist auf sehr beredte Weise. Die Gleichberechtigung der Frau ist eine funktionale Angelegenheit im Kontext des Ganzen. Es geht nicht um Chancengleichheit, gleiche Arbeit, gleiche Lebensmöglichkeiten, gleiche Verantwortung, gleiche Macht und Freiheit oder was auch immer. Die einzige Vokabel, die sie anbietet, ist Partnerschaft, ein Elementarteilchen von Gleichheit. Claudia Nolte findet nun einmal bestimmte Lebenswelten vor, und dazu gehört heute ein gewisses Maß an Gleichberechtigung. Ihr muß Rechnung getragen werden, wenn Familie, Gemeinschaft, Staat und Nation von unten nach oben heil bleiben sollen. „Partnerschaft" wird vereinbart für dieses gemeinsame Ganze. Dessen Grundlage und Betriebsziel werden deshalb noch lange nicht in Frage gestellt. Was sie für die Stellung der Frau implizieren, wird schon gar nicht beleuchtet. Der Begriff „Partnerschaft“ wirkt da im Gegenteil wie ein Tabu gegenüber diesem Ganzen.

Funktional fürs Ganze sind daher auch Claudia Noltes Vorstellungen zur Frauenpolitik. Sie will Beruf und Familie vereinbaren. „Ganz Frau“ daheim und auch Frau im Beruf, ob nun von Staats wegen oder dem Markt zuliebe, sind ihr von Hause aus selbstverständlich. Die Frauen vom Arbeitsmarkt zu verdrängen, leuchtet ihr da nicht ganz ein. Teilzeittätigkeit macht doch beides möglich. Ergänzt um versicherte Hausangestellte. Das schafft billige Arbeitsplätze und obendrein neue biedere und herrschaftliche Häuslichkeit. So helfen sich Frauen untereinander, schön nach Rangordnung. Wer redet da noch von Männern? Claudia Nolte spricht sie ausdrücklich an, sie sind ausnahmsweise gemeint. Sie ermahnt den Mann, sich auch daheim „in der Familienverantwortung partnerschaftlich“ zu erweisen. Pragmatisch, im Sinne des Ganzen, packt auch er zu Hause „mit“ an. Einen gewissen Rollenwandel hat die Zeit zwar wider Willen, aber eben unumkehrbar mit sich gebracht. Der Mann fügt sich schließlich und spielt seine Rolle. So wie er sich den Zwängen der Rolle des Familienernährers oder den Vorgaben überall im Dienst unterwirft, zum Lohn für Macht, Machismo oder Paternalismus im Großen und Ganzen. Es paßt auch nicht mehr in die Zeit, Gewalt gegen Frauen zu tabuisieren. „Vergewaltigung ist keine Privatsache!“ ruft Claudia Nolte. Darin hat sie sich schnell von der Frauenbewegung und besorgten Patriarchen im Westen belehren lassen, steht doch Höheres wie die Ehe zum Beispiel auf dem Spiel, denn andernfalls lassen sich noch mehr Frauen scheiden und gerät sie noch mehr in Gefahr. Claudia Nolte ist dabei ganz entschieden, auch in diesem Fall schreckt sie vor Strafe nicht zurück.

Mit Claudia Noltes Amtsantritt sind die Ministerien Frauen und Jugend sowie Familie und Senioren wiedervereinigt worden, die einst durch eine Heldentat Kohls getrennt wurden, um den Bereich Frauen aufzuwerten. Das ist nicht nur politisches Programm des „konservativen Postfeminismus“, nicht nur Rückfall und logischer Vorwärtsgang zugleich. Diese Kombination ist ideal für Claudia Nolte, ihr förmlich auf den Leib geschnitten. Von der Jugendkampagne zu Familienideologiefeiern, von der Familienberatung in Ost und West zu den Ferien für Alte, vom Aufruf für freiwilliges soziales Engagement zur Warnung vor

Gewalt und sexuellem Übergriff, vom Lob für unentbehrliches ehrenamtliches Tun zum europäischen und internationalen Schwur auf den deutschen Staat in Sachen Frauenpolitik, von der Hilfe für Straßenkinder bis zur Bekundung des Wunsches nach Frieden, von den Familientips zum Treff mit gesellschaftlichen Organisationen, vom Versprechen auf mehr Kindergeld zur Beschwörung von Familiensolidarität auch in schlechten Zeiten, das ist die Spannweite des Wirkens von Claudia Nolte in einem beliebigen Monat. Darin geht sie auf. Endlich haben wir wieder eine tugendhafte Politikerin.

Claudia Nolte verliert dennoch nicht ganz den Realitätsbezug, selbst wenn das gelegentlich politische und ideologische Brüche nötig macht. Alleinerziehende sind zwar keine Familie, aber immerhin haben sie Kinder. Man kann sie nicht ganz sich selbst überlassen. Da sich für eine Ministerin der Ruf nach harten Strafen für Abtreibung gegenwärtig jedenfalls nicht empfiehlt, hält sie sich zurück. Pluralistische Verbandsstrukturen sind ihr zwar fremd, aber sie müssen wohl sein, auch in der Jugend- und Frauenpolitik im Osten. Wer aufs Ganze und seine oberen Etagen zielt, muß sich immer mal wieder „einfügen". Wer Macht will, und sei es in weiblicher Variante züchtiger Fügsamkeit, hat eine eingebaute Nabelschnur zu den „Machtverhältnissen". Ideologien sind dann eine Frage der Opportunitäten. Mit ihnen flexibel umzugehen, lernt Claudia Nolte noch. Wider Willen hat sie oft noch zu viel jugendlichen Eifer. Doch sie läßt sich führen. Sie ist gelehrig. So hat Claudia Nolte sich schon manches Lob verdient. Nein, komplett festgelegt sei sie nicht, wird ihr bescheinigt. Sie sei fleißig und durchsetzungsstark, in ihren eigenen Worten „unvoreingenommen und hartnäckig". Claudia Nolte findet Anerkennung, sagt eine Zeitung, auch wenn das noch nicht dazu reiche, gehört zu werden. Sogar die Frauen anderer Fraktionen im Bundestag zollen ihr Respekt. Mittlerweile hat sie auch gelernt, sich dem Kleiderstil der Businessfrau von heute anzupassen, die auch einen Zentimeter breit den Body aus der Jacke schauen läßt. Helmut Kohl hat ihr bedeutet, „Akzeptanz zu finden beim Bürger", das sei wichtig. Sie ist auf dem Weg. Machtergeben und machtwillig nach weiblicher Art. Richtig authentisch wird Claudia Nolte, wenn ihre DDR-Herkunftswelt in die CDU-Politik Eingang findet. Sie will mehr Einfluß für die Ostler, beklagt, wie der Westen sich mit innerer Teilung abfindet. Sie gibt ihr Traditionsgut in das der christdemokratischen Partei hinein und bereichert es. Zwar wird die CDU dabei nicht christlicher und nicht demokratischer, doch der Fundus ihrer konservativen Wirtschafts-, Familien-

und Staatspolitik wird deutlich gestärkt. Die CDU rückt nach rechts. Sie rutscht aber auch nostalgisch in vergangene Zeiten. Wird sie kurzfristig gestärkt, um dann beschleunigt zu veralten?

Ist es ein geschickter Schachzug Helmut Kohls, den Osten über eine Frau, eine junge Mutter, just diese Erzkonservative zu integrieren? Wertestark dem Ganzen dienend, darin ganz anpassungsbereit schwach und mächtig machterheischend zugleich? Ein doppeltes Wiedererkennungs- und Solidarisierungsobjekt, das weibliche Schwache und Anders-Starke, Machtrolle und Alibirolle zugleich? Welche Politik steht dahinter? Ist es ein wohlüberlegtes taktisches Vorgehen oder zeigt es kurzfristiges Denken?

Wer fügt sich da mit wem auf welcher Grundlage zusammen aus Deutschland Ost und West? Wieviel Affinität besteht eigentlich zum verhaßten Gegenstück der eigenen Ordnung? Welches Treibgas bildet sich dabei? Wieviel Tradition verträgt ein modernes demokratisches und liberales Deutschland? Wieviel Reform ist überhaupt vernünftig, wo es doch schön ist, Vertrautes zu behalten? Wieviel Aufklärung braucht wirtschaftliches Wohlergehen? Zu weit jedenfalls sollte es niemand treiben mit dem Individualismus, das steht fest. Sonst geht der Mensch zur Strafe verloren. Das beweisen die Geschichte und die in ihr erfolgreichen Bünde der Männer, Wirtschaft oder Staatsgewaltigen. Den letzten oder meist: die letzte beißen die Hunde. Wird im Biedersinn von Blümchenkleidern und dem Mief der Füg- und Strebsamen eine erschreckend trübselige Regression, wie sie die Bundesrepublik zur Zeit erlebt, bis zur Unkenntlichkeit verharmlost? Soll wie in der Nachkriegszeit ein politischer Schrecken über das Entstehen und die Lebensfähigkeit einer Diktatur durch allseits erzwungene Harmonie bewältigt werden? Claudia Nolte ist noch so jung und doch schon so ältlich. Ein Phänomen.

II. Die Vorgeschichte: von Süssmuth zu Nolte

Die Ernennung Claudia Noltes zur Ministerin für Familie, Senioren, Frauen und Jugend hatte für einen Moment großes Aufsehen erregt. Die Erregung war ähnlich groß wie knapp zehn Jahre zuvor, als Rita Süssmuth zur Ministerin für Jugend, Familie und Gesundheit – erstmals ergänzt um das Beiwort Frauen – berufen wurde. War die frauenpolitisch aufgeklärte Öffentlichkeit beim ersten Mal freudig erstaunt, so war sie beim zweiten Mal leise entsetzt. Das eine Mal hatte sie Schlimmeres befürchtet, das andere Mal Besseres ersehnt. Irritiert war sie bei beiden Anlässen. Es gibt nicht viele Themen, mit denen Helmut Kohl während seiner Regierungszeit die Öffentlichkeit in Atem gehalten hat. Seine Art, Rivalen wegzubeißen, sein von der Gnade der späten Geburt geprägter Umgang mit der Geschichte, sein trampeliges Auftreten im Ausland, vielleicht noch seine kurzweilige Mittlerrolle beim Bündnis für Arbeit waren Gesprächsstoff. Meist aber herrschte eher Langeweile. Anders war es bei der Frauenpolitik. Sie war dauerhaft von subtiler Nervosität, flatternder Unruhe und innerlich gespannter Aufmerksamkeit begleitet.

Helmut Kohl hatte 1983 die Bundestagswahl mit dem Versprechen gewonnen, dem Land eine „politische Wende" zu bringen. Dieses Versprechen konnte Helmut Kohl zu Beginn seiner Dekade auf keinem Feld der Politik, am wenigsten in der Frauenpolitik, einlösen. Die Frauen und die Realität in der Gesellschaft standen davor. Sie zwangen ihn sogar, sich in die umgekehrte Richtung zu bewegen und der Forderung nach Demokratie und Emanzipation nachzugeben. Noch im Gewande des Zugeständnisses an den „linken" Zeitgeist begann danach der lange Weg, die erreichte Selbstbestimmung für Frauen wieder einzuschränken und auf lange Sicht einzuzäunen. Die konservative Politik kam bei diesem Unterfangen nur schwer voran. Die westdeutsche Frauenbewegung kämpfte zäher als alle anderen neueren und älteren sozialen Bewegungen. Der Durchbruch gelang Helmut Kohl erst mit dem Zusammenbruch des Realsozialismus, der deutschen Einheit und mit der aktiven Hilfe pseudoemanzipierter, selbständig angepaßter Frauen aus der ehemaligen DDR. Claudia Nolte verkörpert die 1983 versprochene, spät doch noch eingetroffene Wende auf dem Feld der

Frauenpolitik. Dem mag heute kaum noch jemand Bedeutung beimessen, sind die angeblich „weichen“ Top-Themen der 80er Jahre, die Frauen-, Friedens- und Umweltpolitik, doch längst von der politischen Hitliste der 90er verschwunden. Der vermeintliche Rand des politischen Geschehens aber ist unmittelbarer Ausdruck seines Zentrums. Im scheinbar Nebensächlichen äußert sich die Substanz der Kohl'schen Macht- und Herrschaftspolitik, die die gesellschaftlich eroberte Sozialfreundlichkeit und Demokratisierung der späten Bundesrepublik heute abräumen und notfalls auch zertrümmern will. Zu eben diesem Zweck beraubt die Kohl-CDU die Frauenbewegung nach und nach hemmungslos ihrer Mittel und Insignien freieren Lebens, um an ihre Stelle „modern lebende“, aber konservativ und erzkonservativ denkende und handelnde Frauen zu setzen. Mag die eine oder andere CDU-Repräsentantin, insbesondere Rita Süssmuth, noch Sympathie bis in die Reihen der Frauenbewegung ausgelöst haben, die „Frauenpolitik“ der Kohl-Ära in Regierung und Partei war und ist durch und durch von Männerkopf und -hand gestaltet. Als machtfixierte und hierarchische ist sie notwendigerweise eine patriarchale und wurde sie von feministisch noch so aufgeklärten Herren formuliert. Die CDU-Frauen waren nicht Subjekte, sondern Objekte dieser Politik. Sie wurden je nach Bedarf geduldet, berufen oder weggeschickt. Und da sie sich nicht aktiv auf eine emanzipatorische Frauenbewegung berufen mochten, blieb ihnen immer nur die Wahl zu gehen oder zu bleiben, so oder so auf bessere Zeiten hoffend. Die namhaften CDU-Frauen sind alle geblieben. Das hat neben zähem Kampfeswillen tiefere Gründe. Es verbindet sie mit der CDU mehr als mit Frauen, die für umfassende Selbstbestimmung eintreten.

1. Männer machen Frauen (-politik)

Die Frauenpolitik der Kohl-Ära und ihre Amtsträgerinnen in Partei, Parlament oder Regierung sind das Werk der Männer. In ihren Augen gaben die Frauen selbst nicht mehr als das Material, das Instrument und den eigenen Machtwillen dazu ab. Die konservative Frauenpolitik ging nie von der Selbstbestimmung und der Sicherung existentieller Lebensvoraussetzungen des einzelnen in der Gesellschaft aus. Ihre Ausgestaltung war und ist diktiert von ökonomischen und politischen Interessen der Wirtschaft, bevölkerungs- und nationalen staatspolitischen Interessen, dem Fang von Wählerinnenstimmen und den von der Gesellschaft auferlegten Zwängen. Die Kursbestimmung ging der Personalauswahl jeweils voraus, der Personalwechsel erfolgte niemals im Namen eines Kurswechsels, der bereits schleichend vollzogen war. Es waren der Kanzler und sein ihn mal widerborstig, mal unterwürfig treibender Generalsekretär, die das Ruder dabei jeweils in der Hand hielten. Die Gebote der Wirtschaft galt es mit der Folgebereitschaft der Frauen auszutarieren und möglichst in Einklang zu bringen. Um von der Moderne zur Postmoderne zum neoliberalen Marktradikalismus zu kommen, mußte dem Feminismus Anerkennung gezollt, er in tausend Einzelteile zerstreut und dann abgeräumt werden. Das geschah in zwei Etappen. Bei Antritt der konservativen Regierung lag, wie traditionellerweise üblich, die Verantwortung für die Frauenpolitik noch beim Sozialminister. Norbert Blüm propagierte gerade „sanfte Reform" durch „neue Mütterlichkeit", lenkte mit solcher Altmodigkeit jedoch nur weiteres Wasser auf die Mühlen der Frauenbewegung. Unter dem Signum einer „neuen Partnerschaft zwischen Mann und Frau" wurde da die erste Modernisierung der CDU-Frauenpolitik 1985 mit dem Essener Parteitag vollbracht. Ein feministisch angehauchter Neokonservatismus versprach die Gleichwertigkeit zweier verschiedener, aber in gewisser Weise für sich stehender Wesen. Es folgte ein vielstimmiger Kampf um die Ausgestaltung der „neuen Partnerschaft" und um mehr Einfluß und Macht der Frauen in der Partei. Der Weg mündete 1995/96 in eine zweite Modernisierung der CDU-Frauenpolitik. Mit ihr wurde ein Verständnis von Partnerschaft festgeschrieben, in der Frau und Mann wieder einem neubelebten hierarchisierten Ganzen dienen sollen. Während die Partei garantierte Machtbeteiligung ablehnte, wurden von oben veranlaßt gleichzeitig die „richtigen" Frauen an die politische Front abgeordnet. Nun war Helmut Kohl ganz bei sich angekommen.

Die Folgen der Frauenbewegung machten sich auch in der CDU dergestalt bemerkbar, daß einige der von den Männern berufenen Frauen es dabei nicht belassen wollten und Existenz aus eigenem Recht beanspruchten. Ein Teil der der Partei untergliederten, die weibliche Mitgliedschaft umfassenden CDU-Frauenunion bildete ihren Bezugspunkt. Doch jene Frauen, die die Berufung zwar angenommen hatten, sich den Vorgaben der Männer aber nicht umstandslos fügen wollten, wurden ihrer handlungsrelevanten Machtbefugnisse beraubt, abgeschoben, immer wieder brüskiert und vorgeführt. Ihre unterdrückte Wut und Aggressivität wurde nur vom Willen zur Teilhabe an der Macht niedergehalten. Die Angepaßten und Karrieristinnen siegten noch jedes Mal. Vor diesem Hintergrund ist es kein Zufall, daß die Frauenministerinnen häufig wechselten, ihre Ablösung und der neue Typ Ministerin jeweils Furore machten.

2. Vom traditionellen zum feministischen zum neuen Rechtskonservatismus

Mit dem Regierungsantritt Helmut Kohls 1983 sollte die geistig-moralisch-politische „Wende" auch in der Frauenpolitik beginnen. „Selbstverwirklichung", „Libertinage", „Anspruchsdenken", „Infragestellung aller Tradition und Ordnung", „Egoismus", „Verweigerung" und „Männerfeindlichkeit" – oder was die Konservativen dafür hielten – sollten ein Ende finden. Die Ära sozialdemokratischer Ausgleichspolitik war vorbei. Mit den sich abzeichnenden Krisenerscheinungen sollte die Politik nun anders umgehen. Viele Frauen befürchteten, an Heim und Herd zurückgeschickt zu werden. Aber die Frauen wurden in anderer Weise als einst gebraucht, um mit ihrer Hilfe Krisen zu lösen. Die veränderte Gesellschaft – der Bedarf an weiblichen Arbeitskräften, der berufliche Bedarf an neuen Sozialtugenden für die Produktivität der Wirtschaft, die Auflösung kollektiv einförmiger Lebensweise nach Klasse und Schicht, der Bedarf an sozialem Kitt, die unaufhaltsame Frauenbewegung – machte eine *angepaßte* konservative Frauenpolitik unerläßlich. Die traditionellen Vorstellungen über die Rollen von Frauen und Männern mußten *innerhalb eines konservativen Weltbildes* modernisiert und reformiert werden, weil sie nicht nur untauglich, sondern sogar schädlich geworden waren. Heiner Geißler war der geistige Vater dieser Neuformulierung der CDU-Frauenpolitik. Er trieb den widerstrebenden Kanzler als regierungsamtlich Handelnden vor sich her.

In der konservativen marktorientierten Politik interessierte die Frau stets in ihrer reproduktiv-produktiven Funktion als Gebärerin von Kindern und spezifische Familienerzieherin sowie als billige Arbeitskraft in der Haus- und Familienarbeit und auf dem Arbeitsmarkt, wohin sie meist aus Existenznot oder Mangel an Arbeitskräften getrieben wurden. Erwerbstätigkeit aber war bislang im politisch-ideologischen Entwurf der Konservativen offiziell gar nicht vorgesehen. Der ideale weibliche Lebensentwurf war der der Mutter und „Nur-Hausfrau". Er aber war in den 70er Jahren von den Realitäten definitiv überholt und unhaltbar geworden. Die familiäre Rolle der Frau als einzige Lebensform mußte begraben werden, die Berufstätigkeit der Frau als eine Option offiziell unterstützt, die „Wahlfreiheit und Vereinbarkeit“ zwischen beiden proklamiert werden. Auch die Anpassung an die feministische Bewußtseinsveränderung wurde unerläßlich. Man geißelte „Machotum“.

Die übergeordnete Leitidee lautete nun „neue Partnerschaft“ und „Gleichwertigkeit von Beruf und Familie“. Die feinen Fußangeln lagen in der Frage, auf welcher Basis und mit welchem Ziel die neue Partnerschaft konstituiert, was womit gleichwertig sein und worin dies greifbar werden sollte. „Vereinbarkeit“ und „Wahlfreiheit“ von bzw. zwischen Beruf und Familie waren als ideologisches Lockmittel und praktisches Lebensmodell von Anfang an allein für Frauen unter unveränderten patriarchalen Vorgaben konzipiert. An den Grundlagen und Spielregeln des Männerlebens sollte sich nicht viel verändern. In den 90er Jahren war zudem von Wahlfreiheit kaum mehr die Rede, sie war nach der „Nur-Hausfrau“ als nächstes den Lebensrealitäten zum Opfer gefallen. Wenn die Frauen nicht von sich aus wegen der Selbständigkeit oder der Entwicklungsmöglichkeiten berufstätig sein wollten, dann mußten sie es von wenigen Ausnahmen abgesehen aus Gründen der Existenzsicherung. Geblieben war also nur das Versprechen auf „Vereinbarkeit“ von Beruf und Familie, das in dem Maße, in dem es sich nur mit auffälligen, nicht zu leugnenden Nachteilen für die Frauen realisieren ließ, zu einer Aufforderung auch an Männer wurde. Das Leitbild für die Frau wandelte sich unversehens zu einem Schreckbild für den Mann, als es, primär um Frauen zu beruhigen, verbal auch für Männer eingefordert wurde. Sofern überhaupt eine „neue Partnerschaft“ sichtbar wurde, geschah dies vor dem Hintergrund der ökonomischen und sozialen Entwicklungen in Gestalt wechselseitiger Anpassung an das jeweils niedrigste Niveau der Rechte Erwerbstätiger auf dem Arbeitsmarkt. Zunehmend werden auch die schwächeren Männer erwerbslos und müssen sie sich auf prekäre ungesicherte Beschäftigungsverhältnisse einstellen. Traditionelle Schutzregeln für Frauen wie etwa das Nachtarbeitsverbot, die ihre Mutterrolle begleiten sollten, werden aufgegeben und an die Regeln für männliche Erwerbstätige angepaßt. Dabei wurden Frauen im allgemeinen sowenig ernsthaft von traditionellen Familienarbeiten entlastet wie Männer sie trotz gewonnener Zeit übernahmen. Die ganze liegengebliebene Arbeit wird vielmehr repressiv den jeweils unteren Schichten mit indirektem oder offenem Zwang und gegen allenfalls symbolische Bezahlung aufgeladen. Die Frauen bekommen dabei zum einen auf allen Ebenen einen modernisierten Zweite-Klasse-Status, zum anderen werden sie instrumentalisiert für soziale Spaltung, Druck auf Schwächere und Gleichstellung jeweils durch Anpassung nach unten. Der Vorgang beinhaltet eine Rehierarchisierung vergleichsweise egalitärer, pluralistischer Gesellschaft.

Darin erschöpft sich auch schon das Grundmodell der konservativen Wende. Die Konservativen weiteten ihre Politik zunächst, um frische Luft zu holen und überlebensfähig zu bleiben. Im Laufe der Jahre verengte die CDU sie wieder mehr und mehr, bis sie zu ihrem Grundgehalt kondensierte. Mit dem Bekenntnis zur Aufgabe einer offenen Gesellschaft und den Peitschenhieben zur Unterwerfung unter die einseitig von Starken diktierten Gebote einer Politik der Standortsicherung, die für Frau und Mann gleichermaßen zur Rettung des „Ganzen" unerläßlich sei, ist die rechtskonservative Modernisierung markiert. Diesmal ist Helmut Kohl mit Beistand seines Lakais Peter Hintze ganz der Vater, das Kind der anpassenden Reform endlich ganz nach seinem Geschmack. Kohl ordnete an, mehr Frauen als Repräsentantinnen seiner Politik einzusetzen und seine strebsamste Schülerin zur Frauenministerin zu machen. Diese Wende konnte sich erst über einen längeren historischen Zeitraum mit erheblichen Kämpfen durchsetzen, sie wurde in einem sehr subtilen, sehr allmählichen, auf Konsens bedachten Prozeß vollzogen, der nur angesichts des historischen Scheiterns des Realsozialismus und traditioneller linker Politik sowie der weltweiten, zugleich krisenhaften Neuformierung des kapitalistischen Marktes gelingen konnte. Das deutsche Modell der Wende ist weich, betulich und verhältnismäßig sachlich. Zäh, lähmend und schwierig ist es jedoch auch, sich ihm zu widersetzen. Es führt von der schon vertrauten Unübersichtlichkeit nun doch in neue Übersichtlichkeit.

3. Die frauenpolitischen Eckpunkte der CDU: Nachwuchs und Familie, Wirtschaft, Staat und Nation

Im einzelnen geht es der CDU auf der Basis der skizzierten Grundsätze bei der sogenannten „Frauenpolitik" um folgende Ziele: Um bevölkerungspolitischen Nachwuchs spezifischer Art zu sichern, setzt die CDU nicht nur auf Gebärfreudigkeit. Sie will Kinder unter zunächst ausschließlich privater Fürsorge der leiblichen Eltern im Rahmen der Kleinfamilie aufziehen. Die extreme Abhängigkeit eines Kindes unter der Vormundschaft seiner Eltern soll für ein entsprechendes hierarchisches gesellschaftliches Ordnungskonzept bürgen. Um die Instanz der Familie als solche in ihrer ordnungspolitischen Funktion zu reproduzieren und zu sichern, will die CDU die Vereinbarkeit von Familien- und Berufstätigkeit ermöglichen. Es geht ihr dabei nicht darum, das Recht auf eigenständige Existenzsicherung und -gestaltung zu verwirklichen, sondern die bisherige Familie zu erhalten. Logischerweise geht es außerdem bei diesen beiden Gesichtspunkten unausgesprochen immer mehr um die Frau als um den Mann, da nur sie gebärfähig ist. Die Frau wird restriktiv gesteuert über Moral, Recht und die materiell und strukturell bereitgestellten (Lebens-)Ressourcen. Bis heute gilt für sie durch den § 218, das Ehe- und Familienrecht und das Arbeits- und Sozialrecht ein Sonderrecht. Für sie gibt es eine Sondermoral des Dienens und Verzichtens und ein gesellschaftlich begrenzter, ungleicher und minderwertiger Sonderstatus. Da die private Wirtschaft begünstigt werden soll, wird zudem die Berufstätigkeit der Frau so weit gefördert wie der Bedarf an Arbeitskräften und -qualifikationen es verlangt. Oder sie wird indirekt unter oft unzureichenden Bedingungen erzwungen, wenn der Verdienst der Frau zur Sicherung des Einkommens für die Kinder bzw. die Familie unverzichtbar ist. Der Mann bleibt hier gegenüber der Frau „naturgemäß" bevorteilt. Er trägt kein „Schwangerschaftsrisiko". Er ist freier zum Broterwerb und wird zugleich stärker zu ihm gezwungen. Er hat alle kulturellen und politischen Traditionen auf seiner Seite. Aber ein Recht auf Arbeit hat auch er nicht.

Das, was nach diesem Politikentwurf die Männer und ihre Führer in Wirtschaft und Staat von Frauen haben wollen – bis hin zum Einfluß auf die individuelle und kollektive menschliche Reproduktion –, handeln sie nicht mit ihnen aus. Sie sichern es sich vielmehr durch Dominanz und Herrschaft. Männer entgehen damit nicht einem Leben in Abhängigkeit. Aber indem sie sich Frauen gefügig machen, sonnen sie sich an der Oberseite der Abhängigkeit und erheben Herrschaft und Unterwerfung zum allgemeinen Ordnungsprinzip, auch für sich und untereinander. Die Herrschaft zwischen Mann und Frau begründet so allgemeine Herrschaftsverhältnisse.

Diese roten Fäden konservativer Frauenpolitik lassen sich exemplarisch anhand der wichtigsten politischen Vorhaben und Maßnahmen der

Kohl-Ära nachzeichnen: Die Einführung des dreijährigen Erziehungsurlaubs und zunächst einjährigen, aber ebenfalls auf drei Jahre geplanten Erziehungsgeldes zielt auf privathäusliche Erziehung kleiner Kinder durch die Eltern als einziger Autorität, die keine Wahl läßt. Angesichts der geschlechtspezifischen Spaltung des Arbeitsmarktes und der Löhne wird sie faktisch überwiegend durch die Mutter verrichtet. Die Frau entlastet derweil den Arbeitsmarkt und kehrt im allgemeinen als Teilzeitarbeitende zu minderen Bedingungen erst später in den Beruf zurück. Erziehungsgeld und -urlaub belohnen so die Kleinfamilie, ihre hierarchische Ordnung als Vorübung für Gesellschaft und Staat, die lebensweltliche Subordination der Frau, ihre zweitklassige Rolle auf dem Arbeitsmarkt, die allgemeine Flexibilisierung und Deregulierung lohnabhängiger Beschäftigung. Sie schaffen eine Pufferzone, um die Wirtschaft bei Bedarf von Kosten zu entlasten und werden so sogar Teil einer wachsenden Arm-Reich-Spaltung. Der neue § 218 gesteht der Frau zwar ein Selbstentscheidungsrecht zu. Er schafft jedoch gleichzeitig ein Lebensrecht des Ungeborenen gegen die Frau. Er beinhaltet eine grundsätzliche Schuldvermutung und qualifiziert eine Schwangerschaftsunterbrechung als Rechtsvergehen. Ein moralischer, rechtlicher und politischer Vorbehalt gegen das Selbstbestimmungsrecht der Frau wird so zugelassen. Die Frau wird im Namen von Schutz und Hilfe unter vormundschaftliche Aufsicht und Disziplinierung des Staates gestellt. Die Stiftung „Mutter und Kind" will Frauen mit finanzieller Unterstützung zum Austragen einer Schwangerschaft ermutigen und symbolisiert den ideologischen Auftrag zur Mutterschaft an die Frau. Der Rechtsanspruch auf einen Betreuungsplatz für jedes Kind ab drei Jahren wurde zwar unter dem Signum der Hilfe für Frauen, die sich für ein Kind entscheiden, und als Zugeständnis im Zuge der deutschen Einheit beschlossen. Seine Realisierung jedoch steht heute durch das Spardiktat der öffentlichen Haushalte mehr denn je in den Sternen. Die Vereinbarkeit von Beruf und Familie wird im Ergebnis einmal mehr erschwert. Die strafrechtliche Verfolgung von Vergewaltigung in der Ehe steht mit dem 1996 beschlossenen, aber noch nicht ratifizierten Gesetz unter Vorbehalt einer Verständigung zwischen den Eheleuten. Die Ehe soll gerettet werden, sie konstituiert noch immer ein besonderes Verfügungsrecht des Mannes über die Frau. Die Familie als Lebensform hat Vorrang vor anderen Lebensformen, denen gleiche Anerkennung und Rechte versagt werden. Ehegattensplitting, Kindergeld, Sozialrecht subventionieren ausdrücklich die traditionelle Kleinfamilie mit traditioneller Rollenverteilung. Das Vaterrecht wird angesichts wachsender Selbständigkeit von Frauen gestärkt, noch bevor gleiche Verantwortung für private Arbeit und Kindererziehung realisiert ist. Das zweite Gleichberechtigungsgesetz macht ebenso wie die Ergänzung der Verfassung die faktische Umsetzung von Gleichberechtigung und Gleichstellung von Frau und Mann zu einer unverbindlichen Absichtserklärung. Das gilt insbesondere für den Arbeitsmarkt, also für die Chancen zu lebenslang eigenständiger Existenzsicherung, sowie für die unbezahlte private Arbeit, die zu zwei Dritteln Frauen verrichten. Teilzeitarbeit wird Ankündigungen zum Trotz nicht gleichbehandelt und abgesichert. Die Regierung korrigierte gerade einmal das Arbeitsförderungsgesetz, um Frauen anteilsmäßig berücksichtigen zu lassen. Regierungsamtliche Unterstützung für Frauenhäuser und Kampagnen gegen Gewalt und sexuelle Übergriffe versorgen geschlagene Frauen, klären auf, schützen und appellieren an Moral und Anstand. Wirksame Sanktionen gegen die Täter sind selten. Letztere werden therapiert, ihre Opfer auf Selbsthilfe verwiesen. Gewaltträchtige Strukturen werden meist nicht verändert. In der Krise werden selbst diese kompensatorischen Maßnahmen aufgeschoben, gekürzt, oder sie greifen nicht mehr.

4. Abstiege im Frauenministerium

Der Weg von Prof. Rita Süssmuth 1985 über Prof. Ursula Lehr 1988 und Dr. Angela Merkel 1991 zu Claudia Nolte 1994 kennzeichnet in mehrfacher Hinsicht einen kontinuierlichen politischen Abstieg. Rita Süssmuth offenbarte sich bald als eine begabte, unkonventionelle politische Seiteneinsteigerin, die ihre Wirkungskraft bis heute nicht verloren hat. Ursula Lehr entpuppte sich als weniger begabte politische Seiteneinsteigerin und verschwand völlig von der Bühne. Angela Merkel war nur noch insofern politische Seiteneinsteigerin, als sie aus dem Osten kam, sie hatte bei einer Ost-Karriere schon einschlägige politische Erfahrungen gesammelt. Claudia Nolte ist ein aufstiegsorientierter und ideologisch eifernder Frischling direkt aus dem neu herangezogenen politischen Apparat im Osten Deutschlands. Entsprechend ist die Kurve der Persönlichkeiten der Frauen zu zeichnen: Die Erste hatte eigenes Standing und nahm es mutig auf mit den hohen Herren. Die Zweite ließ sich selbstbewußt nichts sagen, kam aber mit den Regeln der Herren überhaupt nicht klar und trat ins politische Minenfeld. Die

Dritte war keineswegs ein kleines Mädchen, jedoch brav sozialisiert und in einem noch unüberwindbar schwächeren Ost-Status. Die Vierte himmelt ihren Herrn an und dient sich als unvollendetes Ziehkind hoch. Das politische Profil der Damen verläuft in sich verengender Spirale abwärts. Süssmuth war frauenbewegt, Lehr unideologisch aufgeklärt modern, Merkel konservativ angepaßt selbständig, Nolte gläubig rechts. Während Rita Süssmuth den Männern noch ihr Machtvorrecht streitig zu machen versuchte, Ursula Lehr davon nichts verstand, Angela Merkel etwas Distanz hielt, verbündete sich Claudia Nolte gleich mit ihnen. Ihre Kompetenzen als Ministerinnen wurden politischen Opportunitäten folgend strukturell immer schmalspuriger. Erhielt Süssmuth noch eine wenigstens nominale „Frauen"-Zusatzkompetenz zum traditionellen Ministerium für Familie, Jugend und Gesundheit, wurde Lehr gedeckelt, indem man ihr auch noch „Senioren" draufsattelte. Merkel wurde via Dreiteilung des Ministeriums auf „Frauen und Jugend"-Schmalspur gesetzt, bewacht von einer eigenen Familien- und Senioren-Ministerin sowie Gesundheitsministerin. Nolte durfte auf einem schon wieder ganz traditionellen Sammel-Rand-Ministerium „Familie, Senioren, Frauen, Jugend" Platz nehmen. Parallel dazu werden in umgekehrter Reihenfolge die Symbolwirkung der Ministerinnen jeweils multipliziert, mit einer Kandidatin jeweils mehrere Schnippchen gleichzeitig geschlagen und äußerlich moderne, jüngere Frauen durch politisch immer unmodernere ausgetauscht. Alle vier galten in der öffentlichen Wahrnehmung bemerkenswerter Weise als „Frauenministerinnen". Und alle hatten den gleichen Gönner und Chef Helmut Kohl.

5. Gemeinsamkeiten der Ministerinnen: christlich, demokratisch, konservativ

Ein Zufall ist dies trotz ihrer Unterschiede kaum: Die vier Ministerinnen verbindet neben allen Differenzen wichtige Gemeinsamkeiten. Sie alle teilen die konservativen politischen Grundsätze der CDU und deren Menschenbild. Ganz weiblich beginnt es für alle immer wieder bei der Familie als Keimzelle des Staates. Sie wird als anthropologische Konstante verstanden und als einziger Ort existentieller Geborgenheit des Menschen definiert. Ihre Ordnung der Abhängigkeit (und Unfreiheit) eines Kindes von seinen allgewaltigen Eltern soll zugleich das System der Ordnung eines Staates konstituieren. Als Ort der Unabhängigkeit und Freiheit wird dagegen die privatwirtschaftlich organisierte Wirtschaft verstanden, in der jede und jeder seines und ihres Glückes Schmied und Schmiedin sein darf und muß. Der eine Ort bietet Schutz durch Unterordnung, im anderen setzt sich der Stärkere mit vermeintlich besserer Leistung durch. Hier wird zur „Ganzheit" wieder geheilt, was dort fortwährend der „schöpferischen Zerstörung" anheim gegeben wird. Die Ordnung ist hierarchisch, ihre Teile sind ungleichgewichtig. Zur Ganzheit gehört es, stets neu Kinder zu gebären und somit der quasi naturrechtliche Auftrag, das „Recht des ungeborenen Lebens" zu schützen. Gebärerin ist die Frau, ihre Freiheit ist damit in besonderer Weise zugunsten der Ganzheit eingeschränkt bzw. aufgehoben. Auf dem Feld der Freiheit zählt, was der privatkapitalistische Markt braucht. Was er nicht braucht, wird der Allgemeinheit auf der Basis des „Subsidiaritätsprinzips" übergeben, nach dem die übergeordnete Einheit nur übernimmt, wozu die untere nicht in der Lage ist. Im Zweifel freilich wird der letzte stets sich selbst überlassen. Der Staat gewährleistet die Freiheit der Wirtschaft, die strukturelle Unfreiheit der von ihr Abhängigen sowie die Verträglichkeit der beiden sich widersprechenden Prinzipien. Dieses Modell von Gesellschaft ist prinzipiell auf der Bejahung von Macht über andere und Herrschaft gebaut. Nur wenn es um soziale Pflichten, aber nicht wenn es um soziale Unabhängigkeit geht, wird der oder die einzelne als Wert hochgehalten. In dem Moment, in dem die Kosten für die „Ganzheit" zu einer Einschränkung für die Freiheit der Wirtschaft beziehungsweise der Besitzenden werden, wird der oder die einzelne an sie erinnert, um Einordnung und Anpassung zu garantieren.

Die Frauenpolitik der Konservativen ist vor diesem Hintergrund offensichtlich keineswegs nur Frauen-, sondern eine Gesellschaftspolitik. Daß es eigens eine Frauenpolitik und keine Männer- oder schlicht nur Menschenpolitik gibt, verweist auf das Besondere der Frauen im Verhältnis zu Männern, nämlich ihre Unterordnung. Frauenpolitik fügt Frauen in die Unterordnung ein oder hebt sie auf. Alternative Frauenpolitik versucht letzteres, sie macht sich selbst überflüssig und beendet so patriarchale Politik. Die CDU definiert ihre Frauenpolitik als Gleichberechtigungspolitik. Sie will Benachteiligungen aufheben. Implizit bleibt die Frau Sonderfall der patriarchalen Norm. Die CDU tastet den Rahmen des Vorgegebenen nicht an. Der Rahmen selbst ist jedoch *herr*schaftlich konstruiert.

Für die Akteurinnen dieser Politik versteht sich das Ziel der Teilhabe an der Macht von selbst. Der Macht zu widerstehen macht programmatisch und weltanschaulich keinen Sinn, höchstens aus taktischen Gründen. Das erklärt die hohe Bereitschaft von Politikerinnen, Unangenehmes hinzunehmen, obwohl sie immer wieder zurückgesetzt werden. Daß die CDU-Frauen trotz allem zu ihrer Partei stehen, hat seine Logik. Die Machtbildung selbst funktioniert nach den Prinzipien einer konservativ gedachten Familie. Die Frauen, die sich nur um der Macht willen fügen, bilden mit allen, die Machtpolitik als solche verfolgen, eine gemeinsame Familie.

In den Grundlinien dieser Politik, wenn auch nicht in ihren Akzentuierungen stimmen die vier Frauenministerinnen der Kohl-Ära überein. Darin gehen sie mit der gesamten CDU konform. Diese Politik bleibt, insofern sie herrschaftlich ist, letztlich immer auch patriarchalen Normen verhaftet. Die Unterschiede liegen in der Frage begründet, wieviel eigener Platz und eigene Rechte dem oder der einzelnen jeweils gegenüber dem vorrangigen Ganzen eingeräumt werden oder in welchem Ausmaß eigene Stärke aus der kompletten Unterwerfung unter das Ganze gezogen werden soll. Unterschiede ergeben sich auch daraus, wie pragmatisch oder ideologisch mit diesen Grundsätzen verfahren wird. Je höher das Individuum aus eigenem Recht geschätzt, je stärker der Markt sozial verpflichtet wird, je realitätsnäher die Politik formuliert wird, desto größer stellen sich die Chancen für Frauen dar und desto mehr fordern die CDU-Politikerinnen für sich selbst in Partei-, Parlaments- und Regierungshandeln Eigenständigkeit und allgemeinpolitische Zuständigkeit.

6. Frauenministerinnen – Lobbyistinnen aus der Defensive

Die Frauenministerinnen der Regierung Kohl waren alle bemüht, im Rahmen dieser Politik die Position der Frauen zu stärken und ihre Abhängigkeit in den gegebenen Strukturen zu mindern. Sie erreichten, daß die vermeintlichen Gleichberechtigungsgaben der Herren hier und da ein wenig aufgebessert wurden. Sie betätigten sich als Lobbyistinnen kraft Amtes. Doch von Rita Süssmuth bis zu Claudia Nolte hat keine eine eigene Reform zu Wege gebracht. Keine hat der Regierungspolitik strukturell eigenständige Rechte für Frauen einpflanzen können oder diese eingefordert. Alle Ministerinnen haben aus der Defensive operiert. Sie haben Zugriffe patriarchaler Politik abgewehrt, aber keine grundlegend andere Politik entworfen. Sie haben allenfalls ausgleichend gewirkt, oft waren sie nur ein Feigenblatt.

Diese Rolle ist Resultat des eigenen grundsätzlichen politischen Selbstverständnis als überzeugte Christdemokratinnen. Ihre je spezifische Rolle haben alle vier Ministerinnen fähig gespielt. Die Ausgeschiedenen sind kaum am eigenen Vermögen gescheitert. Doch die Grenzen der CDU selbst haben sie nicht überschritten. Die vier Ministerinnen unterscheiden sich allerdings darin, ob sie überhaupt bis zur Grenze gehen und wieviel eigenes Recht sie der Frau innerhalb dieser konservativen Politik einräumen wollen. Rita Süssmuth war und ist die entschiedenste Protagonistin einer relativen, auch materiell fundierten Eigenständigkeit der Frau. Darin ist sie die einzige, die den Traditionen der neuen Frauenbewegung zuzuordnen ist. Sie ist damit ein leibhaftiger Widerspruch innerhalb der CDU, während ihre Gegenfigur Claudia Nolte mit ihr zutiefst verwachsen ist. Ursula Lehr ebenso wie Angela Merkel übergingen dagegen eher ihr eigenes Geschlecht als Ausgangs- und Bezugspunkt von Politik. Sie verkörperten einen spezifischen Lebenspragmatismus privilegierter Frauen von heute. Claudia Nolte wiederum hat aufgrund ihrer ideologischen Ausgangspositionen ein spezifisches Verhältnis zur „Frauenfrage“. Die Unterwerfung des Individuums unter das Ganze verlangt von der Frau unter heutigen Lebensverhältnissen sowohl die Erfüllung der Mutterrolle als auch die eigene Erwerbstätigkeit. Claudia Nolte verkörpert die zum Allgemeingut gewordene historisch neue Lebensweise der Frau und füllt diese Rolle politisch nach rechts hin aus. Während Rita Süssmuth die Frau der Liberalisierung und Weitung konservativer Horizonte ist, ist Claudia Nolte die der Deliberalisierung und Verengung. Sie führt vor, wie die vereinigte Bundesrepublik in den 90er Jahren erneut – ökonomisch härter und zugespitzer, politisch und kulturell oberflächlicher und kurzlebiger – eine konservative Zeit wie in den 50er Jahren durchläuft.

Der politische Abstieg läßt sich schließlich auch an der politischen Wetterlage zum Zeitpunkt des Wechsels der Ministerinnen markieren. Die personelle Veränderung implizierte jedes Mal einen politischen Abschreibungsvorgang, obwohl dieser nicht als solches kenntlich gemacht wurde. Rita Süssmuth hatte ihr Amt von August 1985 bis zum Dezember 1988 inne. Sie stand für neokonservative feministische Modernisierung, für die eigenständige Stärkung der Frau in Familie, Beruf und Schwangerschaftskonflikt. Sie hielt gleichzeitig an der Familie als zentralem Politikort und einer wertkonservativen Lebensschutzpolitik fest. Nachdem sie sich zudem mit dem Kanzler wiederholt angelegt hatte, wurde sie bei der nächsten sich bietenden Gelegenheit zur Bundestagspräsidentin wegbefördert. Dem Kanzler blieb ihre Ausstrahlung auf einem repräsentativen Posten erhalten. Die CDU-Politik war hinlänglich neu formuliert, und Süssmuths integrative Aufgabe gegenüber der Frauenbewegung verlor bereits an Gewicht. Ursula Lehr folgte ihr und blieb bis 1991. Sie sollte eine gemilderte Rita Süssmuth darstellen, war dies jedoch nur, insofern sie vom Feminismus nicht beeinflußt war. Als Person war sie eher angriffslustiger und konsequenter. Beides machte sie politisch unergiebig und wertlos. Ihr ging das nötige frauenbewegte Image ab, ohne dies mit anderem kompensieren zu können. Sie potenzierte ihre negativen Wert dadurch, daß sie munter gegen eines der heiligsten CDU-Tabus verstieß. Öffentliche Kindererziehung, befand sie, sei schon von klein an von Nutzen und nötig, um Frauen berufstätig sein lassen zu können. Ein Jahr nach der deutschen Einheit, die Bundesregierung hatte alle reformorientierte Innenpolitik dem undemokratisch durchgesetzten nationalen Einheitskurs geopfert, war eine Figur wie Ursula Lehr zum Faktotum vergangener Zeiten geworden. Auch sie hatte es im übrigen gewagt, dem Kanzler zu widersprechen. Angela Merkel ersetzte 1991 moderne Frauenpolitik durch symbolische Ostfrauen-Repräsentanz und vertrat in der Regierung noch vergleichsweise gemäßigt den schwachen Osten in der vermeintlich schwachen Gestalt einer Frau. Sie verteidigte im Ansatz frauenpolitisch die progressiv-sozialrechtliche Seite ehemaliger DDR-Realität. Sie bereitete das zweite Gleichberechtigungsgesetz vor und befürwortete die Verfassungsergänzung. Das waren die symbolischen Gaben an die Frauen, nachdem ihre Anliegen in Ost und West zurückgesetzt worden waren. Merkel sollte während der ostwestlichen Anpassung der Lebensverhältnisse die Frauen in der Regierung nicht ohne, aber ohne ausdrucksstarke Stimme lassen. Sie zog im übrigen Ärger auf sich, als auch sie den Kanzler ob der Instrumentalisierung von Ostpolitikern kritisierte. 1994 kehrte mit Claudia Nolte neue Kontur in die konservative Frauenpolitik zurück, mit wehenden Fahnen angekündigt durch den Ruf nach Strafe für abtreibende Frauen.

Die Rechte Diskriminierter werden in Krisenzeiten immer wieder als erstes beschnitten, ebenso wie deren sozial schlechtere Position instrumentalisiert wird, um allgemeinen Verzicht durchzusetzen und gesellschaftliche Verhältnisse zugunsten von Eliten zu modernisieren. Üblicherweise geschieht es unter dem Vorwand, letztere kümmerten sich anschließend wieder sorgsam um Erstere. Solange patriarchale Strukturen und Machtverhältnisse nicht überwunden sind, sind Frauen quasi automatisch mehr von diesem Vorgang betroffen als Männer. So ist es auch heute. Die gesellschaftliche Lage der Frauen hat sich tief gewandelt. Sie sind aus alten sozialen Zusammenhängen herausgeworfen, aber auch zur Emanzipation entschlossen. Diese Entwicklung wird von der konservativen Politik der Kohl-Ära gezielt für eine Gesellschaftspolitik benutzt, mit der Leistungsideologien wiederbelebt, Schwächere zur Unterwerfung veranlaßt und der historische Fortschritt der Individualisierung zerstört werden. Die Befreiung des Individuums aus den herkömmlichen kulturellen, sozialen und politischen Zwängen soll quasi zur Strafe für „zu viel" Freiheit in eine Verlorenheit in der Welt münden, damit niemand mehr etwas von der Freiheit wissen will und eine zwischen arm und reich geteilte Welt wiederhergestellt und als ewiges Gesetz hingenommen wird.

III. Die Grundlagen bis heute: die Süssmuth'sche Politik

Die Modernisierung der CDU-Frauenpolitik wäre wirkungslos geblieben, hätte die CDU, namentlich ihr Generalsekretär Heiner Geißler, nicht eine Frau gefunden und zur Ministerin gemacht, die diese Politik persönlich und programmatisch verkörperte und eigenständig entfaltete. Diese Politikerin war Rita Süssmuth. Ihr ist zu verdanken, daß die CDU frauenpolitisch noch einmal eine ernstzunehmende Größe wurde. Von ihr zehrt die frauenpolitische Glaubwürdigkeit der CDU bis heute, obwohl sie nur sehr kurz das Regierungsamt innehatte. Das ist kaum das Verdienst der Partei, sondern in erster Linie das der überzeugten Christdemokratin, Frauenrechtlerin und öffentlichen Meinungsmacherin Rita Süssmuth und vor allem der Frauenbewegung. Als Ministerin wirkte sie bezeichnender Weise auf dem Feld der Ideen und Ideologien, weniger auf dem praktisch-politischen Terrain. Das lag eventuell an ihren Fähigkeiten. Ausschlaggebender aber waren systematische Gründe. Die politisch-materiellen Entscheidungen hatten die führenden Männer bereits vor Rita Süssmuths Berufung getroffen. Die patriarchalen Spielregeln der Tages- und Machtpolitik sind immanent nur begrenzt veränderbar und variabel. Auf ihrer Basis halten diese Männer ernste Störfaktoren fern. Eine Demokratisierung bis hin zur Teilung der Macht in Staat und Parteien erreicht zu haben, davon war und ist die Frauenbewegung weit entfernt. Rita Süssmuth mahnte eher im Zentrum der Macht an die vielen Forderungen der Frauen, als daß sie sie hätte umsetzen können. Sie war der dort verankerte Anspruch auf Selbstbestimmung der Frau. Sie gab Frauen im Umkreis der Volksparteien ein Ziel und einen Bezugspunkt. Darin lag ihre besondere Kraft. Vor ihr hatte jedoch zuerst ein Mann die entscheidenden Grundlagen für die neue Frauenpolitik der CDU gelegt.

1. Die Vorgaben des Generalsekretärs: Heiner Geißler

CDU-Generalsekretär Heiner Geißler führte Mitte der 80er Jahre eine Modernisierung der CDU an, von der diese bis heute lebt. Ohne die politische Integration der Studenten- und neuen Frauenbewegung auch in konservativer Variante wäre die CDU politisch nicht hegemoniefähig geworden. Als der Generalsekretär diese seine Schuldigkeit getan hatte, durfte er nach anhaltenden Streitereien mit seinem Vorsitzenden nicht zufällig gerade im Jahr 1989 gehen. Der aufsehenerregende frauenpolitische Parteitag der CDU von 1985 war sein Werk, mit ihm wurden die Weichen neu gestellt. Heiner Geißler hatte seiner Partei die Reform von oben verordnet und alle Angriffe, es gehe allein um gruppenspezifische Interessen oder wahltaktische Überlegungen, dabei zurückgewiesen. Von Anfang an handelte es sich bei der Lösung der Frauenfrage für die CDU um eine allgemeine und grundsätzliche Schlüsselfrage für eine langfristig angelegte konservative Herrschaftsstrategie. Die meisten führenden Unionspolitiker unterstützten deshalb auch diesen Kurs, obwohl die CDU ihm unter Dauerstreß viele vertraute Gewohnheiten opfern mußte.

Schon 1984 trat die CDU mehr oder weniger plötzlich und unerwartet mit zahlreichen Aktivitäten zur Frauenpolitik auf. Sie schien fast die Frauenbewegung selbst überholen zu wollen. 1985 verabschiedete sie auf ihrem Parteitag neue politische Leitsätze unter dem Titel „Die neue Partnerschaft – Frauen in Beruf, Familie und Politik". Darin lehnte sie „einseitige Rollenzuweisungen für die Frau" ab und legte sich auf das Ziel fest, die Gleichberechtigung von Frau und Mann im Lebensalltag bis zum Ende des Jahrhunderts verwirklichen zu wollen. Die Partei hatte nüchtern die Realität der veränderten Lage der Frauen und ihres Bewußtseins eingeschätzt. In demoskopischen Untersuchungen war sogar die Gefahr der Abwendung der Frauen von der bestehenden Ordnung nachgewiesen worden. Dieser Tatbestand ließ die CDU zu einem „neuen Ansatz" von Frauenpolitik greifen. Sie begründeten diesen bemerkenswerterweise damit, daß „das konservative ebenso wie das sozialistische und feministische Modell gescheitert" sei. Als Kernbestand der Maßnahmen zur Verwirklichung der neuen Partnerschaft schlugen die Leitsätze das Erziehungsgeld für Frau oder Mann verbunden mit einer Beschäftigungsgarantie und der Möglichkeit zu befristeten einjährigen Arbeitsverträgen vor.

Dieses Modell des Erziehungsurlaubs und -geldes hatte eine Schlüsselstellung im Reformkonzept der CDU und ebenso weitreichende wie vielfältige Implikationen. Zum einen war es ein arbeitsmarktpolitisches Instrument. Mit dem Erziehungsurlaub und -geld wurde der Arbeitsmarkt entlastet. Die Hälfte der Frauen kehrte erfahrungsgemäß nicht auf den Arbeitsplatz zurück. Zugleich diente es der Deregulierung und

Flexibilisierung des Arbeitsmarktes, und es sollte eine Verkürzung durchschnittlicher Arbeitszeiten abwehren. Teilzeitarbeit bis zu 20 Stunden waren währenddessen ebenso erlaubt wie befristete Einstellungen. „Weitsichtigen Unternehmern“ gestattete es gleichwohl, auf die „besonderen Fähigkeiten der Frauen“ nicht zu verzichten, die als „schnelles Einstellen auf veränderte Situationen, Flexibilität, Intuition und Kreativität in einer Zeit des Wandels“ angepriesen wurden. Auf diese Weise ließ sich ideal ein zweistufiger Arbeitsmarkt schaffen. Frauen wurden ein wenig ausgesöhnt und dennoch effektiv ausgenutzt. Darüber hinaus war das Erziehungsgeld ein familienpolitisches Instrument. Mit ihm sollte die Haus- und Familienarbeit aufgewertet und grundsätzlich ein „neues Verständnis von Arbeit“ gefördert werden. Die Arbeit in der Familie sei mindestens genausoviel wert wie die Arbeit im Beruf, proklamierte Heiner Geißler. An sie sollte sich die „Wiedereingliederung nach 35“, ehrenamtliche Arbeit und Selbsthilfe-Initiativen-Arbeit anschließen. Ein Recht auf Arbeit und die Geselligkeit des Menschen waren damit geleugnet und abgewehrt. Außerdem war das Erziehungsgeld finanzpolitische Sparmaßnahme, denn die mit ihm privat verrichtete Haus- und Erziehungsarbeit war erwiesenermaßen billiger als gesellschaftliche Einrichtungen mit hohen Personalkosten. Die geforderte Anerkennung der Haus- und Familienarbeit der Frauen sollte ihm übrigen durch die gesonderte Ausweisung im Bruttosozialprodukt erfolgen. Das Erziehungsgeld mit Beschäftigungsgarantie war auch bevölkerungspolitische Maßnahme. Denn vor die Alternative Kind oder Arbeitsplatz gestellt, entschieden sich, so die CDU damals, die Frauen mehrheitlich gegen ein Kind. Auch die Wirtschaft müsse erkennen, daß Investitionen in die Kinder beste Zukunftsinvestitionen seien. Die CDU hatte sehr spezifische Vorstellungen vom Sinn dieser Investitionen. Die dreijährige Betreuung durch eine feste Bezugsperson sollte ein individualistisches Erziehungs- und Familienkonzept verbürgen, das, durch die Emanzipation der Frau brüchig geworden, notfalls auch mit Hilfe der plötzlich entdeckten Väter gerettet werden sollte. Das Neue der neuen Partnerschaft bezeichnete die CDU als die Chance der Männer, ihre Aufgaben als Väter zu erfüllen. Schließlich hoffte die CDU sogar noch auf eine „neue politische Kultur“, eine „Versöhnung zwischen der Welt der Familie und der Welt der Arbeit“ und die „Weiterentwicklung und Stabilisierung unserer freiheitlichen Gesellschaft“. Weder Mann noch Frau sollten auf bestimmte Rollen festgelegt werden, sondern „Wahlfreiheit“ genießen, ein neues Markenzeichen sozialer Marktwirtschaft. Nichtsdestotrotz wurde weiter an der „natürlichen Unterschiedlichkeit der Geschlechter" festgehalten, beide sollten nicht gleich, sondern zu einer „neuen Qualität von Menschlichkeit" verbunden werden. Aus „Sorge um die Zukunft der Kinder" würden Frauen zukunftsbewußter denken, betonte die verantwortliche CDU-Politikerin Helga Wex. „Ohne den Sachverstand und die Kreativität der Frauen kann unsere Gesellschaft nicht bestehen", schloß Heiner Geißler.

Die CDU begründet diese Frauenpolitik letztlich immer wieder explizit „anthropologisch", man könnte auch sagen gesellschaftspolitisch. In der Familie lernten die Menschen „Verhaltensweisen, die unsere Gesellschaft prägten: Liebe, Vertrauen, Toleranz und Rücksichtnahme, Opferbereitschaft und Mitverantwortung", heißt es in der Regierungserklärung vom 5. Mai.1983. Es galt der „Erosion und Emotionalisierung der Familie" und den „Deprivationsschäden der Kinder" zu wehren. Der Verlust der „Mütterlichkeit" führte danach zur Verhärtung der Welt. Deshalb komme in der „Familienpolitik der politische Wandel der Gesellschaftspolitik nach der Regierungsübernahme am deutlichsten zum Ausdruck", so meinte der CDU-Parteitag 1985. Die Kritiker von rechts in den eigenen Reihen, die wie Norbert Blüm die Gleichheit „überstrapaziert" sahen und von der „Austauschbarkeit von Frau und Mann" nichts wissen wollten, mußten dabei zur Rettung des Ganzen überrannt werden.

Schon ganz zu Anfang ließen sich alle Grundlinien der neuen Frauenpolitik klar erkennen, die die traditionelle christdemokratisch-konservative Politik auf moderne Weise fortschrieben. Es blieb dabei, die Erwerbstätigkeit der Frau zu diskriminieren. Gleichberechtigung sollte die Diskriminierung der Familienfrauen gegenüber den berufstätigen Frauen aufheben. Die Frau wurde weiter als Hort der Emotionalität und Menschlichkeit benutzt. Neu war der Mann als Gegenstand der Gleichberechtigungspolitik. Die Männer hätten „Defizite" aufzuholen, das „Männerkartell in Parteien, Medien, Gewerkschaften, Verbänden" etc. sei aufzubrechen, hieß es – keineswegs zu Unrecht. In der Theorie wurde nun auch den Männern die gleiche Wahlfreiheit wie den Frauen angedient bzw. zugemutet. Das zielte jedoch nicht auf Abschaffung, sondern auf gerechtere Aufteilung der Misere. Das Problem der Geschlechterungleichheit wurde nahezu ausschließlich individualisiert und dem privaten Geschlechterkampf überlassen. Von Bewußtseinsänderung und Moral ließ sich im übrigen recht ungestraft reden, solange diskriminierende gesellschaftliche (Arbeits-)Strukturen unverändert blieben. Das

Defizit lag nach dieser Politik jedoch nicht in einem Mangel an selbstbestimmten Lebensmöglichkeiten der Frauen. Als gut und herrlich konnte noch glorifiziert werden, was historisch den Stempel der Unterdrückung in sich trug: die „Weiblichkeit“, an der es Männern mangelte. Unterschiedliche Interessen von Frauen sowie zwischen Frauen und Männern wurden gegeneinander ausgespielt. Gleichberechtigung wurde in Anpassung jeweils nach unten hin umgemünzt, um anschließend Egoismus und feministische Radikalität um so rührender beklagen zu können. In einer Zeit allmählich härter werdender Existenzkämpfe baute die CDU-Politik auf eine wirksame Spaltungsstrategie.

Die CDU versuchte, die Frauenbewegung einzuholen, sie zu integrieren und ihr dabei aber eine grundsätzlich andere Richtung zu geben. Die Forderungen der Frauen wurden vereinnahmt und gegen sie gewendet. Die Potentiale der Zuneigung und Solidarität unter den Menschen wurden durch diese Politik nicht gestärkt, sondern geschwächt. Für die einzelnen gab es Gnade statt Recht. Die neue Politik war zugeschnitten auf Bedarf und Profitinteressen der Wirtschaft. Sie schuf mehr neue Ungerechtigkeiten, als sie alte beseitigte. Mit ihr wurden bessere Alternativen willentlich verhindert.

Diese Politik zielte vor allem auf jüngere Frauen und die nachwachsende Generation der Mädchen. Sie war eine Antwort auf die Politisierung durch die Frauenbewegung, die von der Lebensbasis der Menschen her an der tradierten politischen Ordnung rüttelte. Im Zentrum stand eine neue Werteorientierung und Moral. Materiell und politisch hatte sie den Frauen nicht viel zu bieten. Im Gegenteil, die soziale Lage der Frauen verschlechterte sich eher, das Konfliktpotential erhöhte sich. Die CDU aber bot mit ihr ein Konzept der „Verarbeitung und Erklärung“ der Krisenerscheinungen der 80er Jahre an. Es konnte aufbauen auf eingetrichterte psychische und ideologische Dispositionen und bot eine relative innere Logik und Tragfähigkeit an. Die Widersprüchlichkeiten, die sich aus der faktischen Lebenslage ergeben, waren damit nicht zu überwinden. In der ideologischen Orientierung appellierte die CDU an die einzelnen, durch eigene Aktivität und Opferbereitschaft die Probleme zu bewältigen. Sie folgte dem Motto, daß jeder seines und jede ihres Glückes Schmied und Schmiedin sei. Dabei nutzte die konservative Politik humane Hilfsbereitschaft und Solidarität aus, um die Lasten der Krise den Opfern selbst aufzuerlegen, mit der Zielrichtung, die Opfer „gerecht“ zu verteilen, während einige sich gesellschaftlichen Reichtum ungehemmt einverleiben. Weil die CDU an die objektiv starken Belastungen der Frauen anknüpfte und gleichzeitig eine relative Entlastung anzubieten vermochte, war ihre Politik trotz aller Ideologie, Demagogie und Diskrepanz zu den realen Lebensverhältnissen streckenweit tragfähig und immer sehr ernstzunehmend gewesen.

Die Frauenfrage als Familienfrage als Arbeitsfrage als Überlebensfrage als Wertefrage und als Gesellschaftsfrage – die CDU hatte es erkannt. Die konservative CDU/CSU/FDP-Regierung nutzte von Anfang an den langfristigen Wandel der Sozialstruktur und die ökonomische Krise, in die die BRD Ende der 70er Jahre schließlich geraten war, um Politik und Gesellschaft in eine andere Grundrichtung zu lenken und die mit dem Jahr 1968 ausgelöste Emanzipation zu beenden. Dafür war die Frauenpolitik stets von zentraler Bedeutung. Mit ihr veränderte, erweiterte und modifizierte die CDU die Rollenzuschreibung für Frauen und Männer hin zu einem höheren Niveau bürgerlicher Gleichstellung. Gleichwohl brach sie mit alten Mustern nicht grundlegend und behielt die konservative Grundlagenpolitik selbstverständlich bei.

2. Die Ausgestaltung der Frauenministerin: Rita Süssmuth

Nachdem er die langfristig anlegte Kulturreform von oben erfolgreich geplant und angestoßen hatte, verabschiedete sich der Mann Heiner Geißler als Frauenpolitiker und kürte im Herbst 1985 die Professorin Rita Süssmuth zur würdigen Nachfolgerin. Sie war eine ideale Kandidatin in der damaligen Situation.

Rita Süssmuth war weder brave Regierungsbeigeordnete noch vom machtpolitischen Gerangel verdorbene Funktionärin. Als Wissenschaftlerin war sie politisch unbescholten und gleichzeitig Kennerin der gesellschaftlichen Entwicklungstrends. Als Leiterin des 1982 vom niedersächsischen CDU-Ministerpräsidenten Ernst Albrecht geschaffenen Forschungsinstituts „Frau und Gesellschaft" war sie fachlich hochqualifiziert. Auch der Rest konnte nicht besser passen: Rita Süssmuth war bis zum Regierungsantritt Vizepräsidentin und Vorsitzende der Kommission „Ehe und Familie" beim Zentralkomitee der Deutschen Katholiken, Mitglied des Beirats für Familienfragen des Bundesgesundheitsministeriums und beteiligt an Gutachten zu Familien- und Jugendthemen. Sie war, in der CDU unverzichtbare ministrable Vorbedingung, verheiratet und Mutter einer Tochter.

Die neue Ministerin fiel in der Öffentlichkeit sogleich durch wohltuend differenzierte und engagierte Äußerungen auf. Sie sprach sich für eine letzte Gewissensentscheidung der Frau beim Schwangerschaftsabbruch aus. Sie wollte Frauen und Männern helfen, wenn sie Kinder wollten. Die Pille auf Krankenschein, zwar „momentan" nicht finanzierbar, schien ihr eine gute Maßnahme. Sie ließ Frauen nicht als „Doppelverdienerinnen" diffamieren und hielt unbezahlte, ehrenamtliche Arbeit nicht für einen Ersatz für Erwerbstätigkeit. Nicht jede berufstätige Frau dürfe als schlechte Mutter angesehen werden. Jedes Mitglied der Gesellschaft solle sowohl in der Familie als auch im Beruf tätig sein. Falls das Beschäftigungsförderungsgesetz sich als nachteilig für Frauen erweise, müsse es geändert werden. Die Einbeziehung von Frauen in die Bundeswehr lehnte die Ministerin ebenso ab wie ein soziales Pflichtjahr, da viele Frauen viele solcher Jahre längst geleistet hätten. Der weiblichen Unterrepräsentanz in der Politik wollte sie abhelfen. Der Frauenbewegung, den Feministinnen und Frauenselbsthilfegruppen bescheinigte sie „Pionierarbeit". Diese Aussagen aus dem Munde einer CDU-Politikerin machten in der damaligen Zeit Schlagzeilen.

2.1 Die konzeptionellen Vorstellungen: gleiche Rechte, gleiche Pflichten und die konservative Versöhnung von Privatem und Öffentlichem

In der Tat gingen die politischen Äußerungen der Ministerin vergleichsweise weit, obendrein waren sie wörtlich zu nehmen. In einem Buch unter dem kämpferischen Titel „Frauen – der Resignation keine Chance" veröffentlichte sie ihre programmatischen Absichten. Sie schlossen an die zuvor gelegten Grundlagen unmittelbar an.

Rita Süssmuths damalige Vorhaben sind mit zwei Thesen zusammenzufassen: Auf der Grundlage der Prämissen, daß die Arbeit in Folge des technologischen Wandels ausgehe, die Grenzen des Wachstums erreicht seien und der Wertewandel der Frauen nicht zurücknehmbar sei, entwickelte Rita Süssmuth noch konsequenter als ihr Vorgänger das Konzept einer gleichen Aufteilung von Rechten und Lasten zwischen den Geschlechtern. Sie wollte bürgerliche Gleichstellung verwirklichen. Soziale Ungleichheiten zwischen Frauen (und Männern) wollte sie damit nicht auflösen. Das Konzept ergab praktisch eine gerechtere Mängelverteilung, punktuelle Verbesserungen und vielfältigere Spielräume, aber keine substantielle Verbesserung der Lebenslage der Mehrheit der Frauen. Rita Süssmuth begriff zum anderen die ökonomische und gesellschaftliche Krise und die veränderte Rolle der Frau als Chance zur besseren Lösung heutiger gesellschaftlicher und globaler Probleme. Sie suchte dabei nach einer neuen Versöhnung zwischen Öffentlichem und Privatem im Rahmen der gegebenen Wirtschafts- und Sozialordnung. Sie wehrte sich ausdrücklich gegen eine Privatisierung der Probleme insbesondere der Frau und anerkannte die hohe Bedeutung gesellschaftlicher Rahmenbedingungen und Weichenstellungen. Um einer Rückwärtsentwicklung für Frauen zu begegnen, hielt sie weit mehr Reformen für nötig, als ihre Regierung bis dato vorhatte. Im Kontrapart zum Rechts- und Altkonservatismus wollte sie Gleichstellung herstellen und Fremdbestimmung verändern, ohne an der grundsätzlichen Abhängigkeit der Arbeit von privater Verfügungsgewalt in der Wirtschaft etwas verändern zu wollen. Dadurch waren die Widersprüchlichkeiten in der Praxis vorgezeichnet.

Rita Süssmuth legte ihre diesbezüglichen Überlegungen ausführlich in ihrem Buch dar. Sie diagnostizierte „restriktive Pespektiven für Frauen“, „besonders der erwerbstätigen und nicht erwerbstätigen jüngeren, inzwischen beruflich qualifizierten Frauengeneration“. Der Verteilungskampf werde zu einem wesentlichen Teil auf dem Rücken der Frauen ausgetragen. Sie lehnte deshalb „Mütterlichkeit“ als politisches Programm ab. Dieses Konzept ziele darauf, Frauen verstärkt zum Rückzug aus dem Beruf zu motivieren. Sogar die „Wahlfreiheit“ zwischen Beruf und Familie hinterfragte sie, weil sie sich immer als geschlechts- und schichtspezifische erweise. Wahlfreiheit berge die Gefahr teilweiser „Isolation“, erscheine als „Alibi“, wenn sie sich praktisch nicht realisieren ließe, oder privatisiere die Probleme. Deshalb verlangte sie, „Frauen gerade in Krisenzeiten stärker beruflich und sozial abzusichern“. Dazu hatte sie eigene konzeptionelle Vorschläge.

Zunächst erläuterte sie dies an ihren Vorstellungen zur Arbeit. Für den Bereich der Erwerbsarbeit sei es „notwendig, die einseitig hohe Bewertung menschlicher Erwerbsarbeit zurückzunehmen und andere, durchaus zentrale Bereiche menschlicher Arbeit im privaten und öffentlichen Leben neu zu gewichten“. Sie fragte, „wie Erwerbsarbeit gerechter zu verteilen ist und ob bezahlte Arbeit weiterhin allein die ausschlaggebende Größe für sinnerfülltes menschliches Leben sein kann und sollte“. Die verbliebene Arbeit wollte sie durch bildungs- und arbeitsmarktpolitische Eingriffe an beide Geschlechter gleichermaßen verteilt wissen. Rita Süssmuth zitierte Untersuchungen und verwies wie andere CDU-Politiker auf die im Zeitalter der Computer benötigten sogenannten weiblichen Fähigkeiten. Sie zählte dazu „gemeinsames Handeln, Kooperativität, Kreativität, planmäßiges Handeln", während, als „männlich" assoziiert, „überzogene Individualität, Draufgängertum, Rücksichtslosigkeit in einer hochintegrierten Welt viele Schwierigkeiten verursachen werden". Teilzeitarbeit betrachtete sie deshalb nicht nur als angemessen, sondern als notwendig, auch für Männer. Parallel dazu wollte sie Familienarbeit aufwerten. Die Krise der Erwerbsarbeit treffe auf eine labile und überforderte Familie. Die Ursache sah sie nicht nur in der Rezession. Die Eheschließungs- und Scheidungsquoten wie Geburtenrate drückten vielmehr einen „stillen Protest gegen Wertorientierungen und Normen einer Gesellschaft [aus], in der für Kinder und Familien wenig Raum ist". Durch Aufwertung und „materielle Anerkennung der in der Familie erbrachten Erziehungs-, Betreuungs- und Pflegeleistungen" wollte sie „die Gesellschaft verändern, zu einer Neubewertung unbezahlter Arbeit und Bewußtsein über die notwendige Beteiligung an Gemeinschaftsaufgaben" kommen. Sie betonte, die Aufwertung der Familie sei notwendig, „um human leben zu können". Hausarbeit und Engagement für Zusammenleben könne nicht „kollektiviert" werden. Solidarität und unbezahlte Arbeit wollte sie aber keinesfalls von Frauen, die sie ohnehin schon im Übermaß erbringen, einfordern. Sie plädierte für Maßnahmen zur Vereinbarkeit von Familie und Beruf, für ausreichendes Erziehungsgeld, veränderte Arbeitszeitstruktur, flankierende Kinderbetreuung und Förderung von Elterninitiativen. Selbsthilfe-Konzepte und ehrenamtliche Arbeit sollten all dies ergänzen, „basisnah, dezentral, selbstbestimmt" personale Nähe und „kulturelle Mutation" ermöglichen. Darunter verstand sie, die Impulse aus der Subkultur zur Entwicklung veränderter Arbeits- und Lebensstile beider Geschlechter aufzunehmen und sie durch die weiblichen Elemente zu humanisieren. Die „unsichtbare Arbeit" in Ehrenämtern hielt sie schließlich und folglich bei Männern und Frauen für einen unerläßlichen Dienst an der Gemeinschaft.

Außerdem illustrierte das Verständnis von Ehe, Familie und Kindererziehung Rita Süssmuths politisches Konzept. Ihr zentraler Topos für Ehe, Familie und Kinder lautete „Bindungsfähigkeit" und „Liebe". Rita Süssmuth analysierte eine Veränderung der Familienbeziehungen, eine rückläufig positive Haltung zur Ehe, nachlassende „Bindungsfähigkeit" und Unsicherheit in der Kindererziehung, weil „äußere

Zwänge“ zurückgetreten und viele Dienste auf gesellschaftliche Organisationen verlagert seien. Sie kritisierte nicht die Unsicherheit existentieller Rechte und Beziehungen in der Gesellschaft, sondern die Mißachtung hochindustrialisierter Gesellschaften der für „Kinder und Erwachsene grundlegenden Bedürfnisse nach stabiler und konstanter Bindung in Familie und erweiterter Umwelt als Voraussetzung für Offenheit und Rückbindung, für eine Flexibilität auf Grundlage verbindlicher Prinzipien und Standorte“. Rita Süssmuth wollte für Lebensverhältnisse sorgen, „in denen Bindung im Zusammenleben erfahren und praktiziert werden kann“. Das Bindende liege dabei heute nicht mehr im Ökonomischen, sondern in personenbezogenen, psychosozialen Bedürfnissen. In der „Bindungsfähigkeit“ sah Rita Süssmuth eine „anthropologische Konstante von existentieller Bedeutung“, die zutiefst mit Sinndeutung menschlicher Existenz zu tun habe. Sie sei entscheidend durch die Erfahrung der Kindheit geprägt. Dem „überindividuellen Sinn von Liebe“ sei Rechnung zu tragen. Sie sei angewiesen auf „tragfähige Rückbindungen: auf Ideen und Überzeugungen, die es ermöglichen, Augenblicksperspektiven in die Zukunft zu verlängern“. Sie befürwortete deshalb eine normative gesellschaftliche Institution, die die einzelnen vor „Ichbezogenheit, Wechselhaftigkeit instabiler Gefühlslagen und Unberechenbarkeit subjektiver Entscheidungen bewahrt“. Bei allem Verständnis für alternative Lebensformen sah sie keine Alternative zur Ehe und Erziehung der Kinder in der Familie. Die Ehe war für sie „notwendiges Korrektiv menschlicher Subjektivität“, eine „anthropologisch gesehen unverzichtbare Funktion“. Rita Süssmuth schloß mit diesen Positionen an Helga Wex, Heiner Geißler und die gesamte CDU an.

Dieses politische Konzept hatte bei all seiner Erfassung grundlegender Probleme der damaligen Zeit einige Mängel: Daß nicht die Arbeit als solche ausging, sondern der Profit, der aus ihr zu schlagen war, daß die Probleme somit auch in einer bestimmten wirtschaftlichen, gesellschaftlichen und politischen Verfaßtheit lagen, verschwieg auch Rita Süssmuth von Anfang an. Bei der vorgesehenen Arbeitsumverteilung konnte und sollte die Frauenbeschäftigung keineswegs einfach zurückgedrängt werden. Dennoch war für die Erwerbstätigkeit der Frau weiterhin nur ein zweitklassiger Status von flexiblem Charakter vorgesehen, eine moderne Variante einer Reservearmee für den Arbeitsmarkt. Der weibliche Zuverdienst sollte den nicht mehr ausreichenden Familienlohn des Mannes kompensieren. Kostensparende private Familienarbeit blieb weiter möglich. Haus- und Familienarbeit wurde mit dem

Erziehungsgeld materiell nur geringfügig aufgewertet und im übrigen als gleichwertig deklariert. Dieser Weg führte bald in die Feminisierung der Armut. In einem Akt von Minimalsubvention und demagogischer Moralisierung wurden materielle Lasten zugunsten der Reichen umverteilt. Der „hohe Wert“ von Familienarbeit lag in der kostenlosen, den Problemen des Menschen zu Leibe rückenden „Liebe“ des einzelnen. Frauenpolitik zeigte sich als Familienpolitik und endete auch hier als ökonomisch-soziale und emotionale Korrekturmasse gegenüber den Krisenfolgen der privatkapitalistischen Produktionswelt. Arbeit blieb gespalten – zwischen Öffentlichem und Privatem, Frauen und Männern, Geld und Kreativität, Zwang und Freiheit.

Liebe dagegen sollte diesem Konzept zufolge dem Menschen in der Kleinfamilie Lebensstabilität vermitteln. Für den Menschen als soziales Wesen war und ist das aber niemals nur individuell und privat herstellbar. Stabilität wurde durch eine modernisierte Ehe und Familie erstrebt, ohne die existentielle Unsicherheit der Erwerbsabhängigen aufzuheben, selbstbestimmtes Leben und soziale Gesellschaft zu ermöglichen. Der Mensch gewinnt seinen Wert nicht durch sein Tun, sondern durch seine Selbstaufopferung. Die Wechselseitigkeit einer konservativen „Innen-“, das heißt Familienpolitik, und „Außen“-, das heißt Wirtschafts- und Gesellschaftspolitik, wurde gleichzeitig mit der Tatsache eines voneinander abhängigen Innen und Außen des einzelnen Menschen in der Gesellschaft überhaupt ausgeblendet. Der Blick wurde weggerichtet von der gesellschaftlichen Bedingtheit von Familie und Freizeit und fixiert auf die Privatheit als Glücksquelle und -schmiede. Eine Affinität zu Helmut Kohls Reden über die Familie als Keimzelle des Staates war nicht zu leugnen.

Mit diesem Konzept wurde exakt die umgekehrte Richtung eingeschlagen als die, mit der die Frauenbewegung angetreten war. Die Frauenbewegung wollte Öffnung und Weitung von Selbstbestimmung in Beruf, Öffentlichkeit und Gesellschaft. Die CDU verteilte bezahlte Arbeit zugunsten der Reichen in der weiten Welt um und schickte die Frauen zusammen mit den Männern in den engen Nahbereich der Familien zurück.

2.2 Die politische Praxis im Rahmen des Möglichen: nivellierte Spaltung

Rita Süssmuth gelang es, die Bundesregierung aus den frauenpolitischen Negativschlagzeilen herauszuholen. Sie prägte ein Bild spürbarer Geschäftigkeit im Dienste der Frauen. „1986 wird das Jahr des *Durchbruchs* für die Familien. Sie rücken vom Rand in das Zentrum der Politik. Das ist entscheidend für die Zukunft, auch für die Zukunft dieser Regierung.“ Es war das Jahr, in dem das Erziehungsgeldgesetz in Kraft trat. Die „Zukunftsinvestition“ von zehn Milliarden DM war die Hälfte der Summe, die die Regierung 1984 durch Sozialabbau bei den Frauen eingespart hatte.

Unentwegt lobte Rita Süssmuth dieses Erziehungsgeldgesetz, das zunächst für sechs Monate einkommensunabhängig für Vater oder Mutter 600 DM, dann einen einkommensabhängigen Betrag für insgesamt zehn Monate und ab 1988 zwölf Monate Erziehungsurlaub mit Beschäftigungsgarantie vorsah. Da es fast ausschließlich Frauen in Anspruch nahmen, stabilisierte es allen gegenteiligen Behauptungen zum Trotz faktisch die vorrangige Identifizierung der Frau mit ihrer Familienrolle, disqualifizierte die Erwerbstätigkeit und drückte das Einkommen vieler Frauen unter ein Existenzminimum. Die Arbeitslosigkeit von Frauen stieg, die stille Reserve wuchs, immer mehr Frauen teilten sich nicht zuletzt in Folge des Beschäftigungsförderungsgesetzes ein gleichbleibendes Quantum an Erwerbsstunden in immer kleineren Teilzeittätigkeiten.

Rita Süssmuth förderte die „Stiftung Mutter und Kind“. Sie sprach sich zwar vehement gegen Verschlechterungen des § 218 aus, ebenso vehement aber auch für eine „Beratung“ „für das ungeborene Leben“, die Frauen bevormundete. Sie förderte Aufklärungskampagnen für das „Wertebewußtsein für das ungeborene Leben“, sprach höchst dezidiert vom Mißbrauch des bestehenden § 218, von einer Entscheidung auf „Leben und Tod“, vom Fötus, der von der ersten Zellvereinigung an Mensch sei, vom Schwangerschaftsabbruch, der „Leben im Mutterleib töte“ und deshalb nicht allein Entscheidung der Frau sein könne. Rita Süssmuth setzte sich für die älteren Frauen und eine bessere Rente für sie ein. In ihrer Amtszeit trat das Kindererziehungsleistungsgesetz in Kraft, nach dem Mütter aus dem Geburtsjahr vor 1921 eine geringfügige Rentenleistung erhielten. Frauenhäuser standen auf ihrer Förderliste ebenso wie eine Richtlinie zur Unterstützung von Frauen in der Politik. In der Aidspolitik setzte sie sich für Aufklärung ein.

Nachdem neue „ausgabenwirksame Gesetze" in den Jahren 1987 und 1988 nicht in Frage kamen, stellte sie für die Zeit danach, nach Kassenprüfung, die Verlängerung des Erziehungsurlaubs und Erhöhung des Erziehungsgeldes, mehr Kindergeld und Rentenverbesserung für Pflegetätigkeit in Aussicht. Einstweilen gab es noch eine Steuerreform, die (vor allem reiche) Familien stützte, Hilfen für selbständige Existenzgründerinnen und als massenwirksame Maßnahme die „Beseitigung von Beschäftigungshemmnissen" in Form der Aufhebung des Nachtarbeitsverbots, einmal pro Woche verlängerte Ladenzeiten und mehr Teilzeitarbeit. Mit ihrer persönlichen politischen Durchsetzungsfähigkeit bürgte die Ministerin noch für Familienlastenausgleich, Verbesserungen für Alleinerziehende, Frauenförderpläne mit „Richtwerten", Änderung des arbeitsrechtlichen EG-Anpassungsgesetzes, Inpflichtnahme der Tarifpartner, familienergänzenden Kinderbetreuung „nach dem Prinzip der kleinen Einheit, z.B. durch Frauen im Nachbarschaftsbereich", Rechtsschutz vor Gewalt, Wahlrechtsänderung, ein Netzwerk von Gleichberechtigungsstellen und Berichtspflicht der Regierung. Diese Vorhaben jedoch blieben bei aller politischen Fürsprache stets eher unverbindlich. In der Auseinandersetzung um mehr Kompetenzen für ihr Ministerium konnte Rita Süssmuth gerade eben das Gesicht wahren. Forsch hatte sie gemeint, das Wort „Frauen" könnte im Titel ihres Ministeriums wieder gestrichen werden, wenn sie nicht mehr Macht- und Entscheidungsbefugnisse erhalte. Helmut Kohl gewährte schließlich Gnade und brachte seine Ministerin nebenbei in verstärkte Abhängigkeit von sich. „Im Einvernehmen" mit ihm erhielt die Ministerin ein „Initiativrecht", „Angelegenheiten von frauenpolitischer Bedeutung der Bundesregierung zur Beratung und Beschlußfassung unterbreiten" zu dürfen. Falls die federführenden Minister einverstanden waren, wurde ihr im Bundestag eine Rederecht bewilligt, wenn Themen frauenpolitische Bedeutung hatten. Irgendein autonomes Recht erhielt Rita Süssmuth nicht, es blieb ihr weiter nur ihr „weibliches" diplomatisches Geschick.

Das Regierungshandeln der Ministerin hatte einige kennzeichnende und wiederkehrende Merkmale. Alle Reformen der CDU standen unter dem Gebot, den „Rahmen des Möglichen und Finanzierbaren" einzuhalten. Sie blieben dem oben dargelegten Konzept zugeordnet, die Frauen wurden in seine Richtung gelenkt. Sie fügten sich in einen

Umbau des Sozialstaates, der bei geringeren materiellen Spielräumen sowohl auf Spaltung und Kontrolle als auch auf Integration und materielle Zugeständnisse setzte. Die Frauenpolitik korrigierte Strukturvorteile der Männer nur dort und insoweit, wie Frauen für den zweiten Arbeitsmarkt gebraucht wurden oder spezifische Fähigkeiten einzubringen hatten. Gleichstellungspolitik zielte auf eine moralische Aufwertung traditioneller weiblicher Tätigkeiten und die Abrichtung zur Bindungsfähigkeit beider Geschlechter. Im Kontext wirtschaftlichen Krisenmanagements handelte es sich um eine Umverteilungspolitik zu Lasten der Lohnabhängigen, die sich subtiler Spaltung zwischen den Geschlechtern, „Arbeitsplatzbesitzern“ und Arbeitslosen, zwischen verschiedenen Gruppen der Beschäftigten etc. bediente.

Konsequenter noch als ihr Vorarbeiter formte Rita Süssmuth so einen neokonservativen Feminismus. Dieser war offensiv und defensiv zugleich, die CDU feministisch gewiß provozierend, aber gemäßigt im Inhalt, in Abgrenzung zu „revolutionärer“ Theorie oder Praxis und in seiner Gesellschaftskonformität doch innovativ. Rita Süssmuth büßte allerdings im Laufe ihrer Regierungstätigkeit an Biß ein. Sie war selbst ein Opfer der von ihr diagnostizierten Gefahr des Zurückdrängens der Frauen geworden. Sie betonte immer mehr, daß es darum gehe, Chancen zu eröffnen und nicht in Berufstätigkeit zu zwingen, keinen Kampf der Geschlechter zu propagieren, sondern für beide die Chance zur Teilhabe zu schaffen und die Politik für die Familie, dem wichtigsten Ort von Geborgenheit und Sinn, zu stärken, sozusagen die „heile Welt“ zu fördern.

Diese Politik war vor dem Hintergrund des veränderten Bewußtseins der Frauen und des Drucks der Frauenbewegung zustande gekommen. Insofern war sie Ausdruck ihres Erfolgs. Die Gesamtwirkung dieser Politik aber war und ist sehr widersprüchlich: Die Frauenfrage wurde in ihrer Bedeutung anerkannt und vereinnahmt, der Frauenbewegung wieder abgenommen und verstaatlicht, ihre Lösung aber den einzelnen Individuen zurückübertragen, privatisiert und entpolitisiert. Es waren neue Spielräume für Frauen im Leben und in der Politik entstanden, die aber von konservativer Seite besetzt wurden. Mit der neuen konservativen Frauenpolitik war die politische Diskussion auf eine andere Ebene gehoben, ohne tatsächliche Gleichberechtigung zu schaffen. Das hätte die Erkenntnis fördern können, daß Gleichstellung der Frauen mit Männern nicht dasselbe ist wie Befreiung der Frauen (und Männer).

3. Die vereinnahmte Frauenbewegung – die konservative Stärke

Auf der Basis der politischen Vorgaben und programmatischen Grundlagen Heiner Geißlers und mit Billigung des Kanzlers gab Rita Süssmuth dem neokonservativen Feminismus ein eigenes Gesicht. Aller Zweischneidigkeit und Gebrochenheit seiner Gestalt zum Trotz war dieser neokonservative Feminismus ein historisch neues Zugeständnis an die Frauen und ihre unter feministischer Perspektive zur etablierten Politik querliegenden Bedürfnisse und Interessen. Ohne die Frauenbewegung wäre dies nie denkbar gewesen. Rita Süssmuth als führende CDU-Politikerin war vielmehr ein zentraler Erfolg der Frauenbewegung, sozusagen trotz allem deren „Kuckucksei im Nest" der CDU. Die Bilanz dieses Erfolgs zeigt, daß seine Errungenschaften von einem eigenartigen Widersinn waren: Mit der modernisierten CDU-Frauenpolitik, einer eigenen Frauenministerin und ihrer Exponentin namens Rita Süssmuth war eine politische Grundlage für eine eigene Machtrolle der Frau gelegt. Die konservative Partei hatte mit ihr stückweise eine Existenz der Frau aus eigenem Recht anerkannt. Sie hatte der Frau ein eigenes materielles soziales Minimum innerhalb einer konservativen Ordnung gewährt. Frauen wurden als Akteurinnen der Politik in eigener Sache zugelassen und aus der Perspektive der Frauen auch eine Veränderung der Männerwelten anvisiert. Diese Momente waren auf überschaubare Sicht nicht rücknehmbar, auch wenn sie noch so partiell, begrenzt, verdreht oder gar widersinnig ausgelegt wurden. Die CDU nahm die Anliegen der Selbstbestimmung und Emanzipation ein Stück weit auf, um sie in aktive moderne konservative Politik bewußter Einordnung in Herrschaft und selbstgewählter Herrschaftspolitik zu wenden. Moderner Konservatismus beinhaltete die Rehierarchisierung der Gesellschaft auf neuer Ebene. Egalitäre Entwicklungen im Verhältnis zwischen Individuum und sozialer Gemeinschaft konnten erst dadurch wieder autoritär gewendet werden, indem die geschlechtliche Arbeitsteilung stark modifiziert, abgeflacht und subtil wurde und von hier aus die Gewinner und Gewinnerinnen sozialen Wandels neue Vorrechte beanspruchten.

Damit hatte die Frauenbewegung die orthodoxe konservative CDU-Politik historisch gesehen überholt und ins Unrecht gesetzt. Von Stund an mußten sich alle Nachfolgerinnen in vermeintlichem Feminismus, tatsächlich in einem neuartigen Frauen-Lobbyismus üben. Sie mußten die „besondere Benachteiligung und Diskriminierung“ der Frau regierungsamtlich permanent anprangern und die Politik kompensativ zugunsten von Frauen korrigieren. Hinter eine minimale aktive Interessensvertretung für die Frau führte der Weg nicht mehr zurück. Auch die von Rita Süssmuth formulierten politischen Ansprüche sind, obwohl sie oft „Propaganda“ blieben, bis heute Bezugspunkt und Maßstab für das, woran CDU- und Regierungspolitik gemessen werden. Rita Süssmuth ist die einflußreichste und wirkungsvollste CDU-Frau geblieben, ohne daß sie über entsprechende Ämter verfügt. Den von ihr gelegten Grundlagen kommt also noch bis zur zweiten Modernisierungsetappe der CDU-Frauenpolitik Bedeutung zu, personalisiert in Claudia Nolte. Auch die rechtskonservative Auslegung der Frauenpolitik von heute muß eine aktiv von Frauen betriebene sein. Sie kann in einer beauftragten „Beigeordneten“ keine Wirkung mehr entfalten. Die Objekthaftigkeit der Frau in der konservativen Politik kommt seit 1945 erstmalig in Gestalt weiblicher Subjekte dieser Politik daher. Das ist der Aufstieg der Frauen in die Macht, ein Teil ihrer gesellschaftlichen Emanzipation. Rita Süssmuth und ihr politischer Ansatz verkörpern diesen Durchbruch in der CDU-Politik, obwohl die Früchte der „realpolitischen Macht“ in erster Linie andere Frauen tragen. Die Frauen nach ihr und die mit ihnen verbundenen politischen Ansätze blieben demgegenüber zweitrangig.

Die CDU als führende Regierungspartei und mit ihr die Regierung bezogen eine große Stärke daraus, daß sie frühzeitiger als die etablierten Kräfte auf der Linken sich der „Frauenfrage“ annahmen und in einer veränderten Politik realisierten. Die CDU hat sich darin nicht nur als die hegemoniale Kraft der Bundesrepublik in den 80er Jahren erwiesen. Die CDU, die rechte Ordnungskraft, war flexibler, moderner und souveräner im Umgang mit dem schwierigen Kind aus Nachbars Garten, dem der politischen Konkurrenz aus dem linken Hause der Emanzipation. Sie hatte es in mancher Hinsicht auch politisch und ideologisch einfacher als die Linke. Die Revolte entzündete sich links und innerhalb der Linken gegen die „eigenen“ Männer. Sie richtete sich aber in der Tiefe gegen den Ort, an dem das Übel seinen Ausgang genommen hatte, dem Terrain des Konservatismus schlechthin. Denn die Herrschaftskritik der Frauenbewegung war gerade auf jenem Feld angesiedelt, auf dem Frauen von den herrschenden Männern in Wirtschaft, Politik und Gesellschaft in der konservativen Variante besonders tiefgreifend mißbraucht und ausgebeutet wurden: der Rolle der Mutter, der Familie und

Familienarbeit und der Alleinzuständigkeit für diese und damit Eingrenzung auf sie.

Die CDU schlug die Schlacht auf eigenem Feld. Sie gab die Antwort auf die Frauenbewegung auf einem Gebiet, auf dem die Linke glatt ausfiel und in der Tat die Mentalität der Menschen im Durchschnitt die konservativste ist: im Bereich des Privaten und vermeintlich Privaten, im Bereich der Familie und der reproduktiven Arbeit am Menschen. Die daraus begründete, tatsächlich aber absolut umfassende Ausbeutung der produktiven Kraft der Frauen wurde eben auf diesem Gebiet mit einer Entlastung beantwortet: Die CDU erkannte partiell ein eigenständiges Existenzrecht der Frau. Sie gestand staatlicherseits der bis dato nur über den Mann subventionierten Haus- und Familienarbeit der Frau quasi einen Niedriglohn zu. Sie gab den Individuen, Frauen und Männern, einen wachsenden Berg an Arbeit an*heim*, der zukünftig bei wachsender Produktivität und sinkender Profitablität marktwirtschaftlicher Produktion nicht mehr als Erwerbstätigkeit bezahlt sein sollte. Sie schuf der aufopfernden Mütterlichkeit einen Platz in der Öffentlichkeit. Sie korrigierte und sprengte damit tendenziell die geschlechtsspezifische Arbeitsteilung, um an ihre Stelle neue hierarchische Arbeitsteilungen zu setzen. Die Verlorenheit der Individuen in der globalisierten, von demokratischer politischer Gestaltung bereinigten Marktwirtschaft wollte sie auffangen, indem sie die einzelnen an den Ort zurückschob, woraus sie entwachsen sind, in die Familien. Über eben diesen letztlich strukturell gewaltförmigen Zwang sollten die aufgrund des Marktes zerfallenden Familien ihrerseits wieder zusammengeschmiedet werden. Die ob der traditionellen Arbeitsteilung Frauen besonders qualifizierende „Liebe" war in dieser Politik keine freie Zuwendung, sondern wurde für alle zum Dienst an einer untergründig elitären und autoritären Gemeinschaft. Der alte Staat hatte die ausgebeutete Frau auf seiner Unter- und Schattenseite versteckt, der neue Staat hängt sie als sein Flaggschiff aus. In diesem Sinne sollte die Zukunft weiblich sein.

Die CDU hatte dabei gegenüber dem historischen Emanzipationsprozeß der Frauen einen Teilerfolg errungen. Sie war reaktionsstärkste etablierte Partei. Der gesellschaftliche Wandel und die sich verdichtende ökonomische Krise der westlichen Industriegesellschaften in den 70er Jahren ließen sie unter größten Anstrengungen an einer konservativen Antwort auf die Frauenfrage und die Frauenbewegung arbeiten. Die von links gekommene Frauenbewegung und die aus ihr mit hervorgegangene Grüne Partei hatten die CDU vor sich hergetrieben und gerade sie in einer Weise bis ins Mark getroffen, die bis heute noch im letzten konservativen, christlichen und klerikalen Winkel der Gesellschaft nachhallt.

Die CDU war wie gezeigt prädestiniert, auf diese Problematik so zu antworten. Die Modernisierer der CDU waren die Macher der konservativ-feministischen Reform. Ihnen wird der entsprechende Platz in den Geschichtsbüchern gewiß sein. Die führende weibliche Repräsentantin dieser Reform wurde Rita Süssmuth. Sie war eine Berufene im doppelten Sinne. Sie wurde und fühlte sich berufen. Sie war nicht nur eine Frauenbewegte, sondern eine Feministin, die einzige, die für kurze Zeit Mitglied einer Bundesregierung war. Das konnte nur eine Konservative erreichen. Nie hatte Rita Süssmuth das Ruder selbst in der Hand, doch für kurze Zeit ließ man es sie halten, bis sie wie die erkämpfte Emanzipation der Frauen insgesamt nach und nach demontiert wurde.

IV. Die Zwischenstationen: Prof. Ursula Lehr und Dr. Angela Merkel

Die Politik der beiden Nachfolgerinnen Rita Süssmuths, Ursula Lehr und Angela Merkel, war nicht durch besondere Farbenprächtigkeit gekennzeichnet. Sie waren Ministerinnen des politischen Übergangs. Bemerkenswert war allenfalls die Tatsache, daß und wie sie sich von ihrer Vorgängerin absetzten. Ursula Lehr wollte mit Feminismus nichts zu tun haben. Sie war eine Frau aus der führenden Bildungsschicht, die sich ohne jede Frauenbewegung in der westdeutschen Gesellschaft durchgesetzt hatte und dies für den normalen Weg hielt. Angela Merkel ähnelte ihr hierin unter den Vorzeichen einer Ostbiographie. Ihr war naturgemäß die westdeutsche politische Sozialisation durch eine starke Frauenbewegung noch fremder. Beide hielten die „Emanzipation" der Frauen, sofern sie den Begriff überhaupt in den Mund nahmen, für eine Frage der zusammengebissenen Zähne kombiniert mit zeitgemäßen pragmatischen politischen Begleitmaßnahmen. Beide ließen dabei kein besonderes Profil erkennen, wenn es sich nicht darin zeigte, daß sie persönlich die patriarchalen Zuweisungen nicht in allen Fällen als selbstverständlich hinnahmen. Im übrigen bewegten sie sich im Rahmen traditionell bekannten Gleichberechtigungsverständnisses. Sie halfen, dieses peu à peu wieder gegen den Feminismus durchzusetzen.

1. Der ältere westliche Jahrgang: Ursula Lehr

Ursula Lehr folgte, als sie ihr Amt antrat, den unter Rita Süssmuth schon herrschenden programmatischen Grundsätzen. Sie wollte die Arbeit in der Familie „aufwerten", Beruf und Familie besser verbinden, mehr Gleichberechtigung am Arbeitsplatz und gleichberechtigte öffentliche Teilhabe von Frauen erreichen. Obwohl hiermit die gesamten Lebensverhältnisse der Frau angesprochen waren, blieb auch für sie die Familie der Fixpunkt: Frauenpolitik sei ohne engen Bezug zu ihr nicht denkbar, die Familie bleibe Grundlage des Gemeinwesens, nur das Verhältnis der Familienmitglieder zueinander zeichne sich durch Partnerschaft aus. Zugleich distanzierte sich die Ministerin von einem

Gleichberechtigungsgesetz, da es nicht weiterhelfe. Damit zog sie eine strukturelle Korrektur am traditionellen Lebensmodell von Frauen erst gar nicht in Betracht.

Ursula Lehr legte besonders auf drei Dinge Wert: Sie wollte die familiäre Rolle der Frau durch sozialpolitische Rechte stärken. Das Erziehungsgeld, die Absicherung von Familientätigkeit in der Rente, die Anerkennung der Pflegearbeit von Frauen, die Unterstützung Alleinerziehender und Würdigung des Werts dieser gesamten Familienarbeit sollten ausgebaut werden. In ihre Amtszeit fielen auch effektheischende Broschüren zum Leben vor der Geburt. Die Zielvorgabe der Lebenserhaltung des Ungeborenen verteidigte sie entschieden. Eine Abtreibung dürfe nicht „zu leicht" gemacht werden. Das CDU-Beratungsgesetz hielt sie für die richtige Entscheidung. An Selbstbestimmung der Frau im Schwangerschaftskonflikt war mit ihr nicht zu denken, obwohl sie keine offen repressive Haltung, sondern die der „Hilfe und Unterstützung für die Frau" einnahm. Insbesondere hielt sie ausreichende Kinderbetreuungsplätze für notwendig. Ursula Lehr verfolgte ferner das Ziel, die berufliche Entwicklung, Integration oder Reintegration der Frau neben oder nach der Familienaufgabe zu fördern. Sie ergriff deutlich Partei für neue Rollenbilder, mehr sichere Teilzeitarbeit, Wiedereingliederungsmaßnahmen, Anpassung an EG-rechtliche Entwicklungen, die Anerkennung in der Familie erworbener Qualifikationen auch im Beruf und andere Stützungsmaßnahmen auf dem Arbeitsmarkt. Sehr entschieden schließlich stritt Ursula Lehr für den Rechtsanspruch auf einen Kinderbetreuungsplatz. Sie hielt öffentliche, sogar ganztägige Erziehung für Kinder auch unterhalb von drei Jahren für vertretbar, da ohne Kinderbetreuung die Berufstätigkeit der meisten Frauen eine Illusion bleibe. Sie wandte sich gegen eine „Glorifizierung der Mutterrolle". Sie argumentierte, daß früher Kindergärten zwar Bewahranstalten gewesen seien, nun jedoch eine unentbehrliche Entwicklungshilfe darstellten. Kleinkinder bräuchten den Kontakt zu Gleichaltrigen, zumal sie nur noch selten Geschwister hätten. Die Weichen müßten neu gestellt, Kindergartenplätze rasch verdoppelt werden. Hier setzte die Ministerin sich mitten in die Fettnäpfchen der konservativen Familienpolitik, die das Glück der Kinder einzig bei der leiblichen Mutter verorten mochte. Sie erntete einen Sturm der Entrüstung. Es war das erste und letzte Mal, daß die Ministerin einen Konflikt offen ausfocht.

Das Modell der Gleichberechtigung von Ursula Lehr war dezidiert jenes der Vereinbarkeit von Mutter- und Berufsrolle, der Addition von traditioneller Frauenaufgabe mit einem Stück traditioneller Männeraufgabe. Multiple Korrekturen an der Familienarbeit, Kinderbetreuung und Berufsarbeit sollten eine moderne multiple und variationsfähige Rolle der Frau garantieren. Es setzte, ähnlich wie in den ehemaligen sozialistischen Ländern, allein bei der Frau an und paßte sie in eine patriarchale Gesellschaft ein. Es war nicht-feministisch, wenn nicht gar antifeministisch. Im übrigen waren die CDU-Reformer schon in die Defensive geraten. Ein fundamentalistischer Gegendruck war vielerorts spürbar. Die rechtsradikale „Republikanische Partei" (REP) bekam Zulauf und setzte die CDU von rechts unter Zugzwang. Die Reform des § 218, die gemäß Einigungsvertrag nach zwei Jahren Übergangsregelung abgeschlossen sein sollte, kam nicht voran. Das Verfassungsgericht hatte über die Verfassungsklage der CSU noch nicht entschieden, die Unsicherheit für die Frauen verlängerte sich. Erziehungsgeld und -urlaub wurden lediglich in zwei Etappen 1989 und 1990 um jeweils drei Monate bis zum achtzehnten Lebensmonat des Kindes ausgeweitet. An das fest geplante zweite Erziehungsurlaubsjahr war nicht zu denken. Der Rechtsanspruch auf einen Kinderbetreuungsplatz konnte trotz des Versprechens der Ministerin im neuen Jugendhilferecht nicht verankert werden. Den Ländern wurde nur unverbindlich empfohlen, das Angebot auszubauen. Außer einer spärlichen Erhöhung des Kindergeldes und einer steuerlichen Absetzbarkeit einer Haushaltshilfe, die in ihre Amtszeit fielen, hatte Ursula Lehr von ihren Anliegen nichts verwirklichen können. Ihr waren lediglich Studien, Broschüren, Proklamationen und Empfehlungen vergönnt. Sie vermochte auch Anlässe politischer Selbstdarstellung nicht zu nutzen, etwa den Kongress „40 Jahre Gleichberechtigung im Grundgesetz" im Jahr 1989 oder die Berichte zum Stand der Gleichberechtigungspolitik in Kommunen und Ländern, um neue politische Generalansprüche und eigene Impulse zur Fortentwicklung institutioneller Frauenpolitik zu formulieren und zu verankern. Im Einigungsvertrag verpflichtete sich der Gesetzgeber gerade mal, Regeln für einen Übergang zu schaffen, die Frauen nicht diskriminierten, und dabei die Gesetzgebung zur Gleichberechtigung weiterzuentwickeln. Das Wort der Ministerin hatte kein politisches Gewicht.

Ursula Lehr hatte bei Helmut Kohl ausgespielt, seit sie sich harsch die Kritik an ihrer Haltung zur Kindererziehung und die Einmischung in ihre Angelegenheiten verbeten hatte. Zu ihrer Verteidigung verwies sie nur auf wissenschaftliche Publikationen, die ihre Haltung untermauerten. Sie empfand es als Zumutung, sich rechtfertigen zu müssen. Mit strategischem Vorgehen auf einem konfliktträchtigen Gebiet kannte sie sich nicht aus, auf aufgestellte Messer reagierte sie hilflos mit formaler Zurückweisung. Die Probleme reduzierten sich für sie darauf, persönlich eingeschüchtert werden zu sollen. Das wollte sie sich nicht gefallen lassen. Ursula Lehr reagierte mit persönlich-politischem Rückzug. Die deutsche Einheit und Zwänge zur Kabinettsumbildung nach Proporzüberlegungen waren dem Kanzler willkommener Anlaß, seine ihm zu Beginn sehr nützliche, im Laufe der Monate jedoch zunehmend „uneffektive" Ministerin loszuwerden. Ursula Lehr war für Kohl anfangs eine Kopie des personalen und politischen Süssmuth-Effekts in abgeschwächter Form, die ihm zudem die eigenen kämpferischen Parteifrauen vom Halse hielt. Danach zeigte sich Ursula Lehr als eine sehr konsequente Persönlichkeit und als fähige Expertin ohne politische Potenz. Beides war im Sinne Kohls kontraproduktiv.

2. Der mittlere östliche Jahrgang: Angela Merkel

Mit Angela Merkel bekam die „Frauenpolitik" im Laufe der Zeit erkennbar andere Konturen. Bei ihrer Berufung ging es bereits nicht mehr in erster Linie um die Frauenpolitik, sondern um die nationalen Bedürfnisse und Interessen. Hinter ihnen hatten Fraueninteressen zurückzustehen, um lediglich mit Alibihandlungen abgespeist zu werden. Angela Merkel sollte als Ministerin und gleichzeitig Helmut Kohls einzige Stellvertreterin in der CDU vor allem den Osten mit einer unmißverständlich prowestlichen Haltung in der Regierung repräsentieren. Angela Merkel war ein noch eher unbeschriebenes Blatt, formbar, treu, politisch talentiert und weiblich. Sie interessierte sich persönlich nicht für die Frauenpolitik. Ihr eigenes Anliegen war vielmehr die deutsche Einheit als Anschluß des Ostens an den Westen. Sie identifizierte sich ausdrücklich mit Ronald Reagans Antikommunismus und lehnte sozialdemokratische Entspannungspolitik vehement ab. Sie war Helmut Kohl dankbar für seine Politik und drückte gleichzeitig ein bescheidenes Bedürfnis nach angemessener Beachtung der Ostdeutschen aus. Mit distanziertem Anstand versuchte sie sich der ihr innerlich fremden Frauenpolitik zu widmen, wissend, daß man, namentlich eine Frau, sich hocharbeiten und etwas leisten muß, wenn sie weiterkommen will. Die Rolle der Magd, die mit der niedrigsten (Frauen-)Arbeit beginnen muß, nahm sie dafür in Kauf. Sie akzeptierte die ihr aufgetragene Aufgabe und ordnete sich in die Spielregeln von CDU und Regierung bereitwillig, aber nicht unterwürfig ein. Aber auch sie strapazierte nach einer Weile ihren Folgsamkeit gewohnten Herrn. Angela Merkel hatte keine Profilierungsbedürfnisse nach Art ihrer männlichen Kollegen, aber dennoch Selbstwertgefühl und politisches Einfühlungsvermögen, vor allem Machtbewußtsein und Sinn für Hierarchien. Nach eineinhalb Lehrjahren konnte sie es sich leisten, eigenes Profil vorscheinen zu lassen und eigene Interessen unverhüllter zu zeigen. Der mißachtende Umgang mit den BürgerInnen der neuen Länder und der instrumentelle Gebrauch der Ost-Minister im Kabinett gingen ihr zu weit. Sie kritisierte die Kolonialmentalität der Westdeutschen und hatte genug davon, nur anpassungsbereite Frau und „Ostheini" in der Regierung zu sein. So gab sie den Druck der ostdeutschen Basis nach Bonn weiter. Vielen in der CDU war Angela Merkel allemal noch deshalb zu links, weil sie ausgleichend für die Interessen „Schwächerer" Stellung bezog. Nach einer Weile wurde auch sie wie ihre Vorgängerinnen von ihrem Herrn zurechtgewiesen. Schläge aber gehörten zur harten politischen Schule. Ob ihrer politischen Karriere wird sie Helmut Kohl dennoch ewig dankbar sein.

Ein eigenes frauenpolitisches Profil war bei Angela Merkel nur schwer erkennbar. Sie beschleunigte gerade darin den verborgenen qualitativen Wandel der CDU-Frauenpolitik. Angela Merkels Koordinatensystem war von der DDR geformt. Ihr setzte sie statt der staatlichen Familienpolitik die staatlich protegierte privatistische Familienpolitik entgegen, deren Angelpunkt ein anderes Wirtschaftssystem war. Das Patriarchat als eigenständiges Herrschaftssystem lag vollkommen außerhalb ihres Blickwinkels, und so stellte sie es auch nicht im mindesten in Frage. Auf seiner Basis sprach sie sich für Gleichberechtigung aus. Diese erhielt bei ihr dann eine besondere Gestalt der Höherbewertung vor allem der Familienarbeit. Frauenpolitik bestand logischerweise darin, für die Familie und auf der Seite der Familie etwas verändern zu wollen. Der Beruf war nach Angela Merkel für Familienfrauen eine Belastung mehr. Ihr imponierte, im Westen emanzipierte Frauen zu sehen, die nie erwerbstätig waren. Angela Merkel kannte aus der DDR Mutterschaft und Beruf nur in der Kombination. Die Vereinbarkeit von beidem war ihr deshalb ebenso wie ein gewisses Maß gesellschaftlicher Partizipation selbstverständlich. Die Überbelastung durch die „Doppelrolle" allerdings, die Frauen ganz besonders und gerade auch in den stark patriarchalen autoritären Staaten des ehemaligen „Realsozialismus" erfahren hatten, wollte sie durch eine Reduktion der Berufsarbeit für die Frau und dadurch erleichterte Vereinbarkeit von Beruf und Familie lösen. Für die Länder Osteuropas lag das durchaus im Trend. Und es fügte sich gut zu den westlichen Lebensverhältnissen, unter denen das Gros der Frauen teilzeiterwerbstätige Familienarbeiterinnen waren. Für die Karrierefrauen daneben galten außerordentliche Regeln, sie bildeten eine neue höhere soziale Schicht. Die Aufwertung der Familienarbeit blieb bei all dem eher substanzlos. Sie stellte sich bei wachsender Erwerbslosigkeit und Teilzeittätigkeit von Frauen quasi von selbst her.

So brachte Angela Merkel leise wieder eine andere Note in die „Politik der Partnerschaft und Wahlfreiheit" der CDU. Das Programm der Vereinbarkeit von Beruf und Familie zielte unausgesprochen auch nicht mehr theoretisch auf einen Umbau der Arbeits- und Lebensverhältnisse gleichermaßen für Männer wie für Frauen, sondern es wurde nur noch Frauensache und damit die neue Variante der – oft auch noch von Frauen selbst gebilligten – Nicht-Gleichberechtigung der Frau. Damit wurde Frauenpolitik wieder ausschließlicher zur Familienpolitik. Da Familie die Kerneinheit von Staat und Nation ist, bereitete damit wiederum Angela Merkel das Feld für die Neudefinition von Frauenpolitik als Unterordnung unter das nationale Ganze vor. Im übrigen wurde das politische Arbeitsprogramm Angela Merkels kaum von ihr selbst entwickelt, sondern es war eine Vorschrift und Verlängerung der vorgegebenen westlichen politischen Vorhaben und Möglichkeiten. Hier fand durchaus zusammen, was zusammengehört. Ein Prozeß der politischen und lebensweltlichen Vereinheitlichung schritt voran.

Mit Angela Merkel verschoben sich die politischen Akzente der Frauenpolitik der Regierung unmerklicher, aber stärker als unter Ursula Lehr. Das galt neben der programmatischen auch für die praktisch-politische Ebene. Die finanziellen Kosten der deutschen Einheit waren hoch, hinter ihnen hatten andere soziale Vorhaben zurückzustehen. Die politischen Kosten standen dem nicht nach. Heimatbedürfnisse der Ostdeutschen wurden mit der Aussicht auf eine Identität als DM-besitzende, wirtschaftlich starke Deutsche befriedigt anstatt mit einer breiten sozialen Begleitung des Umstrukturierungsprozesses, gezielter Förderung von Eigeninitiative und gesellschaftlicher Partizipation. Konservativ-autoritäres Denken im Osten kam der CDU zupaß. Sie wußte es zu nutzen, um die Westdeutschen zu disziplinieren. Die zuvor in den 80er Jahren im Westen anvisierten grundlegenden ökologischen, feministischen und sozialen Reformen wurden als überflüssiger und unmöglicher Luxus hingestellt. Freifahrtscheine für Starke, Anpassung an miserable Verhältnisse für die Mehrheit und nur noch Symbolik, spärliche „Hilfe“ und Beratung für den Osten wurden zum Programm. Das galt auch dieses Mal zuerst für die Frauenpolitik.

Noch in Fortführung der Vorläufermaßnahmen wurde in Angela Merkels Amtszeit 1992 der Erziehungsurlaub auf drei Jahre und das Erziehungsgeld auf zwei Jahre verlängert. Mit dem Rentenreformgesetz sollten künftig nicht ein, sondern drei Erziehungsjahre in der Rente berücksichtigt werden. Im übrigen dominierte unter Angela Merkel in der Frauenpolitik deklamatorisch das Anliegen, die Situation der Frauen im Osten zu verbessern. Generell investierte der Westen erhebliche Summen in den Osten. Was im Namen der „Hilfe“ daherkam, geschah freilich nicht zuletzt auch zum eigenen Vorteil. Genau gesagt geschah es in erster Linie zum Vorteil der alten und neuen Starken in Ost und West, während die Schwächeren wirtschaftlich und politisch beiderseits ungleich mehr bezahlt und verloren hatten. Frauenpolitisch fand sich das Muster in zugespitzter Weise. Wenige politische Handlungen für „leistungsfähige“ Frauen im Osten wurden zum Ersatz für eine strukturelle Besserstellung der Frauen überhaupt. Die Bekämpfung der Frauenarbeitslosigkeit reduzierte sich nur noch darauf, die in Relation zu den Männern unverhältnismäßige Schlechterstellung der Frauen im Osten zu korrigieren. Die Regierung änderte das Arbeitsförderungsgesetz so, daß Frauen bei ABM-Maßnahmen entsprechend ihres Anteils an den Erwerbslosen berücksichtigt werden. Die Bundesanstalt für Arbeit vergab 100 % Lohnkostenzuschuß für Projekte, in denen überwiegend Frauen beschäftigt wurden. Mit dem Hinweis auf die überproportional hohe Erwerbslosigkeit in den neuen Bundesländern wurden zeitgleich die ABM-Maßnahmen im Westen storniert. Zuschüsse für den Erhalt von Kinderbetreuungseinrichtungen im Osten wurden zur einzigen Fördermaßnahme für Kinderbetreuungseinrichtungen überhaupt. Eine Stellenbörse vermittelte Erzieherinnen von Ost nach West. Die Regierung finanzierte für den Osten ein Modellvorhaben zur Beratung von Frauen, ein Sonderprogramm zur Förderung von Frauenverbänden und Umschulungen für Zukunftsbranchen. Gemessen an den Wirtschaftssubventionen der Treuhand und am Maß der Schwierigkeiten der Frauen müssen derartige Maßnahmen als „Peanuts“ bezeichnet werden. Frauenpolitik reduzierte sich darauf, die Schlechterstellung einer Minderheit aufzuhalten und den Fittesten unter ihnen Starthilfe für eine neue Existenz zu geben.

Im endlosen und brisanten Streit um den § 218 vertrat die Ministerin eine vermittelnde Position. Es war eine Zeit des Übergangs. Den Frauen im Osten konnten keine zu heftigen Veränderungen in zu kurzer Zeit zugemutet werden, im Westen waren Zugeständnisse an die Frauenbewegung unvermeidbar. Das Bekenntnis Angela Merkels zum Schutz des ungeborenen Lebens fehlte selbstverständlich nicht. Da jedoch Konfliktlagen auftreten könnten, sei in ihnen „Hilfe statt Strafe" geboten. Angela Merkel kritisierte, daß viel über den strafrechtlichen Schutz, aber wenig darüber gesprochen werde, daß ungeborenes Leben nur mit und nicht gegen die Frau zu schützen sei. Sie votierte für eine Beratungspflicht und vor allem einen Rechtsanspruch auf einen Kinderbetreuungsplatz. Der Appell an die Moral und den Anstand sowie Hilfe zur Einpassung in ungerechte Zustände sind klassische Merkmale bevormundender Frauenpolitik.

Gewalt gegen Frauen, sexuelle Belästigung, Menschenhandel und Vergewaltigung im Krieg wurden mehr denn je zu einem Thema der Regierungspolitik. Als politische Maßnahmen kamen allerdings einzig Information, Beratung, Schutz und Hilfe in Betracht. Die Frau vor dem bösen Mann zu schützen, dieser Aufgabe widmete man sich geradezu hingebungsvoll. Was einst tabuisiert war, dem begegnete man nach seiner erzwungenen Aufdeckung, indem man die Opfer ganz traditionell der Obhut unterstellte. Es wurde weder nach den systematischen Ursachen von Gewalt gefragt noch den Tätern ihre Taten durch wirksame Maßnahmen wie etwa Opferschutz, Anrecht auf Wohnung oder eigenständiges Aufenthaltsrecht erschwert. Kamen ausnahmsweise die Männer als Täter in den Blick, dann um sie zu therapieren und ihnen oft mehr Verständnis entgegenzubringen als ihren Opfern.

Hatten die Vorgängerinnen Angela Merkels neue Gesetze zur Herstellung tatsächlicher Gleichberechtigung meist noch als unwirksam und falsch abgelehnt, so mußte die Bundesregierung in den 90er Jahren angesichts der vielen Forderungen von Frauen nach Quoten in der Gleichstellungspolitik aktiver werden. Die gesamtdeutsche Kritik der Frauenbewegung an der Revision relativer Vorteile, die die Frauen auf dem Arbeitsmarkt und in der Kinderbetreuung in der DDR hatten, brachte sie zusätzlich unter Zugzwang. So fiel in die Amtszeit Angela Merkels der Beschluß zur Ergänzung der Verfassung, die den Staat zu aktiver Politik für tatsächliche Gleichstellung verpflichtete. Der Bundestag verabschiedete 1994 das zweite Gleichberechtigungsgesetz. Das Ministerium führte regelmäßig Gleichberechtigungskonferenzen und

Konferenzen aller Frauenministerinnen durch, alle zwei Jahre wurde der Einstellungswandel in der Bevölkerung untersucht, kommunale Frauenbeauftragte wurden vernetzt und ähnliches mehr. Diese Politik beeinflußte zwar die öffentliche Meinung und stellte selbst einen Anspruch an die Regierungen her. Bezogen auf handfeste Rechte im Blick auf Finanzen, Strukturen und Macht blieb sie allerdings weitgehend unverbindlich.

Die allgemeine Arbeitsmarktpolitik für Frauen führte dagegen ein Schattendasein. Die Diskriminierung der Frauen wurde lediglich in bezug auf gesamtwirtschaftliche Effizienz kompensiert, im übrigen die bestehende geschlechtsspezifische Spaltung festgeschrieben. Die Flexibilisierung der Arbeitszeiten und Förderung von Teilzeittätigkeit auch in qualifizierten Positionen wurde zur Schlüsselfrage der Vereinbarkeit von Beruf und Familie erklärt. So konnte man Mittelschichtsfrauen einstweilen befriedigen. Ansonsten erschöpfte sich die Politik in der Beratung für berufliche Wiedereingliederung, dem Verlangen nach Förderung von Frauen in Führungspositionen und einer Untersuchung zur Lage von Existenzgründerinnen. Fähige Frauen machten sich überproportional selbständig, um nicht länger von Männern an ihrem Werdegang gehindert werden zu können.

Um der Unzufriedenheit über die familiäre Untätigkeit der Männer nachzugeben, versuchte sich die Ministerin schließlich noch in einem Modellversuch für erziehende Väter. Außerdem wurde es geradezu zu einer Mode der Regierung nach dem Ende des Kalten Krieges, auf europäischer und internationaler Ebene eine neue Frauenpolitik zu fordern. Politisches Handeln delegierte sie auf einstweilen unverfängliche Ebenen weg. Auffallend intensiv schließlich beschäftigte sich die Bundesregierung mit dem angeblich nachlassenden politischen Interesse von Frauen. Ganz besonders der CDU lief der weibliche Nachwuchs in Scharen davon. Plötzlich war man an politischer Aktivität von Frauen interessiert. Man ließ junge Nichtwählerinnen und politische Interessen der 20- bis 30jährigen untersuchen und mühte sich allerorten wenig erfolgreich um ihre Mitwirkung.

So verschob sich die Tätigkeit Angela Merkels auf ein meist propagandistisches und symbolisches Feld, während Ursula Lehr noch vor allem für materielle Verbesserungen auf dem Feld der Familie, Kinderbetreuung und sozialen Sicherung eingetreten war. Nach und nach wurde die Frauenpolitik Wichtigerem geopfert und nur noch oder wieder als bloße Sonderpolitik für eine vermeintliche Gruppe von

Schwächeren betrieben. Die jeweils unauffälligere Ministerin verschob die Politik ein Stück weiter nach rechts, nachdem die Auffälligere zuvor Prügel bezogen hatte. Mit jeder neuen Ministerin wurde die frauenbewegte Öffentlichkeit dankbar für die vorherige. Auch das ist eine psychologische Wirkung, die den politischen Abbau auf nützliche Weise begleitete.

V. Der gewendete Nachwuchs: Claudia Nolte

Als Claudia Nolte zur neuen Ministerin berufen wurde, schlugen die Wellen fast so hoch wie einst bei Rita Süssmuth. Ihr eifernder rechtsgläubiger Werdegang und Habitus erweckte Aufsehen. Helmut Kohl wollte nach den absichtsvoll unscheinbareren Vorgängerinnen mit Claudia Nolte einen neuen Akzent setzen. Er hatte sie mit Bedacht gewählt, aber er wollte direkt nach seiner Niederlage in der Auseinandersetzung um Steffen Heitmann als Bundespräsidentschaftskandidat keineswegs demonstrativ die Fahne hissen. Beinahe wären seine Absichten durchkreuzt worden, weil er mit seiner Wahl unerwartet provozierte und obendrein seiner jungen Kandidatin die Routine noch abging. Nach den ersten Reaktionen der Öffentlichkeit ließ er alle einschlägigen Verhaltensinsignien umgehend einziehen und unter Verschluß nehmen. Claudia Noltes Werdegang verlief so zunächst unauffällig.

Claudia Nolte ist seit ihrem Amtsantritt bemüht, keine persönliche Angriffsfläche zu bieten. Die geliebte, ihr durchaus gemäße Rüschenbluse legte sie ab, „sie lernt jeden Tag dazu“, läßt sich auf Diskussionen nicht ein, geht Kontroversen aus dem Weg und vollbringt ihre Auftritte anständig. Sie hinterläßt äußerlich einen eher harmlosen Eindruck. Auch ein besonderes eigenes politisches Profil ist nicht erkennbar. Wohl abgewogen, gut von ihrem „Aufpasser“ beraten und präpariert, verkündet sie die Politik, für die die CDU bekannt ist. Die Familie ist der Hort der Geborgenheit und des Gemeinsinns, lautet das ideologische Kredo zugunsten dieser staatssichernden Instanz, ohne daß dies irgendwelche materiellen Konsequenzen hätte. Die christliche Wirtschaftspolitik dagegen setzt noch stärker als bislang auf Leistung und Eigenverantwortung und untergräbt soziale Lebenszusammenhänge. Ginge es für eine Ministerin ihres Faches wenigstens darum, demgegenüber den Familienetat zu optimieren, so ist bei Claudia Nolte im Unterschied zu den westlichen Vorgängern Geißler und Süssmuth Fehlanzeige zu vermelden. Die Ministerin „wünscht“ sich für die Zukunft nur ein Mehr des Guten. Einmal nur preschte sie eingedenk ihrer eigenen Impulse vor und befürwortete ein Begrüßungsgeld für Neugeborene, für das ihr jedoch der sozialdemokratische Ministerpräsident Stolpe und seine Ministerin Hildebrandt das Vorbild geliefert hatten. Claudia Nolte wurde allerdings – wegen der Kosten – nicht nur von der FAZ für verrückt erklärt und schwieg von Stund an. Sie fügte sich den politischen Gegebenheiten, Sprachregelungen und wahlstrategischen Überlegungen der Union. Sie hatte keine Mühe, sich machtorientierte Taktik anzueignen und sich in ihren Äußerungen unter Kontrolle zu halten. Mit ihrer Ernennung sollte also kein offener Tabubruch begangen, sondern leise ein Weg nach rechts eingeschlagen werden.

1. Politische Schwerpunkte: Schwache helfen Starken und sich selbst

Im Februar 1995 legte die Ministerin ihre politischen Schwerpunkte für die 13. Legislaturperiode vor. Sie will „die Gesellschaft menschlicher" machen. Ihre Priorität liegt bei der Familienpolitik, dem „Fundament der Gesellschaft", damit sich die Menschen in ihr „zu Hause fühlen". Gleichwohl sind alle vier Bereiche – Familie, Senioren, Frauen und Jugend – „eng verzahnt und auch nur dann kann Gemeinsinn statt übertriebenem Individualismus entstehen". Sie spricht deshalb vom „Haus der Generationen". Der einzelne hat sich in den Dienst des Ganzen zu stellen, und dies beginnt bei der Familie. Familienpolitik versteht die Ministerin, man höre, als „gesellschaftliche Strukturpolitik". Dabei geht es ihr nicht etwa um eigene materielle und soziale Rechte von Kindern, sondern um „Steuergerechtigkeit zwischen Familien und Kinderlosen". Gleichzeitig mit der Durchsetzung eines autoritären Ordnungskonzeptes wird eine der besonders beliebten neuen Spaltungslinien bedient. Schließlich erweist sich das gehobene Lebensrecht der einzelnen erst, wenn sie dem Vaterland ein Kind geschenkt haben. Die Politik der „Vereinbarkeit von Beruf und Familie" via Erziehungsgeld und -urlaub soll fortgesetzt werden. Sie bleibt allein auf die Frau gemünzt. Der neuen grundgesetzlichen Verpflichtung des Staates, zugunsten der Gleichberechtigung von Frau und Mann aktiv zu werden, soll weiterhin dadurch entsprochen werden, daß die übergroßen Arbeitsplatzverluste für Frauen im Osten insoweit korrigiert werden, als Frauen anteilsgemäß an Wiedereingliederungs- und Kompensationsmaßnahmen beteiligt werden. Die Frauen im Osten, im Vergleich zum Westen das größere Wählerinnenpotential der CDU, sollen bei der

Stange gehalten werden. Von der Frauenerwerbslosigkeit im Westen ist mit keinem Wort die Rede. In der Seniorenpolitik sollen vor allem die Voraussetzungen für eine private Pflege geschaffen werden. Im übrigen sollen die Alten via „Seniorenbüros" für Ehrenamt und Selbsthilfe, sei es beim Wohnen oder der „nachberuflichen Tätigkeit", fit gemacht werden. Für Kinder wird der Anspruch auf einen Kindergartenplatz verbal bestätigt, und Jugendliche werden vor allem auf freiwillige soziale oder ökologische Jahre, auf Zivildienst und „arbeitsweltbezogene Jugendsozialarbeit" orientiert. Das „Ehrenamt" soll ganz allgemein gefördert werden.

Es springt ins Auge, wie sehr auf „Selbsthilfe", „Eigenverantwortung" und „Ehrenamt" gesetzt wird, um Sozialausgaben einzusparen. Alle noch nicht oder nicht mehr Leistungsstarken sollen beschleunigt für sich selbst sorgen, ist doch der Wirtschaftsstandort Deutschland immer stärker in Gefahr. Die Zusammenlegung der Ministerien Familie, Senioren, Frauen und Jugend ist logisch, es wird zu einem Sammelbekken der Schwachen. Sie sollen die Starken in schwachen Stunden versorgen und stärken und anschließend sich selbst untereinander die Wunden lecken. So wird das Schwache der Gesellschaft mit sich selbst behandelt. Die Armut wird den Gemeinsinn schon befördern. Ehrenamt wird Bürgerpflicht. Wo das nicht von alleine klappt, muß Kontrolle nachhelfen. Priorität Leistung, die Spaltung zwischen Kinderlosen und Familie, die Betonung der Familie als aufsichtsführendes generationsübergreifendes Synonym für die von Wirtschaft und Staat Verlassenen – darin liegen neue politische Zuspitzungen.

2. Praktische Einzelschritte: unauffällige Beschleunigung und Verdichtung konservativer Politik

Die im einzelnen praktizierte Politik unter Ministerin Nolte bewegt sich in diesem Rahmen. Die unüberbrückbaren Widersprüche in der Union und die Mehrheitsverhältnisse im Bundestag erzwangen nach dem BVG-Urteil zum § 218 einen fraktionsübergreifenden Kompromiß mit FDP und SPD. Der betraf Varianten des Beratungsgesetzes, berührte aber nicht die prinzipielle Qualifizierung eines Schwangerschaftsabbruchs als Rechtsvergehen und die generelle Unrechtsvermutung gegen die Frau. Claudia Nolte stimmte für die Regierungsvorlage, obwohl sie

Abtreibungen strikt ablehnt. Den offenen Regelverstoß konnte und wollte sie sich nicht erlauben. Doch sie setzt weiterhin darauf, die Frau und ihr soziales Umfeld unter Kontrolle zu halten. So überraschte es nicht, daß sie die Gelegenheit beim Schopf ergriff, 1996 die bayrische Verschärfung der Beratungspraxis zu begrüßen. Die Frau sollte zur aktiven Mitarbeit und zur Angabe ihrer Gründe für eine Abtreibung gezwungen werden. So zeigte sich, daß die Auseinandersetzung um den § 218 trotz des neuen Gesetzes nicht ausgestanden ist. Die CDU hält sich eine Revision der ihr aufgezwungenen bescheidensten Liberalisierung offen.

Die politischen Kräfteverhältnisse und der Einstellungswandel auch der CDU ließen der Koalition ebenfalls keine andere Wahl, als die Vergewaltigung in der Ehe gesetzlich unter Strafe stellen zu wollen. Die Frau gäbe mit der Ehe nicht das Recht auf sexuelle Selbstbestimmung auf, meinte schließlich auch Claudia Nolte. Doch auch in diesem Fall steht nach der Gesetzesvorlage das Recht der Frau unter Vorbehalt. Wenn damit die Ehe gerettet werden kann, darf sich der Ehemann auch ungestraft an seiner Ehefrau vergreifen. Ein „modifiziertes Widerspruchsrecht" soll dem „besonderen Charakter" der Ehe Rechnung tragen. Das „Tatopfer" kann bei Aussicht auf Versöhnung Strafverfolgung verhindern; nur wenn öffentlich erkennbar ist, daß es unter Druck steht, kann die Strafverfolgung doch noch stattfinden. Die Regierung führte einen wahrhaftigen Eiertanz auf, um Unvereinbares zu vereinbaren und eine politische Neuerung doch zu unterlaufen. Durch den Widerspruch des Bundesrates gilt zu allem Überdruß auf absehbare Zeit das alte Recht.

Die Realisierung des Rechtsanspruchs auf einen Kindergartenplatz war zentraler Bestandteil des „Kompromisses" zum § 218. Der Frau sollte die Entscheidung zum Kind erleichtert werden. Ab 1996 sollte jedes dreijährige Kind bei Bedarf einen Betreuungsplatz finden. Bis heute ist dieses Versprechen nicht realisiert. Die Bundesregierung gab die praktische Lösung der Probleme an die Länder und Kommunen weiter, deren Kassenlage sie angeblich unmöglich macht. Bis 1999 werden von ihr großzügigerweise Übergangsregelungen akzeptiert. Die Ministerin hat ihre Stimme für finanzielle Umverteilung nicht erhoben.

Der Familienlastenausgleich wird von Claudia Nolte immer wieder als Kernstück der jüngeren CDU-Politik bezeichnet. Mit Kindergeld, Wohneigentumsförderung und Mutterschutz wird danach die Leistung, Kinder aufzuziehen, ausgeglichen. Die Ministerin folgt hier entschieden der CDU-Strategie, die Kinderförderung an Ehe und Familie zu binden, die zahlungskräftigeren Schichten zu bevorteilen und sich im übrigen für die Erfüllung des allenfalls untersten Levels an materieller Sicherung für Kinder gemäß des Urteils des Bundesverfassungsgerichts zu brüsten. Dieses hatte dem Staat die Sicherung eines Existenzminimums für Kinder auferlegt. Kindergeld und steuerlicher Kinderfreibetrag sind ab 1996 neu geregelt und erhöht. Die nächste Stufe der Erhöhung, die für 1997 geplant war, wurde mit dem Sparpaket der Bundesregierung von 1996 jedoch schon wieder verschoben. Finanzierungsfragen wurden erneut auf die Länder abgewälzt. Die Ministerin sieht auch keinen Grund für eine Abschaffung des Ehegattensplittings. Sie behauptet, dies komme „den Familien" zugute. Tatsächlich begünstigt es nur die Hausfrauenrolle. Die seit 1986 stagnierenden Einkommensgrenzen für das Erziehungsgeld, das deshalb rückläufig in Anspruch genommen wird, wollte Claudia Nolte erhöhen. Einen Erziehungsurlaub in den ersten drei Lebensjahren eines Kindes befand sie wiederholt als zentral für neue Familienpolitik. Durchgesetzt hat sie nichts, zukünftige Wege zur Finanzierung ihrer Vorhaben auch nicht verraten. Außerdem will sie die Inanspruchnahme des Erziehungsurlaubs zeitlich flexibler ermöglichen. Die auf dem Arbeitsmarkt geforderte Flexibilität dürfte dafür der Grund sein. Eine Halbierung des Elternurlaubs zwischen Frau und Mann lehnt sie, überzeugt, daß dies zu Lasten des Kindes ginge, ab. Die Unternehmer im Osten hat die Ministerin ermahnt, den Kündigungsschutz für Schwangere zu beachten und junge Mütter nach dem Erziehungsurlaub weiterzubeschäftigen. Mit der Änderung des Kindschaftsrechts werden Vaterrechte gestärkt, indem Väter mehr Sorgerechte bekommen. Der Familienetat der Ministerin betrug 1996 36 Milliarden, der Frauenetat demgegenüber gerade einmal 26 Millionen. Die Ministerin verteidigte im Zuge der Sparpolitik 1996 sogar die Streichungen in ihrem Ressort.

Claudia Nolte ermunterte die Bundesanstalt für Arbeit, Frauen zu berücksichtigen. 1996 paßte die Regierung das Arbeitsförderungsgesetz an und machte Frauenförderung zu seinem festen Bestandteil, nach der Verfassungsergänzung ohnehin ein Muß. Im Osten führte die Ministerin regionale Beratungen zur Situation der Frauen auf dem ersten Arbeitsmarkt durch. Deren Abdrängen in die geringfügigen Beschäftigungen kritisierte sie. Teilzeitarbeit will sie auch den Ostfrauen schmackhaft machen. Allerdings möchte sie den Begriff ob seines negativen Images lieber durch familienfreundliche „Mobilzeit" ersetzen. Das Ministerium fördert in Modellprojekten „Zeitarbeit" von Frauen. Existenzgründungen, die im Osten noch mehr als im Westen aus dem Mut der Verzweiflung erwachsen, empfiehlt Claudia Nolte wärmstens, obwohl Frauen auch hierbei nachweislich diskriminiert werden und die zugleich vergleichsweise Arbeitsamsten und Ärmsten bleiben. Für die Förderung weiblicher Führungskräfte macht sich die Regierung immer wortstark. Erwerbslose dagegen werden auf versicherungspflichtige Arbeitsplätze als Dienstmädchen im Hause besserer Schichten verwiesen. Die Alterssicherung der Frauen ist vor dem Hintergrund ihres zweitklassigen beruflichen Status unverändert labil. Das hinderte die Bundesregierung 1996 nicht, den Frauen mit ihrem Sparpaket noch eine Erhöhung des Rentenalters zuzumuten. Ab dem Jahr 2000 wird ihre bislang vorgezogene Altersgrenze stufenweise auf 65 Jahre angehoben, ohne einen Ausgleich für ihre Familienarbeit. Zunächst sollte die Neuregelung schon ab 1998 gelten. Claudia Nolte erhob erst die Stimme, als der Protest aus der Öffentlichkeit eine Korrektur erzwang und das Vorhaben um zwei Jahre verschoben werden mußte.

Kampagnen gegen Gewalt gegen Frauen will das Ministerium fortsetzen. Schutz, Hilfe und moralische Ver- und Gebote sind weiter en vogue. Sie werden in jüngerer Zeit um neue Varianten erweitert. Ein im Dezember 1995 gestartetes Modellprojekt „Berliner Interventionsprojekt gegen häusliche Gewalt" soll Hilfe für Frauen, verhaltenstherapeutische Arbeit mit den Tätern und staatliche Maßnahmen wie Strafverfolgung, Polizeischulung und Aufklärung miteinander verbinden. Staatlicher Paternalismus für die „Problemgruppe Frau", staatliche Erziehung und Aufsicht sind die Antwort auf tabuisierte gesellschaftliche Gewaltverhältnisse und fragwürdige Männlichkeitsbilder.

Diese politische Praxis entspricht der seit ein paar Jahren stattfindenden anpassenden Modernisierung der CDU-Politik, die dem Gedanken folgt, es muß anders werden, damit es bleibt, wie es war. Das Maß dieser Modernisierung und damit auch ihre Qualität wurden ständig umkämpft. Ihre Grundzüge werden dabei grundsätzlich nicht hinterfragt. Das Neue der Politik Noltes liegt aber in der unauffälligen Verdichtung der konservativen Grundsubstanz dieser Politik und ihrer beschleunigten Verwirklichung. Sie überschneidet sich mit der Veränderung der Geschlechterverhältnisse und bricht deren aus der Gesellschaft kommenden emanzipatorischen Ursprungsimpuls. Statt mehr Selbstbestimmung soll es mehr Selbstbescheidung geben. Und hier findet der personelle Wechsel im Ministerium für Familie, Senioren, Frauen und Jugend schon einen Teil seiner Erklärung.

3. Verschiebungen: Mütterberufe und -berufungen, Väter- und Bürgerpflichten

Aus derartiger konservativer Politik ergeben sich im Laufe der Zeit erkennbare politische Verschiebungen. Claudia Nolte will eine „neue Gesinnung“ für die Familie schaffen. Nicht etwa um Bevölkerungspolitik gehe es ihr, gleichwohl um das Problem Deutschlands, eine der niedrigsten Geburtenraten der Welt zu haben. Die Mütter seien die tragenden Säulen der Familie, ohne sie sei kein Staat zu machen, erklärt sie. Mit Geld allein sind die Frauen nicht zu locken, schon gar nicht mit Strafe. Aus diesem Grund legt man Wert auf das Umfeld. Es soll moralisch kontrollierbar sein und kontrolliert werden. Das beginnt damit, Singles und Kinderlose zu den Sündenböcken der Gesellschaft und zu Synonymen für rücksichtlose Egoisten zu machen, mögen sie in ihrer Mehrheit noch so selbstverantwortlich, sozial engagiert und materiell bescheiden leben. Kindergärten, Kindergeld als Verdienstquelle, Haushaltshilfen, zur Kinderfreundlichkeit angehaltene Vermieter sollen ferner den Frauen die Entscheidung zum Kind leichter machen und die Vereinbarkeit von Beruf und Familie lebbar machen. Der Haushalt als versicherungspflichtiger Arbeitsplatz ermöglicht dasselbe dann auch den Frauen unterer Schichten. Es ist ein Konzept der finanziell erträglich gemachten, halbberuflichen, halböffentlichen Mütterarbeit, begleitet und durchgesetzt durch repressive Moral- und Anstandspostulate, die die CDU hiermit offeriert.

Dieses Konzept kann sich auf den gesellschaftlichen Wandel stützen, den die Regierung stets untersuchen läßt. Die jungen Frauen, so zeigen die Studien, wollen Familie und Beruf unbedingt vereinbaren. Sie wollen es dabei leichter haben als ihre Vorgängerinnen; sie wollen Ausbildung, Beruf, Kinder, jedes zu seiner Zeit, nacheinander haben. Dic Priorität liegt für sie heute zunächst in Ausbildung und Beruf und dem Spaß an dcr Arbcit. Zu Hause verlangen sie gerechte Aufgabenteilung. Sie räumen der Partnerschaft, gefolgt von Kindern, im persönlichen Leben die höchste Priorität ein. Sie ist meist auf Dauer angelegt, und die Ehe auch Mitte der 90er Jahre meist erklärtes Ziel. Partnerschaft in der Familie gilt oft schon dann als gegeben, wenn der Haushalt gemeinsam geplant wird. Die Halbierung aller häuslichen Arbeit und Kinderbetreuung, halbtagstätige oder geringer verdienende Väter, männlicher Erziehungsurlaub zählen im Lebensalltag von heute jedoch nicht dazu. Solch ein Verhalten wird von vielen Frauen sogar als unmännlich angesehen. Die Mütter wiederum bleiben auch nach Ehescheidungen die sozialen Bezugspunkte, das gilt bei Alleinerziehenden allemal. Durch die Kinder, die bei ihren Müttern leben, werden die verstreuten Familienteile zusammengehalten. So wird verständlich, daß die CDU auf die gesellschaftliche Ordnungs- und Kontrollinstanz der Ehe unter keinen Umständen verzichten will, auch wenn sie nicht mehr lebenslang hält. Die Ehe sorgt für die blutsverwandtschaftliche Abhängigskeitslinie und die privatistische Grundorientierung zukünftiger Staatsbürgerinnen und -bürger. An eine Gleichstellung unterschiedlicher Lebensformen ist mit der CDU nicht zu denken. Vor diesem Hintergrund wird ferner ersichtlich, weshalb die „Vereinbarkeit von Beruf und Familie" für die Frau, vom Mann ist weiter nicht die Rede, auch zum Standortfaktor für das Land erklärt wird. Sie bürgt wenigstens für den Mutter-Kind-Rest von Familie als Keimzelle des Staates. Daraus erklären sich Absichten und Tragfähigkeiten der konservativen Politik von heute.

Arbeitsmarktpolitisch bereitet die CDU die Frauen auf verengte Spielräume vor. Frauen bekommen Arbeitsplätze, wenn sie nicht „zu teuer" sind, das heißt im Niedriglohnsektor im Dienstleistungsbereich, als mobile Teilzeitarbeit, in Pflege und Hauswirtschaft. Sie schließen an die private weibliche Arbeit unmittelbar an. Mit gewisser, zumindest deklamatorischer Förderung können Frauen dort rechnen, wo sie Konkurrenz und Leistungsfähigkeit beleben, nämlich wenn sie Karriere machen wollen, in politischen und wirtschaftlichen Spitzenfunktionen oder als Unternehmerinnen. Die restliche Arbeit wird ihnen als freiwilliges Ehrenamt angedient und aufgeladen. Ehrenamtliche Arbeit wird plötzlich gerühmt, der sonst verpönten „Selbstverwirklichung" zu dienen. Sie soll ihre „Natur" aber nicht verändern. Falls Frauen nicht willig sein sollten, müssen sie mit Formen un- oder unterbezahlter sozialer Zwangsarbeit rechnen. Die heruntergeschraubten Zumutbarkeitsregeln für Erwerbslose oder ein Arbeitseinsatz von Sozialhilfeempfängern treffen proportional vor allem Frauen. Ein freiwilliges soziales oder ökologisches Jahr bürdet Frauen weiterhin den Hauptteil an der sozialen Arbeit auf, erst recht würde das für ein Pflichtjahr gelten, was mittlerweile viele fordern.

Die Zeit sozialpolitischer Ausgleichs- und Sonderleistungen für Frauen, mit denen ihre ungleichen Existenzsicherungsbedingungen und ihre relative Armut ob der Benachteiligung durch die traditionellen patriarchalen Arbeitsstrukturen wenigstens kompensiert wurden, geht im übrigen zu Ende. 1996 wurde eine qualitativ neue Stufe erreicht. Die Bundesregierung nahm nach langjährigem einschlägigen Druck den Konsens bei der Sozialstaatsidee zurück, um dem „Wirtschaftsstandort Deutschland" den Vorrang zu geben. Der Sozialstaat soll angeblich nur „zurückgeschnitten" werden, tatsächlich wird er substantiell in Frage gestellt und damit der soziale Gerechtigkeitsauftrag des Grundgesetzes. Die Arbeitslosen- und Sozialhilfe wird gekürzt, die gesetzliche Lohnfortzahlung aufgekündigt und die Rente aufgeschoben. Mit dem geringsten Widerstand kann die Regierung zuerst bei jenen kürzen, denen sowieso zuletzt und am wenigsten gegeben wurde. Das sind die – überwiegend weiblichen – Alten, Arbeitslosen, Sozialhilfeempfänger und alle in Haushalt und Beruf arbeitenden Frauen. Frauen sind unter der Hand die Hauptadressatinnen der Sparpolitik der Bundesregierung. Gleichstellung gibt es allenfalls in einer Perspektive der Zerstörung aller sozialen Netze. Wenn auch die Brosamen aus dem männlichen Sozialstaat entfallen, entstehen neue Existenzsicherungszwänge für Frauen. Sie müssen die selten werdende Chance ergreifen, durch einen gut verdienenden Ehemann zur freigestellten Mutter zu werden, oder sich als Vollzeiterwerbstätige unter patriarchalen Bedingungen zu behaupten. Das wird nur einem Teil gelingen. Der Rest der Frauen muß erzwungenermaßen Mutterschaft und (Teilzeit-)Erwerbstätigkeit kombinieren, weil es nur mit beiden „Einnahmequellen" knapp zur Existenzsicherung reichen wird.

Weil all das nicht genügt und nur allzugut bekannt ist, daß Frauen die Alleinverantwortung für Haushalt und Kinder immer weniger akzeptieren, wird mehr und mehr die Verantwortung der Väter propagiert. Männer werden im Tausch gegen neue Rechte im Sorgerecht moralisch in die Pflicht genommen, lange bevor die ungleiche Arbeitsverteilung zwischen den Geschlechtern aufgehoben wird. Geteilter Elternurlaub oder Arbeitszeitverkürzung für Männer dagegen werden abgelehnt, während die alten Normen und Leistungskriterien des Berufslebens mit ihren Vorrechten und Zwängen für den Mann bestehen bleiben. Sie werden durch wachsende Konkurrenz um Arbeitsplätze sogar noch verschärft. So sollen materielle Restriktion und moralische Repression gespickt mit partiellem Machtvorteil auch den Mann auf die richtige Spur bringen. Den höheren Schichten wird es gelohnt mit einer Karriere, die Zeit fürs belebende Spiel mit dem Nachwuchs bereits vorsieht und die durch eine neue vormundschaftliche Rolle versüßt wird. Für die Masse darf es dann etwas partnerschaftlicher sein. Hier werden auch mehr und mehr Männer auf Teilzeit oder Erwerbslosigkeit gesetzt. Frauen und Männer sind sich am ehesten gleich in der Not. Beide leben bald wieder in einer Klassengesellschaft, im Durchschnitt sie noch ein bißchen mehr als er.

Um die Frauenförderungs- und Gleichstellungspolitik kommen auch die Konservativen nicht herum. Substantiell rechtlich lassen sie sie aber unverbindlich, Gesetze entbehren hier, im Falle der Frauen, was sie sonst gerade ausmacht. Doch die Regierung macht sich die Frauenförderungs- und Gleichstellungspolitik als politisches Steuerungsmittel und propagandistisches Instrumentarium für die Umstrukturierung der Gesellschaft in ihrem Sinne zunutze. Eine Vernetzungsstruktur kann ihr dabei behilflich sein, sie wird deshalb gefördert. In der Krise dient diese Frauenförderungs- und Gleichstellungspolitik am Ende dazu, die Familien- und Elternrolle abzufedern, anstatt die wirtschaftliche Entwicklung und die subjektiven Rechte der Frau zu stärken. In großen Unternehmen trägt die Politisierung der Frauenarbeit durch die Frauenbewegung in der Weise Früchte, daß zur Personalplanung für die Elite der Arbeitskräfte Familienförderung unter Umständen bis zur Förderung einer eigenen Berufstätigkeit des Partners bzw. der Partnerin dazugehört. Dort gilt es, die Kreativität des „Produktivitätsfaktor Mensch" durch Entwicklungshilfe für ein sogenanntes ausgeglichenes Privatleben zu erhalten und zu steigern. Die Mehrheit wird dagegen mit sich selbst abgespeist.

Die neuen Spaltungslinien, die die Gesellschaft durchziehen, treten klarer hervor. Eine Elite, die viel Arbeit, viel Geld und optimale Reproduktionsbedingungen hat, kann die Arbeitsverteilung zwischen den Geschlechtern vergleichsweise freier und gerechter gestalten. Im übrigen sind beide vogelfrei, Frau und Mann. Auf feine Abstufungen wird trotzdem in beiden Fällen nicht verzichtet. Die geschlechtsspezifische Hierarchisierung ist mittels gesellschaftlicher Strukturen über die Kinder vermittelt. Diese sind stärker an die Frauen gebunden, eine Last und Kompensation zugleich. Frauen können wählen zwischen zwei Unfreiheiten: etwas mehr Geld zu verdienen unter Verzicht auf Kinder oder umgekehrt. In keinem Fall haben sie soviel Geld und sowenig Arbeit wie Männer. Auf sich selbst angewiesen bleiben Frauen in jedem Fall. Zugunsten des Ganzen sollen sich die einzelnen funktional auf ein Minimum bescheiden. LeistungsträgerInnen dürfen sich dann stufenweise davon abheben.

VI. Kohl, die CDU und die Frauen(-union)

Die Geschichte des Verhältnisses der Kohl'schen CDU zu den Frauen ist die Geschichte eines Gebrauchs und Mißbrauchs, einer Instrumentalisierung und Mißachtung. Das gilt auch für den Umgang mit den eigenen Parteifrauen. Obgleich man wechselseitig aufeinander angewiesen ist, ist das Verhältnis bis dato strikt paternalistisch-hierarchisch. Hier geht es um die Macht in den eigenen Reihen, ein untrügliches Indiz für das, was wirklich und wahr für die Bedeutung eines politischen Anliegens ist. Hier trennen sich auch bei beiden Geschlechtern die, denen die Macht allein das Programm ist, von jenen, die Macht für neue Inhalte und politische Veränderung suchen. Frauen als eigenständige Kraft haben im CDU-internen Machtkampf im Laufe der Jahre zwar an Einfluß gewonnen, doch ein Durchbruch ist ihnen nicht gelungen. Der Höhepunkt ihres Einflusses war 1995 mit der Ablehnung eines Quorums für Frauen überschritten, auch wenn diese ein Jahr später partiell korrigiert wurde.

Der Parteivorsitzende und Kanzler Helmut Kohl repräsentiert ein politisches Programm, in dem sich die einzelnen funktionsgemäß dem „nationalen Ganzen", dem Ideologem für die Interessen der Einflußreichsten, unterordnen sollen. Die Rolle der Frau leitet sich daraus ab. Ausschlaggebend bleibt im Zweifel immer die der ideologisch mal positiv, mal negativ umkleideten „Behinderten", Besonderen, Gebärerin. Helmut Kohl muß die Wähler und Wählerinnen für diese Politik gewinnen oder soweit auf sie eingehen, daß sie für seine Politik votieren. Der Zwang, auf Gedeih und Verderb für die Partei und ihre Regierungsfähigkeit auf die Frauen zuzugehen, ist nach der kulturellen und politischen Umwälzung durch die Frauenbewegung offenkundig. Das gilt exemplarisch auch für die Frauen in der eigenen Partei. Selbst sie sind im Laufe der Zeit kämpferischer geworden. Zur Methode, auf sie einzugehen und den tatsächlich eigenständigen Einfluß von Frauen auf die (Staats-)Politik dennoch gering zu halten, gehört es, ihre innerparteilichen Protagonistinnen zu benutzen und gleichzeitig zu erniedrigen. Helmut Kohl überholte die eigenen Parteifrauen einmal von links und das nächste Mal von rechts und zwang sie, dabei stillzuhalten oder mitzumachen, wenn sie sich nicht selbst gefährden wollten. Noch während er die Frauenpolitik modernisieren ließ, überging er systematisch die hauseigenen, oft sehr erfahrenen Akteurinnen und Exponentinnen der CDU-Politik und spielte gleichzeitig mit ihrer sicheren sachlichen Zustimmung. Am deutlichsten drückte der ausgefuchste Personalpolitiker seine Haltung mit der Berufung der von außen kommenden Frauenministerinnen aus, mit der er die Frauenunion vorführte, ohne daß sie sich wirksam hätte wehren können. Auch wuchs im Laufe der ersten zehn Jahre seit dem Essener Parteitag der innerparteiliche Einfluß von Frauen auf Ämter und Mandate um kein Jota. Den Druck der Wählerinnen im Rücken, die herben Erfahrungen vor Augen verlangte die Frauenunion, die mehr als alle anderen Parteifrauenorganisationen auf „freiwillige" Reform setzte, systemwidrig ebenfalls eine Quote gemäß dem weiblichen Mitgliederanteil. Im Streit darüber kam es erstmalig zum mehr oder weniger offenen Konflikt. Daß es überhaupt dazu kam, ist der erste direkte Erfolg der Frauenunion. Helmut Kohl und sein Generalsekretär erkannten schnell den Zwang zur Korrektur mittels einer „Zwangsmaßnahme" und tauften sie Quorum. Helmut Kohl spielte die Frauen gegeneinander aus und bestimmte damit noch stets das Maß der Frauenpolitik und Frauenpolitikerinnen. Derweil schritt die „freiwillige" Besetzung von Ämtern und Mandaten mit Frauen unerwartet voran. Es waren freilich die Männer, die sich aussuchten, welche Frauen die Ehre bekamen. Sie wählten ihre eigenen Verwandten. Aus eigenem Recht sollten Frauen weiter keine Chance haben. Das war die Lehre, die erteilt wurde. Helmut Kohl war auch hier bei sich angekommen. Die Dinge richteten sich in seinem Sinne.

1. Helmut Kohl und die Liebeserklärungen an deutsche Frauen

„Wir müssen alle wieder lernen zusammenzustehen, in guten wie an schlechten Tagen – das gilt für die Ehe wie für den Staat." „Das Ja zum Kind ist auch ein Ja zum Optimismus, zur Lebensfreude – zur Zukunft Deutschlands." „Wer von Kindern spricht, muß auch an die Mütter denken." „Angesichts der demographischen Zahlen kann man doch ganz einfach sagen: Ohne das Opfer der Mütter hat dieses Land keine Zukunft." „Die Familie muß imstande bleiben, ihre natürliche Aufgabe wahrzunehmen." „Unsere Politik zielt unbeirrbar darauf ab, die Kraft der Lebensgemeinschaft Familie zu stärken." „Unsere besonderen

Anstrengungen gelten der Familie. Sie ist das Fundament für die Gesellschaft mit menschlichem Gesicht." „Eine entscheidende Zukunftsfrage ist die Gleichberechtigung von Mann und Frau." „Glaubhaft vorgelebte Partnerschaft ist der stärkste Impuls, den wir für eine Renaissance der Familie in die nachwachsende Generation geben können." „Meine Hochachtung unseren Müttern, die ein Leben lang ihre Pflicht getan haben, ohne zu protestieren oder zu demonstrieren, die aufopfernd diese Leistung vollbracht haben nach zwei Kriegen." „Meine Mutter, ihr Leben lang hat sie ihr Glück in der Familie gefunden – und sie hat viel Glück an uns weitergegeben. Bei ihr hab' ich gelernt, daß es für niemanden Privilegien gibt. Wir Jungen mußten genauso Geschirr spülen wie unsere Schwester. Das tu' ich heute noch: Sonntags, wenn schönes Wetter ist, und wir alle raus wollen – da helfe ich natürlich meiner Frau. Diesen Sinn für Partnerschaft, für Mithilfe – das habe ich von meiner Mutter. Sie war eine wunderbare fromme Frau." „Trotz aller Emanzipation sind unsere Frauen wunderbar weiblich geblieben." „Die Frauen sind ungeheuer im Kommen." „Liebeserklärung an die deutschen Frauen: Wir sind ein freies Land mit freien Bürgern. Es ist die freie Entscheidung der Frau, ob sie in den Beruf gehen oder zu Hause bleiben will. Aber es ist doch auch bewundernswert, wenn eine Frau entscheidet: Die Kinder brauchen mich, ich bleibe zu Hause. Und ich finde es unerträglich, daß sie für dieses Opfer auch noch bestraft wird." „Wir haben zwar verfassungsrechtlich die Gleichberechtigung, aber die gelebte Verfassung ist noch meilenweit davon weg. Eine Frau, die Karriere machen will, muß doppelt so gut sein wie ihr männlicher Kollege. Wir Männer benehmen uns im Beruf immer noch paschahaft." „Wir müssen den vielfältigen Lebensentwürfen von Frauen und ihren besonderen Anliegen in verschiedenen Lebensphasen Rechnung tragen und ihnen günstigere Chancen geben, Familie und Beruf miteinander zu vereinbaren. Unsere Gesellschaft braucht die beschäftigte Frau und ebenso die Leistung jener Frauen, die sich ganz dem Haushalt, der Kindererziehung sowie der Pflege Behinderter oder kranker Familienangehöriger widmen." „Wer sich die Rechte anderer eigenmächtig verfügbar macht – insbesondere das Lebensrecht (Ungeborener) – der erschüttert das Fundament unserer Ordnung." „Es ist gut, daß die Zeiten vorbei sind, in denen die Rolle der Frau ausschließlich im Haushalt und in der Kindererziehung gesehen wurde. Aber ich halte genausowenig davon, daß wir jetzt in das andere Extrem verfallen und sagen: Eine Frau zählt nur, wenn sie berufstätig ist. Unsere Anerkennung, aber auch unsere politischen Anstrengungen, gelten selbstverständlich genauso den Frauen, die sich vor allem der Familie und der Erziehung ihrer Kinder widmen. Ich wehre mich entschieden dagegen, daß der Einsatz und das Engagement der Hausfrau und Mutter geringer gewertet wird als die Erwerbsarbeit." „Eine wirklich durchdachte Frauenpolitik muß deshalb auch immer eine Politik für die Familie sein, und das gilt auch umgekehrt." „Aus gutem Grund stehen Ehe und Familie unter dem besonderen Schutz des Grundgesetzes. Daran lassen wir nicht rütteln. Gerade in einer Zeit tiefgreifender Veränderungen gewinnt die Familie als Quelle menschlicher Wärme und Geborgenheit an Bedeutung." „Wir müssen unsere Pflicht wahrnehmen und die Familie stärken. Wir müssen die Familienarbeit aufwerten und stärker anerkennen – von wem auch immer sie geleistet wird, ob von Frauen oder von Männern." „Politik für Frauen – das ist nicht ein genau eingrenzbarer Aufgabensektor. Deshalb brauchen wir auch hier ein ganzheitliches Denken. Politik für Frauen richtet sich nicht nur an Frauen. Sie muß eine Politik für bessere Lebensbedingungen im weitesten Sinne sein, für die Bewahrung der Schöpfung…" „Frauenpolitik steht heute – kurz gesagt – für eine neue Chance in der Politik insgesamt."

So und ähnlich ließ sich Helmut Kohl im Laufe seiner Amtszeit und bis heute immer wieder über seine Politik aus. Wer über den Charakter der Frauenpolitik einer Partei unverfälscht Auskunft erhalten will, kann sich durchaus an die Aussagen ihrer führenden Männer halten. In ihnen spiegeln sich Machtverhältnisse und Zielorientierungen weit mehr wider als in anerkannten Programmen und Theorien und der Praxis der „zuständigen" Politiker und Politikerinnen. Helmut Kohl ist kein Mann von gestern. Er ist ein gegenwärtig von niemandem übertroffener Mann der Macht, das heißt einer der Gegenwart und Zukunft. Er macht Leute abhängig und saugt den Zeitgeist auf. Er verstellt sich dabei nicht, sondern schöpft aus tiefstem eigenen Fundus und verkörpert mit dem ihm eigenen Ausdrucksvermögen glaubwürdig, was er an jeweils neuen Weichenstellungen für Frauenleben verfügt. Er weiß, wann er das „Patriarchat" im Bundestag zu geißeln hat und wann er auf solches Vokabular auch wieder verzichten kann. Helmut Kohl hat seine Hausaufgaben gut gelernt und ihre Erledigung bestens in Szene gesetzt. In knappen Formeln umreißt er politisch kunstvoll gebetsmühlenartig die Grundzüge der neuen Frauenpolitik, besonders lustvoll stets der Familie zugewandt. Ohne viel Federlesen läßt er den notwendigen Umbau vollziehen. Wie es einem christlichen Politiker geziemt, setzt er überall auf „Partner-schaft und Gemeinsamkeit", „besonders, wo sie noch fehlen", bei der „Verwirklichung der Gleichberechtigung für alle Frauen". Die freiheitliche Gesellschaftsordnung von heute verbiete dabei ein „starres Leitbild", und deshalb will Helmut Kohl „Wahlfreiheit sichern". Wenn er die traditionelle Frauenpolitik unter veränderten gesellschaftlichen Arbeits- und Lebensbedingungen modernisiert, so kreist er um eine neue optimale Nutzung, Effektivierung und Flexibilisierung der weiblichen produktiven Kraft sowohl in der Gebärfähigkeit und Familienarbeit als auch in der Erwerbsarbeit und im gesellschaftlichen Leben insgesamt. Das instrumentelle Verhältnis zur Frauenfrage ist unschwer erkennbar. Frauen bleiben Objekt bevölkerungspolitischer, kapitaler und patriarchaler Macht- und Herrschaftsansprüche. Nur die Bedingungen und Methoden verändern sich. Bevölkerungspolitisch ist eher Indoktrination denn strafrechtliche Gewalt, familienpolitisch Gemeinschaftsdienstpflicht und wirtschaftspolitisch ist weibliche Verfügbarkeit sowie Verinnerlichung von Herrschaft angesagt. Die Männerherrschaft bedarf auf allen Ebenen einer weiteren Verfeinerung und Sublimierung. Diese Politik bleibt anti-feministisch, anti-emanzipatorisch und re-aktionär im ursprünglichen Wortsinne: Frauen dürfen keine freien Subjekte sein. Gesellschaftliche Probleme und mit ihnen verbundenes menschliches Leid werden privatisiert und so als eigenes Scheitern oder unveränderliche Schlechtigkeit des Menschen und der Welt festgefroren. Hierarchien und Spaltungen begründen Herrschaft, im Zentrum zwischen den Geschlechtern. Die Frau wird auf neue Weise moralisch, politisch und rechtlich gefangengenommen.

Die Entwicklung für dic Frau verlief widersprüchlich. Die Mauern der Gefängnisse bekamen mehr Ausgänge, Löcher, Risse und Baufälligkeiten, zustande gekommen auf der Basis von Emanzipationsprozessen. Aus den Öffnungen wurden die Zumutungen der „modernen flexiblen Superfrau", die Karriere, Beruf, Politik, Haushalt, Familie, Mann, Kinder, Kranke und Alte, überhaupt alles auf einmal ohne Spur der Anstrengung und immer noch ganz gefügig gefällig weiblich bewältigt. Es liegt in der Entscheidung der Frau, ihnen zu entsprechen, sich zu entziehen oder zu verweigern. Die Regierung unter Helmut Kohl übt Druck auf sie aus. Viele passen sich an, lassen sich täuschen, werden müde, resignieren, bis ihnen nur noch die Wahl bleibt, entweder ganz mitzukonkurrieren oder rauszufliegen.

2. Gegenspielerinnen in der Frauenunion

In der Frauenunion, der unselbständigen Parteiuntergliederung der Frauen mit 161.000 Mitgliedern (Stand 1996), wuchsen derweil Gegenspielerinnen des Parteivorsitzenden heran. Die Frauenunion spielte eigentlich keine eigene parteiinterne Rolle, obwohl sie gestandene Politikerinnen wie Helga Wex, Ursula Männle, Roswitha Verhülsdonk, Irmgard Karwatzki, Otti Geschka, Leni Fischer, Renate Hellwig, Editha Limbach und andere mehr vorzuweisen hatte. Das änderte sich, als die Frauenbewegung auch bis in ihre Reihen schwappte. Die Frauenunion wurde zu einem potentiellen Unruheherd in der Männerpartei. Ihre Bedeutung wuchs als Reflex auf äußere Einflüsse mit jenem Zeitpunkt, als die Partei die neue Frauenpolitik erfand und Rita Süssmuth Frauenministerin wurde. Den Essener Parteitag 1985 versuchte sie mit der Forderung nach mehr Frauenförderung für sich zu nutzen. Sie schloß sich an die dadurch ausgelöste Bewegung in der Partei und Öffentlichkeit an. Nach ihrem ministeriellen Zwischenspiel wiederum hängte sich Rita Süssmuth an die Frauenunion und ist seitdem deren unbestrittene Vorsitzende. Beide miteinander versuchten von da an, auf verbesserter Plattform aktiv Einfluß auf das weitere Geschehen zu nehmen. Sie mauserten sich zu einem konservativen feministisch beeinflußten Verbund, indem sie sich machtpolitisch und programmatisch gezielt zu entwickeln versuchten.

Sie taten machtpolitisch, was alle Frauen in ihren Parteien und außerhalb gegenüber den etablierten Institutionen meistens schon lange vor ihnen getan hatten: Sie brachten ihre Wut, innerparteilich stets übergangen zu werden, nach und nach offen zum Ausdruck. Sie beschwerten sich, nur als Arbeitsbienen gebraucht und auch in ihren Ansprüchen als – für die Demokratie doch entscheidende – Abgeordnete ignoriert zu werden. Sie reklamierten parteienüblich ihre Pfründe und drohten dunkel, die Partei müsse nun den Beweis erbringen, daß es auch ohne Quote gehe. Nach Aufstand, Beschwerde und Drohung überlegte die Frauenunion 1989 auf ihrem Delegiertentag, sich innerparteilich wie die Junge Union oder die Christlich Demokratische Arbeitnehmerschaft mit eigenem Beitrag und Apparat selbständig zu machen. Sie sicherten sich ein Recht darauf und beschlossen, die Sache selbst bis 1994 zu klären. Das Anliegen versandete aber danach. Ein Jahr später auf ihrer Bundesdelegiertenkonferenz versuchten sie, ihre Partei mit dem Wahlspruch „Ohne Frauen ist kein Staat zu machen" zu locken und ihr gleichzeitig weiter ein wenig zu drohen. Bis zur nächsten Bundeskonferenz 1993 waren sie dahin gekommen, sich selbst besser zu organisieren. Unter dem Motto „Frauen knüpfen Netze für die Zukunft" beriet die Frauenunion, wie sie die Frage nach der Macht neu stellen könnte, im eigenen Verband, in Zusammenarbeit mit anderen Frauenorganisationen und als gesellschaftliche Strategie. Sie griffen die Losung der Frauenbewegung nach Netzwerken auf. Diese sollten zahlreicher und dichter werden, Personen miteinander verknüpfen, Forschung und Praxis, Informationen und verschiedene politische Bereiche. Als alles nichts half, forderte die Frauenunion 1994 erstmalig eine Quote entsprechend dem weiblichen Mitgliederanteil. 1995 hatte sich die Unzufriedenheit verstärkt, das Quorum wurde dennoch auf dem CDU-Parteitag nicht beschlossen. 1996 glaubte Rita Süssmuth mehr Engagement von Frauen fordern zu müssen. Viele sähen die Gefahr des Rückschritts nicht, ohne Frauenförderung und Quote aber würde es für viele Frauen schlechter aussehen. Ähnlich wie in anderen traditionellen Organisationen waren die Frauen zu spät aufgebrochen, der Höhepunkt des gesellschaftlichen Drucks war längst überschritten, der Schwung reichte nicht mehr für Korrekturen. Wurden organisationspolitische Reformen doch noch vorgenommen, so wurden sie von Frauen genutzt, die die Frauenbewegung vor allem zum eigenen Vorankommen instrumentalisierten, oder sie blieben einfach leer und unausgefüllt.

Die Parteitreue der Frauenunionistinnen zahlt sich nicht im Erwerb von Eigenständigkeit aus. Doch sie wiederum macht nun gerade die Frauenunion in ihren inhaltlichen Zielen aus. Insofern ist das Dilemma unentrinnbar. Programmatisch verfocht sie unter Rita Süssmuth einen gemäßigten Feminismus im Rahmen des Bestehenden. In dessen Zentrum stellt auch sie immer wieder und unerbittlich die Familie, die gerade in Zeiten der Krise und des Umbruchs zu stabilisieren sei. In der Familie, in der Wirtschaft und der Politik wiederum soll Partnerschaft herrschen. Dabei wollen die Unionsfrauen ausdrücklich keinen Kampf der Geschlechter. Vielmehr sollen beide Geschlechter die Chance zur Teilhabe haben. Rita Süssmuth reklamiert für die Frauenunion, Gleichwertigkeit und Verschiedenartigkeit der Geschlechter wechselseitig gelten zu lassen. In einem hierarchischen System sei für derartig gedachte Partnerschaft jedoch kein Platz. Angesichts des Mangels an Fürsorglichkeit in der Gesellschaft Mütterlichkeit zu praktizieren, heiße nicht, daß Frauen zurück ins Haus sollen, sondern bedeute, die soziale Kälte durch Zuwendung zu verdrängen. Die weiblichen Fähigkeiten seien unverzichtbar zur Bewältigung der anstehenden Krise, in der teilen und Wohlstandsverzicht nötig seien.

Mütterlichkeit soll nach diesem Programm allgemeine öffentliche Tugend und Tat sein und als Ressource gegen gesellschaftliches Leiden dienen. Hier bekommt die Parole „Ohne Frauen ist kein Staat zu machen“ und die Klage über die rückläufige Partizipation der Frauen ihre hintersinnige Bedeutung. So überrascht es nicht, wenn die Frauenunion sich vor allem mit sozialpolitischen Themen beschäftigt, wie etwa mit Arbeitslosigkeit, Wohnen, Umwelt, Kindern, Pflegenotstand, Schutz des Ungeborenen, Erziehungsurlaub, Haushaltshilfen. Sie sprach sich immer wieder Mut zu, als sie ihre Arbeit unter die Losung „Einheit nicht zu Lasten der Frauen“ und „Frauen gestalten die Zukunft solidarisch“ stellten. Trotz programmatischer Profilierung und machtpolitischer Sammlung gelang es der Frauenunion nicht, der eigenen Partei Platz für Frauen aus eigenem Recht abzutrotzen. Im elften Jahr nach dem berühmten CDU-Frauenparteitag hatte sich innerhalb der CDU für Frauen wenig geändert und war obendrein der Antrag auf ein Quorum für Frauen abgeschmettert worden. Am Ende blieb nur ein eher symbolisches Zugeständnis. Im Vergleich zum Beginn hatte sich auch die Unionsfrauen-Vorsitzende Rita Süssmuth nach und nach zurückgenommen. Den Dienst an der Gemeinschaft zu betonen wurde ihr wichtiger als auf die Rechte des Individuums und die Selbstbestimmung der Frau zu pochen.

3. Die CDU und das Quorum: oder der Diebstahl an den Frauen

Frauenpolitik ist zu einer allgemeinen Existenzfrage für die CDU geworden. In dem Moment, in dem diese keineswegs neue Erkenntnis durch die mangelnde innerparteiliche Partizipation von Frauen spürbar wurde, versuchten die führenden Parteimänner die Notbremsen zu ziehen. Sie eigneten sich an, was sie jahrelang zu verhindern suchten und aus dem Mund wie in der Arbeit ihrer eigenen Parteifrauen mißachtet hatten. Strukturell greifende Maßnahmen – wie verbindliche Anteile für Frauen bei Ämtern und Mandaten – wurden auch aus ihrer Sicht plötzlich unerläßlich. Generalsekretär Peter Hintze legte die bittere Bilanz vor, der Vorsitzende Helmut Kohl persönlich mußte sich schließlich für den schmerzlichen Ausweg aus der Misere namens Quorum stark machen.

Diese neuen Wege waren für die CDU unausweichlich geworden. Die Partei hatte 1994 insgesamt nur 24,5 % weibliche Mitglieder, Reserveland war der Osten mit 35,5 %. Bis 1996 hatte sich die Lage nicht verbessert. In der CDU/CSU-Bundestagsfraktion sitzen 1994-98 lediglich 14,7 % Frauen, in der Parteispitze findet man sie als Alibi nur in Spurenelementen. Daran ändert auch die Wahl von Claudia Nolte ins CDU-Präsidium 1996 wenig, mit der sie erneut als Quotengegnerin von einer Frauenquote profitierte. Die allgemein sinkende Wahlbeteiligung und Parteimitgliedschaft an sich war besorgniserregend genug, das Verhältnis der Wählerinnen zur CDU jedoch alarmierend. Der Bericht des Generalsekretärs zur Umsetzung der Essener Leitsätze, vorgelegt zum 6. Parteitag der CDU 1994, ließ keinen Raum für Illusionen. Die Wahlbeteiligung insbesondere jüngerer Frauen war stark zurückgegangen, obwohl das politische Interesse von Frauen gewachsen war. Die CDU wird vor allem von den 18- bis 35jährigen Frauen immer seltener gewählt. Wer sich als Erstwählerin für eine andere Partei entscheidet, bleibt dabei. Aber insgesamt gaben Frauen aller Altersgruppen der CDU seit 20 Jahren von Mal zu Mal seltener ihre Stimme. Bis 1972 wählten stets mehr Frauen als Männer die CDU. Zunächst wanderten mehr jüngere als ältere Wählerinnen ab, mittlerweile kommt der Schwund aus allen Altersgruppen. Bei wichtigen gesellschaftspolitischen Themen – Kernkraft, Nato-Einsatz, § 218, Wirtschaftswachstum – gibt es zwischen Männern und Frauen gravierende Unterschiede in der Akzeptanz der CDU-Politik. Frauen betrachten die CDU-Positionen sehr viel skeptischer als Männer. Eine größere Partizipation von Frauen gibt es nur in jenen Parteiuntergliederungen, die bereits verbindliche Quoten festgelegt haben. Wenn die Frauen und die ihnen wichtigen Themen nicht einbezogen werden, sieht es deshalb für die CDU düster aus. Ein Quorum, familienfreundliche Parteiarbeit, Nachwuchsförderung, Berücksichtigung der Sichtweisen von Frauen sollten der Misere abhelfen. Die CDU plante, ohne etwas überstürzen zu wollen, Frauen ein Drittel der Ämter und Mandate zu reservieren. Man wollte dafür sorgen, daß entsprechend viele Frauen zur Wahl stehen, die Entscheidung zur Wahl jedoch den Wählenden überlassen. Das Verfahren sollte auf vier Jahre befristet bleiben und danach nur auf ausdrücklichen Beschluß verlängert werden. Die Angelegenheit mußte dem Parteivolk schonend verordnet werden.

Mit ihrem Wahlverhalten und ihrer Parteidistanz signalisieren Frauen, wie unglaubwürdig für sie die Gleichberechtigungsbekundungen der

CDU sind. Vor allem jüngere Frauen erfassen instinktiv, daß Frauen in der CDU nicht viel zu sagen und zu bewirken erlaubt ist. Auch wenn die CDU geschickt die Denk- und Lebenswelten vieler Frauen nutzte und ihre politischen Konzepte anpaßte, eine wirkliche Modernisierung wird der CDU nicht abgenommen. Noch bei ihrem Versuch, sich durch ein ausdruckstarkes Zeichen zu korrigieren, demonstrierte die CDU ihr taktisches Verhalten. Das vorgeschlagene Quorum war nur eine Ersatz-Quote ohne Verbindlichkeit. Zögerlich wurde es 1994 probeweise für ein Jahr beschlossen, von den einen mit fletschenden, von den anderen mit zusammengebissenen Zähnen begleitet. Anschließend sollte es erst in die Satzung aufgenommen werden. Praktisch legte die CDU die ersten unter dem Quorum stehenden Vorstandswahlen so an, daß durch Sitzerweiterung kein Mann etwas abgeben mußte. Werbung und Vorbereitung für den folgenden Parteitag waren schließlich so dilletantisch und fehlkalkuliert, daß die Satzungsänderung 1995 keine Mehrheit fand. 1996 korrigierte der nächste CDU-Parteitag die Blamage. Das gelang der CDU jedoch nur mit einer abermaligen Aufweichung ihres Vorhabens. Seitdem gilt eine Wahl im ersten Wahlgang als ungültig, wenn nicht ein Quorum von 30 % Frauen erreicht ist. Im zweiten Wahlgang brauchen sich die Delegierten keine Hemmung mehr aufzuerlegen. Mit dieser Regel stellt sich die CDU zwar unter psychologisch-politischen Druck. Doch dieser wird nur so lange wirksam sein, wie es entsprechende politische Kräfteverhältnisse gibt. Gesicherte Rechte haben die Frauen nicht. Die „Wahlfreiheit" des Patriarchats besteht fort.

Es sollte eine machtpolitische Entscheidung zugunsten von mehr Macht für Frauen getroffen werden. Die Männer sollten sich einschränken, damit sie ihren Platz und ihre Macht erhalten können. Von Anfang an war mit heftigen Kämpfen zu rechnen, die vorgebrachten Einwände waren ernst und gewichtig, so sehr sie zum Gelächter reizten. Eine Quote entspräche nicht „dem Menschenbild der CDU", protestierten Gegner und Gegnerinnen. Mit ihr drohten Dirigismus, Bürokratismus, Unfreiheit, so stießen gleichermaßen Rechtskonservative, Wirtschaftsverbände und ihre medialen Repräsentanten ihre Verdikte aus. Führende Tageszeitungen beriefen sich bei ihren Warnungen ausgerechnet auf die Kritik am Biologismus, die ihnen von Hause aus eher fern stand. Die „Zwangsberücksichtigung" aufgrund des Geschlechts sei „grundgesetzfeindlich" und schrecke ganz besonders die „starken Frauen" ab. Die Tüchtige hilft bekanntlich noch immer sich selbst. Da verteidigten die Herren gegen die Quote überraschend Vernunft und Aufklärung. Sie taten es, kaum erstaunlich, gerade dort, wo Vernunft und Aufklärung im politischen System auf dem Ausschluß von Frauen beruhen und ihren eigenen Anspruch konterkarieren. Das Aufgebot war beträchtlich, weil es um viel ging. Würde die CDU die Quote beschließen, so müßte der anhaltende Widerstand gegen eine „positive Diskriminierung" von Frauen, die erst den grundgesetzlichen Auftrag zur Gleichberechtigung von Frau und Mann erfüllen könnte, auf kurz oder lang in der ganzen Politik und Gesellschaft zusammenbrechen. Das zentrale Argument gegen eine neue Verfassungsbestimmung, die den Staat zum aktiven positiven Handeln für die Gleichstellung der Frau verpflichten sollte, lautete, Männer würden mit ihr in unzulässiger Weise diskriminiert und in ihrer Freiheit eingeschränkt. Der gleichen Argumentation bediente sich später der Europäische Gerichtshof in einem Urteil gegen die Quote im Bremer Landesgleichstellungsgesetz. Ein verbindlicher Quotierungsbeschluß in der konservativen CDU-Volkspartei wäre demgegenüber der letzte politische Durchbruch zugunsten eines tatsächlich wirksamen Umbaus in Politik, Beruf und Familie gewesen, der Frau und Mann gleiche Ausgangsbedingungen und Chancen eröffnete. Quoten können zwar keine neue demokratische Geschlechtergleichstellungspolitik und keine neue Arbeitspolitik ersetzen. Aber sie können Mittel zu ihrem Zweck sein, Selbstzweck hinsichtlich gleicher Partizipation und Garantie gegen Rückschritte in der Krise.

Das knappe Scheitern eines verbindlichen Quorums war ein politischer Rückschritt, der eine grundlegendere Wende andeutete. Gescheitert war die Satzungsänderung an einem Bündnis unterschiedlicher Frauen und Männer. Bei den Männern war es der Troß der Satten und doch ewig Hungrigen, die die perspektivische Parteinot nicht interessierte und die nicht daran dachten, etwas von ihrer Macht abzugeben. Bei den Frauen waren drei Gruppen von Gegnerinnen erkennbar. Viele junge meinten, sie schafften es allein. Sie wollten nichts „Frauenspezifisches". Sie wollen an tatsächliche oder potentielle Diskriminierungen und somit tiefe Kränkungen ihres Geschlechts lieber nicht erinnert werden. Auch sind viele Männer zuvorkommend oder hätscheln sie, weil und solange sie ihnen (noch) nicht gefährlich werden. Ebenso wandten sich die Frauen aus dem Osten, die keine Frauenbewegung erlebt haben, meistens gegen eine Quote. Sie erkannten für sich den Bedarf nicht und hatten zugleich negative Assoziationen aufgrund trüber Erinnerungen an die verordnete Emanzipation der DDR. Schließlich waren es die Karrierefrauen und Privilegierten, die es bereits geschafft hatten, die anderen Frauen empfahlen, sich doch gefälligst auch selbst anzustrengen. Sie verlegten die Probleme zurück in die Frau. Darunter befanden sich auch explizit rechte CDU-Frauen, die gerne alles vermeintlich Linke bekämpften und als Freiheit verkauften, daß Frauen sich nur bis zu einem bestimmten Punkt für Politik interessieren und im übrigen Familie und Arbeit vorziehen.

Eine Gegenbewegung zeigte hier ihr Gesicht. Es waren die Gegnerinnen der Quote, die den aufsehenerregenden neuen Ton angaben und den Sieg davontrugen. Es sind oft die gleichen Frauen, die im Anschluß von den Herren der CSU und CDU gezielt gefördert wurden. Diese hatten eines kapiert, daß nämlich „Emanzipation" jetzt verordnet werden mußte. Die Politik braucht ein weibliches Gesicht, soll sie eine Zukunft haben. Doch welcher Art dieses weibliche Gesicht ist, wollen sie gern weiter selbst bestimmen. Die Auswahl soll nicht von allen Frauen mitgetroffen werden. Frauen sollen keine Chance erhalten, im Spiegel nicht nur der führenden Männer, sondern aller Parteimitglieder und der Öffentlichkeit eigene Konturen auszuprägen. So kommandierten CDU und CSU seit 1994/95 Frauen verstärkt „an die Front", wie ein Wochenmagazin meldete. Die feministischer Allüren verdächtigt werden, haben dabei keine Chance. „Konservativ Weibliche" wie Hannelore Rönsch, Kumpanen wie Angela Merkel, „Mädchen für alles" wie Gerda Hasselfeldt, „Haushälterinnen" wie Irmgard Karwatzki, „nüchterne Parlamentspräsidentinnen" wie Leni Fischer, „Frauen mit Sinn für Kleidung und Amt" wie Cornelia Yzer, so weiß immer wieder die führende konservative Tageszeitung des Landes zuzuordnen, die alle „nie das Wort Emanzipation gebrauchen" würden, sind willkommene und unverzichtbare nützliche Figuren, auch wenn sie nicht unbedingt glänzen. Die CSU bedient sich mutig sogar glänzender Frauen. Sie berief Dagmar Wöhrl und Gabriele Pauli aus strategischen Gründen zu Avantgardefrauen, die von sich offen sagen, daß sie mit „weiblichen Waffen" kämpfen und das auch gerne tun. Diese CDU- und CSU-Frauen nutzen gern die Freiheiten, die eine Frauenbewegung erobert hat. Es sind zugleich Frauen, die sich von der Stigmatisierung des weiblichen Geschlechts distanzieren, indem sie diese leugnen, sich den Gegebenheiten anpassen, sich so Männern andienen und die Diskriminierung an andere Frauen weitergeben. Sie werden auf diese Weise zu Erpreßbaren in den Händen der jeweils herrschenden Patriarchen. Die Frau, die „wie ein Mann" oder die „ganz Frau" ist, ist den Männern zumutbar und willkommen.

VII. Die Nolte-Wende

Als Claudia Nolte zur Ministerin für Familie, Senioren, Frauen und Jugend ernannt worden war, hatte die frauenpolitisch aufgeklärte Öffentlichkeit aufgestöhnt. Ultrarechts und aufstiegsbewußt schien sie eine Provokation und Gefahr zu signalisieren. Doch schon bald legte sich die Aufregung in den Medien und Frauenzirkeln. War es falscher Alarm gewesen oder doch ein Symptom einer tieferen politischen Wende? Alles spricht dafür, daß es falsch war, sich beruhigen zu lassen.

1. Der lauten linkskonservativen folgt die leise rechtskonservative Modernisierung

Die Besetzung des Frauenministeriums durch Claudia Nolte und die Zusammenlegung der Bereiche Familie, Senioren, Frauen und Jugend bringen einen lange umkämpften allgemeinen antiemanzipatorischen Wandel auf den Punkt. Die Frauenbewegung hatte sich dem vom gesellschaftlichen Rest nicht isoliert zu betrachtenden Patriarchat widersetzt. Indem sie „Männerherrschaft“ in Frage stellte, stieß sie zwangsläufig auf das „Problem“ von Herrschaft überhaupt und wurde damit weit über sich hinaus zu einer alles umwälzenden Kraft von äußerster politischer Brisanz. Der Wechsel der Ministerinnen von Rita Süssmuth über Ursula Lehr und Angela Merkel zu Claudia Nolte zeichnet die Ablösung der kämpferischen Frau von eigenem Recht, die der bestehenden Ordnung widerspricht, durch die selbständige Frau, die aus eigenem Willen der bestehenden Ordnung dient, nach. Er verdeutlicht, wie der „rechte“ Flügel der CDU die Initiative dem „linken“ Flügel wieder abgenommen hat und sich dessen Impulse dabei auf seine Weise zu eigen gemacht hat. Und schließlich kann an ihm abgelesen werden, wie die Frauenbewegung aufgenommen und enteignet wurde. Über diesen Weg ist die demokratische Selbsterneuerung der alten BRD und die demokratischen Impulse der Wende von ’89 von einer konservativen Gegenwende abgelöst und der politische Wandel abgespalten worden.

Konservative Gleichstellung und öffentliche Mütterlichkeit

Diese CDU-Politik gelang durch die Kreuzung der Politik der Geschlechtergleichstellung und neugestalteter konservativer Gesellschaftspolitik. Der Gleichstellungsanspruch von Mann und Frau ist rechts angekommen – in der Gleichstellung innerhalb einer hierarchisch-autoritären (Leistungs-)Ordnung von Gesellschaft, in der Teilhabe an der herrschenden Macht wie an dem Status des flexiblen Teilzeit-Erwerbstätigen und selbstversorgenden Privatmanagers im Krisenfall. Die im Privaten unsichtbar eingesperrte, gefesselte und versteckte, immer aber ein Politikum kennzeichnende selbstlose Hingabe der Frau als Mutter wurde als weibliche Ausschließlichkeitsvorschrift doppelt begraben. Gleichzeitig wurde sie, nachdem die Frauenbewegung ihre herrschaftliche Qualität enttabuisiert hatte, durch öffentliche Verallgemeinerung und Vergesellschaftung von „Mütterlichkeit" als solche gerettet. Die Frau muß und darf mehr als diese eine Rolle einnehmen, und der Mann darf und muß sie neben anderem auch einnehmen. Familie und Beruf sollen gleichwertig und vereinbar sein, je für sich und egal in welcher Variante von Kombination und von welchem Geschlecht verrichtet. Gleichzeitig reicht dieses Konzept für „Mütterlichkeit" über das Private hinaus ins Öffentliche und steht dort für den „uneigennützigen" Dienst des einzelnen an der Gemeinschaft. So bleibt „die Familie das Zentrum" der CDU-Politik. Die Pflicht zur „selbstlosen" Unterwerfung unter die Repräsentanten und Definitionsmächtigen der „Gemeinschaft" rangiert in der gesellschaftlichen Werteskala wieder vor Selbstbestimmung und allzuviel Freiheit. Dafür dürfen mehr Frauen als bislang an der patriarchalen Macht der Männer teilhaben.

Im theoretischen Modell waren die beiden Rollen zwischen den Geschlechtern anfangs gleich verteilt. Doch daran wird längst nur noch begrenzt festgehalten, und unter der Hand spalten sich die Rollen in pflichtbewußte moderne Mütter und pflichtbewußte moderne Väter. Parallel verschärft sich die in der Praxis nie durchbrochene Schieflage in der Lastenverteilung zuungunsten der Frau, die obendrein von Haus aus in der Familienrolle allemal stärker ist. Praktisch würde die theoretische Rechnung sowieso nur aufgehen, wenn die Familie nicht mehr Zentrum der CDU-Politik wäre, Familien- und Berufsarbeit auch materiell gleichgestellt wären, von jeglicher Bevölkerungspolitik abgelassen würde, Mutterschaft keine materiellen Lebensrechte mehr konstituieren würde und alle patriarchalen (Arbeits-)Strukturen beseitigt wären. Davon ist in der CDU-Politik jedoch ganz bestimmt nicht auszugehen.

Ein weibliches Subjekt für die Objektrolle Frau

Die Wende gelang, weil die CDU ein weibliches Subjekt für die Objektrolle Frau schuf. Während Rita Süssmuth den Schöpfern der Reformen die Führung noch streitig zu machen versuchte, verbündet sich Claudia Nolte gleich mit ihnen. Während 1985 die erste Reform explizit programmatisch einherkommt, erscheint 1994 die zweite unprogrammatisch. Die eine muß sich gegenüber der Linken legitimieren, die andere ihr gegenüber verborgen werden. Die eine muß sich erneuernd und aufbauend zum Bestehenden behaupten, die andere kann mit Zerfall und Zerstörung von Bestehendem mitgehen. Die zweite konnte nur auf dem Weg über die erste erfolgen.

Mit Rita Süssmuth wurde ein neuer selbständiger und eigenwilliger Frauentypus in der CDU gekürt. Sie kam notwendigerweise von „links". Rita Süssmuth durfte, konnte und wollte ihren Auftrag nicht erfüllen. Nicht einmal konservative Feministinnen wurden ernsthaft gewollt. Die sich verschärfende ökonomische Krise verengte zudem ihre Spielräume. Die gesellschaftspolitischen Rahmenbedingungen in Frage zu stellen, verbot sie sich. Nach Hoffnung erweckender Zeichensetzung stutzte die CDU ihre Spitzenfrau samt Frauenunion wieder trefflich zurecht. Diese Disziplinierung hatte für ihre Urheber jedoch zweischneidige Folgen. Gegen ein Zuviel an Veränderung gerichtet, mußte sie zu einem Zuwenig werden. Bei ihrem von oben dekretierten „Emanzipations-"geschenk hatten die Herren den feinen Unterschied zu den Grünen und der SPD übersehen. Die Frauen hatten sich dort ihre Rechte selbst erobert. Die CDU fiel so bedrohlich zurück, weil ihr die Handelnden – Mitglieder, weibliches Personal und Wählerinnen – fehlten. Man wollte mehr Frauen, den Preis dafür jedoch nicht bezahlen. Die CDU verabschiedet eilig auf des Kanzlers Geheiß die verpönte und verteufelte Quote, umgetauft und entschärft in ein einstweiliges Quorum. Als nächste Überraschung erkor der Kanzler eine Quotengegnerin – höchst effektiv – zur dreifachen Quotenfrau. Claudia Nolte bedient die Jungen, den Osten und die Frauen. Das spiegelt exakt die Adressaten der Kohl'schen Politik und die Art seiner Frauenpolitik.

Die neue Ministerin lebt „modern", ihr Herz schlägt für Mutterschaft und Ehe, sie vereinbart Beruf und Kind, und sie opfert sich für die Macht. Sie ist karrierebewußt und demonstriert, daß alles möglich ist,

ist frau gleichzeitig erzkonservativ. Bereitwillig stellt sie sich unter des Kanzlers Führung. Claudia Nolte hatte die Objektrolle der Frau akzeptiert und wurde – indem sie sich mit deren Inhalt identifizierte und als Politikerin, die diese Rolle verkörpert, selbst Macht gewann – Subjekt für sie. Sie offeriert auch anderen Frauen diese Rolle, die tatsächlich immer nur von einer Minderheit eingenommen werden kann und deshalb implizit oder explizit mit Elitetheorien, die von der natürlichen Ungleichheit der Menschen ausgehen, verknüpft wird. Diese Art moderner Frauenpolitik hat nicht das Ziel, ein selbstbestimmtes und freies Leben zu ermöglichen, sondern die gegebenen Grenzen der Entfaltungsmöglichkeiten anzuerkennen und die Widersprüchlichkeiten des Lebens zugunsten klarer Ordnungs- und Unterordnungsbilder abzuspalten. War die Agitation der CDU einst vorrangig dadurch geprägt, den Begriff von der emanzipierten Frau als karrieresüchtige, egoistische Männermörderin und Rabenmutter negativ zu besetzen, vertrauen die Konservativen nun auf die Kraft des positiven Vorbilds. Die böse Emanze ist mutiert zur braven, angepaßten, guten Superpowerfrau.

Männerkontrolliertes Quorum oder die Schwestern im Geiste

Die Wende war nur möglich, indem zunächst die Politik der Quote aufgenommen und durch ein männerkontrolliertes Quorum unterlaufen wurde. Die Männer mögen die Alibifrau und hassen die Quotenfrau. Mit der Quotierung verlieren sie ihren Einfluß auf die Auswahl und Formung der Frau und jener Bedingungen, unter denen Frauen im Patriarchat geduldet werden. Die Quote ist das Sinnbild für die grundsätzliche Infragestellung der männlichen Vorherrschaft. Wo sie unter dem Druck der Verhältnisse nicht mehr verhindert werden kann, soll die patriachale Kontrolle auf andere Weise verlängert werden: Die in den Kämpfen der Frauenbewegung geschulte Frau wird entmachtet und an ihre Stelle die bereits selbstverständlich in unterschiedliche, vorgefundene unabhängigere Lebensweisen hineingewachsene, aber nicht kämpferisch profilierte Frauengeneration inthronisiert. Das Anliegen der Frauenbewegung nach quantitativer Partizipation kam in der CDU in dem Moment an, als innerparteilich diejenigen Frauen den Gipfel stürmten, die die Ideologie vom Vorrecht der Stärksten verkörperten und die Quote verwarfen, um Macht nicht mit anderen teilen zu müssen. Mit Claudia Nolte wird derweil die wenig erfahrene, doch schon wissend sich hochdienende Frau als Gegenbild zur starken, eigenständigen und nach eigenem

Gesetz handelnden Frau von den Männern auf den Platz gesetzt. Es sind die Schwestern im Geiste der machtbewußten und machthabenden Männer. Sie sind aus gleichem Holz und wollen es gleich so machen wie der traditionelle Macht-Mann, der auch von seinem Vor- oder Vorvorgänger hochgezogen wird und sich hochdienen muß, um er – und erst recht *sie* – selbst zu werden. Sie gehen aufs Ganze und wollen Teil der herrschenden Macht sein, ohne diese selbst noch in Frage zu stellen. Sie lernen dabei gar noch die sich anpassende Macht kennen.

Die neue Ministerin steht für die Frauen, die von Männern ausgewählt werden, um mehr Macht für Frauen von rechts zu besetzen. Die Transaktion soll den Protest der Frauen befrieden und die selbstbestimmte gleiche Frau ausbooten, um den Sturz des Prinzips der Herrschaft zu verhindern. Zugleich wird mit der neuen Ministerin die beste der vorhandenen Besetzungen für eine Verinnerlichung von Herrschaft gewählt. Objektiv haben Frauen die historisch längste und differenzierteste Schulung in dieser Fähigkeit, und subjektiv wurde sie allem Anschein nach der Ministerin bereits von der Wiege an beigebracht. Die Bereitschaft zur Selbsthingabe führt „naturgemäß" über die Nachkommen und somit über die für das Ganze stärker (als der Mann) „vorsorgende" Frau als Mutter.

Neue Frauengeneration

Für die Wende benutzt die CDU die jungen Frauen und richtet sich zugleich an sie. Claudia Nolte steht nicht allein. Bei aller politischen Bandbreite zeigen junge Frauen heute andere Profile als die älteren Mütter und Großmütter. Eine neue Frauengeneration wird sichtbar. Die Frauenbewegung der 70er und 80er Jahre bezog ihre Stoßrichtung von links. Je mehr Frauen sie in Bewegung versetzte, desto klarer war, daß die Wahrnehmung neuer Spielräume in höchst unterschiedlicher Weise erfolgen und gewiß nicht automatisch jede Form von Herrschaft stürzen würde. Heute ist die durchschnittliche Not, sich „als Frau" gegen Bevormundung und Abhängigkeit zu wenden, gegenüber den 50er, 60er und 70er Jahren um einiges geringer geworden. Insbesondere junge Frauen adaptieren die Diskreditierung der „Emanze" oder „Quotenfrau" und wollen keine solche sein. Das gilt für den Osten noch mehr als den Westen, gab es dort einerseits die verordnete Emanzipation und fehlen andererseits die 20 Jahre Frauenbewegung, die die Quoten selbst hervorgebracht haben. Das Stigma ihrer Mütter wollen diese jungen Frauen nicht angehaftet bekommen. Sie fühlen sich so stark und glauben, deshalb mehr als ihre Vorgängerinnen zu erreichen. Es ist ein gesellschaftlicher Fortschritt, daß ein solches Stärkebewußtsein für Frauen heute „normal“ ist. Die Frauen wollen aus dieser Stärke etwas machen. Mit ihrem „angepaßten“ Vorgehen holen sie für sich das Beste heraus. Es ist für sie als politische Erbinnen der neuen Frauenbewegung einfacher und effektiver als doppelte Leistung zu erbringen, doppelten Druck zu erfahren und obendrein noch Strafe dafür zu beziehen. In gewisser Weise handelt es sich um eine logische Konsequenz aus dem (gewollten) gesellschaftlichen Wandel, um das „Schicksal“ dieser Frauengeneration. Es bleibt abzuwarten, was sie daraus im Laufe der Zeit und besonders im Konfliktfall machen werden und ob Claudia Nolte persönlich hierbei mehr als eine nur durchschnittliche Rolle spielen wird.

Das Lebensgefühl junger Frauen trifft sich hinterrücks mit den Interessen und Problemen, die die politische Verschiebung nach rechts in der Krise antreiben. Dieses Zusammentreffen wird Folgen haben. Das Patriarchat als Herrschaftssystem scheint aufgelöst in Beliebigkeiten und Einzelfälle, Zufall, eigene Schuld oder Pech. Im Namen nationaler Interessen wird in der Krise selbst die traditionelle Sonder- und Schutzpolitik für die Frau geopfert, ohne daß hinreichend eigene Rechte für sie geschaffen worden wären. Damit richtet sich der Blick von den *gesamten* Lebensverhältnissen der Frauen (und Männer) wieder zurück auf die Familie. Die neue gesellschaftliche Spaltung eines jeden gegen jeden soll dort zwangsweise – via der Gesetzmäßigkeiten des menschlichen Überlebenswillen und der Reproduktion der Gattung – wieder zusammengeflickt werden. Während ein ausgewiesener Widerstand junger Frauen fehlt, verschlechtert sich gegenwärtig und künftig gerade das Lebensniveau der jungen Generation.

2. Immer vorwärts in die neue Herrschaft der „5Ks“

Die Frauenbewegung wuchs auf dem Boden anderer sozialemanzipatorischer Bewegungen. Sie gehört neben der Ökologiebewegung zu den stärksten, innovativsten und nachhaltigsten sozialen Bewegungen der zweiten Hälfte des ausgehenden Jahrhunderts. Zu ihrer Hochzeit noch trat 1982 die Regierung Helmut Kohl an, um der Bundesrepublik die politische „Wende“ zu bringen. Statt der erwarteten Rückkehr zu den drei „K“s „Kinder, Küche, Kirche“ brachte sie Vorfahrt zu fünf „K“s: Kinder, Knochenarbeit, soziale Kompetenz, Karriere und Kniefall vor der Gemeinschaft. Während die Politik zunächst zu feministeln schien, lief schon die Schamfrist für jede emanzipatorische Politik ab. Zehn Jahre verspätet, anders, aber nicht weniger trostlos als befürchtet, war als historisches Geschenk des untergegangenen Sozialismus eine Wende vollbracht. Diese Wende trifft mit der Frauenpolitik das Zentrum, den Nerv und das Lebensnetz der Gesellschaftspolitik und der Gesellschaft. Über diese Wende gelang es der CDU, ihre konservative Überlegenheit überhaupt herzustellen.

Gewendete Frauenpolitik - Wendung in die Sackgasse?

Das emanzipatorische Wesen der Frauenbewegung war der konservativen wirtschafts- und leistungsfixierten CDU-Politik im Grundsätzlichen immer fremd. Die ganze frauenpolitische Modernisierung blieb instrumentell. Mit der Globalisierung der Märkte und dem tiefgreifenden Strukturwandel der Gesellschaft schrumpft die CDU-(„Frauen"-)Politik auf ihren Kern: Leistungsstarke (Frauen) als neuer und konkurrenzbelebender Wirtschaftsfaktor sind begehrt. Alles vermeintlich „Weibliche" – das heißt Nicht-Marktleistungsfähige – allerdings ist ihr nichts wert, außer als Pufferzone und Schmieröl der Gesellschaft. Freiheit für Starke und Unterwerfung für Schwache, so reduziert sich ihre allgemeinpolitische Botschaft. Die CDU-Lebensentwürfe sind karrieristisch, spießig, kleinkariert oder sozial eine Zumutung. Gemessen an den Anforderungen des Lebens von heute sind sie hinterwäldlerisch. Die Bundesrepublik ist in den modernen 50er Jahren der Nach-Nachkriegszeit angekommen. Nun sind wieder Anbetung der Wirtschaft und brave Benimmregeln in Gemeinschaft und Staat angesagt. Die Gegenbewegung gegen die Frauenbewegung und mit ihr gegen alle emanzipatorischen Bewegungen funktionierte. Natürlich war es kein Zufall, daß die politisch-inhaltliche Provokation im Fall Nolte nicht wie im Fall Heitmann wahrgenommen wurde. Helmut Kohl hatte aus den Erfahrungen gelernt, eine weichere Variante in seinem Vorgehen gewählt und seine Ministerin in gute Obhut genommen. Und Gesellschaft und Öffentlichkeit nehmen eine Frau eben immer noch weniger ernst als einen Mann. So haben sie sich selbst beschnitten.

Der Vorgang kennzeichnet zugleich den Abschluß einer Phase der gesellschaftlichen „Hegemonie" der Frauenbewegung, einen politischen Paradigmenwechsel und das Ende einer bestimmten historischen Etappe des Frauenkampfes. In dieser Phase, es war nicht zufällig die eines beispiellosen Wohlstandes, an dem Frauen eklatant ungleich partizipierten, dominierte der Kampf gegen das Patriarchat alle anderen sozialen Kämpfe. Diese Phase ist ökonomisch und politisch unwiderruflich vorbei. Von nun an ist die Frauen- oder Geschlechterfrage überlagert von anderen sozialen Fragen. Mittlerweile ist das Trennende auch zwischen Frauen oft so groß wie die Gemeinsamkeiten. Die geschlechtliche Spaltung und soziale Spaltungen anderer Art sind objektiv immer miteinander verwoben. Erstere hat und behält darüber hinaus eine zentrale Stellung, weil sie eine Zentralachse über alle anderen sozialen Spaltungsachsen hinweg bildet. Wird sie bewegt, drehen sich alle anderen um sie herum heftig mit. Es ist die tiefgreifendste Veränderung in der zweiten Hälfte dieses Jahrhunderts, daß mit der kapitalistischen Entwicklung der Produktionsverhältnisse die Unterseite des alten industriellen patriarchalen Kapitalismus und seines Zivilisationsmodells – die unsichtbare umfassende Ausbeutung der Frau im Privaten – nach oben gekehrt wurde. Dabei drehte sich die Zentralachse um 180 Grad. Die Frauenbewegung war die soziale Bewegung, die mit der patriarchalen die spätkapitalistische, bürgerliche, westliche, technokratische, industrielle Wachstums- und Arbeitsgesellschaft insgesamt in Frage stellte und in ihren grundlegenden Prämissen unterspülte. Die vermeintlich nachrangige „Frauenfrage“ wurde vorrangig. Nun muß etwas Neues kommen. Ob die hierarchisierte ökonomisierte kapitalisierte Gesellschaft konservativer Art als Reaktion dies tragen wird, ist fraglich. Mit ihr konterkariert die CDU letztlich ihre eigene „Standortpolitik“ und die Bedürfnisse einer sich wandelnden Wirtschaft nach Selbständigkeit, Kooperation und Selbstbestimmung der Wirtschaftssubjekte. Jedenfalls ist sie nicht in der Lage, Wirtschaft und Gesellschaft zu humanen und nachhaltig produktiven Bedingungen in die nächsten Jahrzehnte zu führen.

Wendepunkt deutsche Einheit

Die deutsche Einheit wurde zum Wendepunkt dieser gesamten Entwicklung und beschleunigte sie zugleich. Wenn dies der Verdienst von irgend jemand gewesen ist, dann in erster Linie der der Herrschenden im ehemaligen Realsozialismus und im Realkapitalismus. Vier politische Erfahrungen, die mit der deutschen Einheit gemacht wurden, sind für die weitere Entwicklung der gesamten Republik besonders wichtig und folgenreich: Das historische Scheitern des realen Sozialismus und der traditionellen Linken wurde für alle offenbar und diskreditierte auf lange Sicht alternative Gesellschaftsmodelle. Eine überwältigende

Mehrheit im Osten Deutschlands entschied sich, vor diesem Desaster die Flucht ins westliche Modell anzutreten und ihm gegenüber allen sozialistischen Reformversuchen den Vorzug zu geben. Darauf folgte die Enttäuschung, daß dessen Regeln nicht in jeder Hinsicht die besseren, schon gar nicht Freiheit und Demokratie per se sind, und daß der reiche Westen durch den Einzug des armen Ostens (notwendigerweise) seinen Glanz verlieren mußte. Schließlich desillusionierten die Auswirkungen der Politik der CDU im speziellen die Bevölkerung in den neuen Bundesländern über das Ausmaß und Tempo der Verbesserung ihrer Lebensbedingungen. In der Summe ist die demokratische Entmutigung nach den ersten Jahren der Einheit stärker als die Ermutigung zu sozialer und politischer Mündigkeit.

Die CDU sorgte für einen Transfer von West nach Ost zum Nutzen des „Ganzen", wie sie ihn sich vorstellt. Die Anpassung des Ostens an den Westen wurde zu einer Anpassung an eine hierarchisierte, konservative Gesellschaft und Politik, soweit bis der Osten diese von unten nach oben ergänzte. Das geschah ohne Rücksicht auf Versuche im Osten, aus eigener Kraft Auswege aus der entstandenen Lage zu finden und zu schaffen, denen durch diese Politik vielmehr faktisch der Garaus gemacht wurde. Was sich dennoch behaupten konnte, wird sich zukünftig zeigen. Die Bundesregierung konnte diese Politik durchsetzen, weil unterschiedliche Interessen gegeneinander ausgespielt, gespalten und zerteilt wurden. Im Rahmen dieses Politikmodells der CDU wurde soviel „gegen die Frauen" getan wie insgesamt „gegen die Verlierer" dieses politischen Umbruchs und genauso viel „für Frauen" wie „für dessen Gewinner", solange bis die Lage dem Westen gänzlich angepaßt ist und alle Frauen sich auf einer Stufenleiter in Geschlechterschieflage wiederfinden. Möglich wurde dies wiederum auch deshalb, weil sich die Frauen – im Osten noch weniger als im Westen – kaum wehrten und sie ihre Alternativen zu zaghaft verwirklichten. In der Konsequenz verschärften sich materiell und politisch notwendigerweise die sowieso reichlich vorhandenen Probleme des westlichen Wirtschafts- und Gesellschaftssystems. Die Zukunftsaussichten insbesondere für die Alten und die Jungen und alle um den kleiner werdenden Kern einer Arbeitselite herum verschlechtern sich erheblich. Sie alle werden zu Waisenkindern des einstigen Wirtschaftswunderlandes. Der Sieg wendet sich gegen die Sieger – und das war von Anfang an absehbar.

Das politische Grundproblem aber kann von den Kritikerinnen und Kritikern dieser Entwicklung nicht nach außen verlagert und dort entsorgt werden. Sie müssen eigenes Scheitern verarbeiten und eigene neue Antworten auf den gesellschaftlichen Wandel finden. Und das wird passieren, denn Verlierer sind mehr gezwungen zu lernen als Sieger.

Das Modell Claudia Nolte trägt nicht

Das Modell Nolte entspricht auf Dauer kaum den Interessen der meisten Frauen, und es trägt gesellschaftlich auch nicht. Der materielle Lebensstandard der meisten Frauen sinkt, qualitativ ist ihre Situation zerrissener und zerstückelter denn je. Immer mehr Frauen finden gerade ein wenig Teilzeiterwerb, in frauentypischen Berufen und verhältnismäßig schlecht bezahlt. Dienstleistung, Büro, Erziehen, Versorgen und Heilen sind ihre Domänen, sie sind ewig beschäftigt, Zerstörtes zu reparieren oder Wichtigerem zuzuarbeiten. Kindergartenplätze gibt es nicht genug. Kürzungen im sozialen Bereich treffen gerade sie, Armut wächst. Dadurch werden Frauen in die Ehe als Ort verhältnismäßig besserer und doch immer noch abhängiger sozialer Absicherung gedrängt. Sozialpolitik kontrolliert Frauen moralisch und sozial, geht es ihnen schlecht, so die Botschaft, ist das Folge ihres Fehlverhaltens. Ungerechte gesellschaftliche Strukturen und Reichtumsverteilung verschwinden als Problemursachen. Am Ende steht ein Zwang zu ausgebeuteter Arbeit statt einer Hilfe zu einer gerecht entlohnten und verteilten Arbeit. Jede Form von Leere wird durch eine immer höhere Dosis neuer Gemeinschaftsideologie aufgefüllt werden, die Frauen über ihren „besonderen Lebensweg" ködern soll. Schon werden die Rufe, dem Schutz des Ungeborenen, der Familie und künftigen Umwelt ausdrücklich Vorrang zu geben, lauter. Der Zeitgeist von rechts nach links von den USA über England bis zur Bundesrepublik lautet: Die Familie ist das eine Heiligtum, Geld verdienen und Reichtum das andere Heiligtum. Wer letzteres nicht hat, hat ersteres. Attraktiver als Quoten und gleiche Bürgerrechte sollen diese Heiligtümer des Glaubens sein. Für sie gilt es im Zweifel alle Freiheit zu opfern. Rita Süssmuth ist längst nicht mehr stark genug als Droge gegen den vermeintlichen Egoismus. Claudia Nolte verkörpert dagegen einen starken und jungen Glauben, der besonders eifrig, abschätzig und mitleidig gegenüber anderem ist. Die Bürger und Bürgerinnen sind als Individuen nur noch Adressat moralischer Appelle zur Opferung. Diese Haltung kann leicht dazu führen, daß nach den bürgerlichen Rechten am Ende auch christliches Mitleiden aufgegeben wird. Hinter ihr verbirgt sich die Moral der Stärkeren, die sich durch Verzicht und Disziplin selbstbehaupten und andere links liegenlassen. Claudia

Nolte ist als „Ostfrau“ die dazugehörige Empfehlung vor allem an die Nachkommenden, mit nichts anzufangen wie nach dem Krieg, in die 50er Jahre und ihren Geist des entbehrungsreichen und tugendhaften Schaffens zurückzukehren.

Doch diese Haltung entspricht bislang mehrheitlich nicht dem Lebensgefühl der jungen Frauen und auch nicht der jungen Männer. Sie sind unverändert modern, Neuem aufgeschlossen, Vorgegebenem gegenüber distanziert, gelassen oder gleichgültig. Freiheitsrechte sind ihnen selbstverständlich. Die Abkehr der Frauen von der CDU jedenfalls ist bisher konstant und unerschütterlich. Die langanhaltende Symbiose zwischen konservativer Politik und Wählerinnenschaft ist vorbei. So gesehen sind die Folgen der Frauenbewegung stabil. Auch wenn junge Frauen nicht resistent gegen die Anpassung an die Verhältnisse waren, unter anderem weil ihnen der entsprechende Erfahrungshorizont fehlte, so sind die deshalb noch nicht bereit, historisch zurückzugehen. Allenfalls das linkskonservative Modell Rita Süssmuth hätte einen lebensfähigen Konservatismus ausmachen können. Doch auch für dieses Modell gilt: Es ist verdienstvoll, weil es wichtige Verbesserungen für Frauen vorsieht. Auch spricht manches für seine Logik, Herrschaft von Menschen über Menschen als gegeben zu akzeptieren und sich in ihr behaupten zu lernen. Aber gegen diese Logik spricht nicht nur die selbstbezügliche Endlichkeit und Borniertheit von Herrschaft, sondern auch die Inhumanität, Ungerechtigkeit und Würdelosigkeit von Knechtschaft des Menschen. Dieser Unterschied zu einer linkskonservativen Politik ist in der Wirkung groß, nämlich lebenserhaltend, bereichernd, produktiv im Umgang mit dem Wandel von Gesellschaft. Seine Unterschlagung ist selbstschädigend und zerstörerisch. Noch das Modell Rita Süssmuth selbst, konsequent zurückgeführt auf seinen Ausgangspunkt im Feminismus, würde konservative Politik sprengen und diesen Unterschied geltend machen. Wer gegen die Herrschaft über dic Frau ist, muß sich gegen Herrschaft überhaupt wenden.

VIII. Vom Versagen der Traditionslinken und der grünen Innovation

Eine politische „Wende“ ist nie nur das Produkt einer Regierung. Ihr liegen zuallererst der Wandel der Lebensverhältnisse und daraus entstehende Problemlagen zugrunde, auf die jede Form von Politik reagieren muß. Sie ist Resultat eines komplexen Geschehens, einer Verschiebung der ganzen Gesellschaft. Auch die Opposition innerhalb und außerhalb des Parlaments war an ihr teils aktiv, teils passiv beteiligt.

Die CDU wurde nicht nur ob günstiger Umstände, sondern aus eigenem Vermögen führende politische Kraft in der Bundesrepublik. Das gilt insbesondere für die Modernisierung der Frauenpolitik. Die Konservativen schafften es auf ihre Weise, die Frauenfrage als Arbeits- und Gesellschaftspolitik zur Gestaltung des sozialen Wandels in der westlichen Welt innerhalb ihres konservativen Selbstverständnisses eigenständig, offensiv und produktiv für sich zu verarbeiten und politisch zu integrieren. Die traditionelle Linke dagegen ist an dieser Aufgabe, die Frauenbewegung auf- und als Herausforderung anzunehmen, gescheitert. Sie hielt die CDU-Politik nur für „alten Wein in neuen Schläuchen“ und übersah, daß es sich um einen neuen und zudem guten Jahrgang von deren Weinernte handelte. Sie nahm die CDU-Politik nicht wirklich ernst, weil sie das gleiche auch mit der Frauenfrage nicht getan hatte, weil sie sie qua Hausrecht automatisch bei sich aufbewahrt glaubte. Und sie hatte keine wirklich tiefgreifende eigene politische Antwort darauf. Diese Diagnose betrifft das gesamte traditionelle politische Spektrum links von der CDU. Die reformerisch geprägte Sozialdemokratie war verbraucht und angepaßt, die marxistisch dominierte Linke dogmatisiert und leer.

Ein eigener linker Feminismus als Gegenentwurf zum konservativen hätte durchaus nahe gelegen: radikal sozial in der Frage nach Eigentum und Arbeit, radikal demokratisch im Privaten und Öffentlichen, kulturell gemäßigt bei der SPD, radikaler außerhalb von ihr. Doch die Traditionslinke hatte eine konkrete Idee von der Emanzipation der Arbeit und des Menschen überhaupt verloren. Sie war rückständig, nostalgisch, paternalistisch. Auf die Frauen vermochte sie eine solche Idee deshalb nicht zu übertragen, und erst recht entging ihr, daß sie sie bei ihr neu hätte finden können.

Die einflußreichste traditionelle linke Reformpartei, die SPD, reagierte auf die große Herausforderung und Chance der Frauenbewegung erst, als sie von dieser und vor allem parteipolitisch von zwei Seiten, den Grünen und der CDU, in Zugzwang gebracht worden war. Sie kopierte daraufhin von beiden Seiten etwas, war aber nicht in der Lage, dieser Politik ein eigenes Gesicht zu geben. Die Gewerkschaften, in ihrer Tätigkeit konzentriert auf die unmittelbaren Handlungsbereiche von Kapital und Arbeit, kamen dabei zum einen nur mit Teilaspekten des Problems direkt in Berührung und waren zum anderen organisierte Nutznießerinnen der patriarchalen Arbeitsverfassung. Sie verschliefen die Brisanz der Frauenfrage, bis ihnen selbst das Wasser bis zum Hals stand. Inhaltlich noch abgespaltener und untergeordneter steht der Feminismus bei ehemaligen marxistischen Kaderorganisationen, der DKP, vielen linken Organisationen und heute immer noch der PDS deren Gesamtpolitik gegenüber.

Den einzigen Gegenpol bildete unter dieser Perspektive die Grüne Partei. Sie war dabei die der CDU überlegene Kraft. Als einzige Partei verankerte sie den Feminismus bereits im Gründungsakt in ihrem Zentrum und vertrat ihn lange Zeit im besten Sinne auf radikale Weise – umfassend und tiefgreifend für die einzelne Frau und für alle Frauen als Bürgerinnen und prägte damit die ganze Partei. Und sie trieb jede Veränderung in den anderen Parteien an. Seit sie mit wachsendem Erfolg mehr und mehr auf die gewohnten Spielregeln der Machterhaltung baute, setzte allerdings auch sie den Feminismus unter den gegebenen eher restriktiven gesellschaftlichen Konstellationen zwangsläufig auf Sparflamme.

Nachdem heute eine konservative Gestaltung der veränderten Lebensverhältnisse weitgehend vollzogen ist, ist sogar die einfache Ignoranz der linken Opposition wieder eingekehrt. Sie schließt in dieser Frage heimlich Frieden mit der Kohl-Politik. Auch auf Claudia Nolte als Ministerin reagierte sie, von vereinzelter Kritik einiger Frauen abgesehen, nicht. Die traditionelle Linke hat damit nicht nur die Frauenbewegung im (konservativen) Regen stehen lassen, sondern auch sich selbst. Sie hat sich zudem um Führungs- und Regierungsfähigkeit gebracht und damit ihre eigene Ohnmacht begründet. Indem sie die Frauenfrage links liegenließ, marschierte sie nach rechts und machte sich zu einer ebenso uninteressanten wie unzeitgemäßen Erscheinung. Indem sie sich die heilsame Herausforderung der Frauenbewegung vom Hals hielt, machte sie sich nur kränker. Dieses Scheitern wiegt für alle Beteiligten schwer.

1. Die SPD: lahme Anpassung

Obwohl sich die Hinweise längst häuften, verstand es die SPD nicht recht, warum sie die Bundestagswahlen 1983 gegen Helmut Kohl verlor. Die SPD unter der Kanzlerschaft von Helmut Schmidt hatte sich nach rechts angepaßt und nach links abgegrenzt. Das hinderte sie nicht, gleichzeitig mit Macht einen linken Monopol- und Führungsanspruch zu erheben. Einer selbstkritischen Auseinandersetzung stellte die SPD sich damals kaum. Kritik von links aus den eigenen Reihen hielt die Partei schon beinahe gewohnheitsmäßig disziplinarisch nieder. So vertrieb sie kreative Potentiale, Außenstehende fühlten sich immer weniger angezogen. Eine spezifisch sozialdemokratische Illiberalität bekam politisches Eigengewicht. Nachdem sie gegen Ende der 80er Jahre spät und äußerst mühselig programmatische Forderungen der neuen sozialen Bewegungen aufnahm, was eigentlich für eine sozialdemokratische Partei in der Opposition ein Heimspiel hätten sein können, ließ sie diese mit dem Schicksalsjahr 1989 beim ersten Widerstand gleich wieder fallen. Die deutsche Einheit begleitete sie mit zunehmendem politischen Identitätsverlust ohne Entwurf für eine Perestroika westlich-sozialdemokratischer Politik und mit kleinlicher Kritik an ihren absehbaren und großteils unvermeidbaren belastenden ökonomischen Begleiterscheinungen. Danach erfolgte im schnellen Vorsitzenden- und Programmwechsel eine Anpassung nach rechts nach der anderen. Sie wurde zuletzt putschartig unterbrochen und darin zugleich noch einmal karikiert. Die SPD hat sich seit ihrer Niederlage 1983 nicht mehr wiedergefunden und treibt wie ein Schiff ohne Kompaß im Wind.

Das Verhältnis der SPD zur Frauenbewegung ist gespalten. „Gleichberechtigung der Frau“ schien der SPD traditionell schon immer eine Selbstverständlichkeit zu sein. Sie beanspruchte sogar, „die“ fortschrittliche Lösung der Frauenfrage zu haben. Sie hatte ihren Reformwahlkampf in den 70er Jahren mit diesem Thema geführt und viele Wählerinnen für sich gewonnen. Und doch war der SPD das Autonomie- und Selbstbestimmungsverlangen der neuen Frauenbewegung fremd. Die SPD als Partei des sozialen Fortschritts für die Lohnabhängigen (und mit ihr die gesamte Arbeiterbewegung) hatte Frauenpolitik traditionell analytisch als einen Nebenwiderspruch oder eine abgeleitete Frage aus dem Hauptwiderspruch zwischen Kapital und Arbeit verstanden. Sie glaubte, mit der ökonomischen Unabhängigkeit der Frau durch Erwerbstätigkeit im Zuge der Verwirklichung einer sozialdemokratischen

Wirtschafts- und Gesellschaftsordnung das Problem zu lösen. Theoretisch reflektiert hatte sie diese Politik schon lange nicht mehr. Um so einschlägiger war ihre Praxis, bei der unter Wohlstandsbedingungen trotzdem eine Menge noch für Frauen abfiel. Die SPD behandelte Frauenpolitik als eine Teilfrage im Ressort der Arbeitsmarkt-, Sozial- und Familienpolitik. Sie war ein Teil der den großen sozialen Problemen nachrangigen Aufgabe, auch die Benachteiligung „anderer“ sozial schwacher „Gruppen und Minderheiten“ auszugleichen. Sie hielt „Frauenfragen“ für ein Ausdruck der „Probleme“ der Frauen, nicht der Männer und Gesellschaft. Das Hindernis sah sie bei der CDU und den Unternehmern. Im übrigen war Frauenpolitik auch für die SPD ein Instrument, um Frauen als treue Wählerinnen zu gewinnen. Sie behandelte sie nicht als ein emanzipatorisches Generalthema. Die Frauenbewegung verlangte nun plötzlich eine grundlegend andere Perspektive im Blick auf die ganze Gesellschaft. Sie wollte die Disparitäten zwischen Frauen und Männern in Arbeit, Reichtum, Leben und Macht umstülpen, forderte gleiche Partizipation und eine andere Frauenpolitik als eine andere Menschen- und Gesellschaftspolitik.

Auf diese Provokation reagierte die SPD erst 1988 und 1989 mit ihrem Beschluß zur Quote und für ein neues Grundsatzprogramm. Das geschah nicht freiwillig, sondern unter dem machtpolitischen Zangengriff von Grünen und CDU, was sich auch darin niederschlug. Die Veränderung war nicht Ausfluß eines originären Politikansatzes sozialdemokratischer Frauen, und sie war nicht eingebunden in eine neue sozialdemokratische Gesamtstrategie. Eine feministische Modernisierung sozialdemokratischer Art blieb deshalb aus. Eine Folge dieser nur äußerlichen und machtpolitischen Veränderung war, daß die SPD sie mit ihrem Einstieg in nationale Politik faktisch bald wieder dementieren und ihre traditionelle Sozial- und Schutzpolitik für Frauen wiederbeleben konnte.

1.1 Schritte nach vorn: Quote in der Satzung und Gleichstellung im Grundsatzprogramm

Mit dem Quotenbeschluß des Münsteraner SPD-Parteitages von 1988 räumte die SPD ihren Frauen sukzessive in drei Etappen mehr Einfluß und Macht ein. 1990 sollten ein Drittel der Ämter in der Partei und ein Viertel der Mandate in den Parlamenten von Frauen besetzt sein, 1994 40 % in der Partei und ein Drittel in den Parlamenten, 1998 40 % auch dort. Im Jahr 2000 also sollten die SPD-Frauen überall mit mindestens 40 % vertreten sein. Die SPD wollte mit diesem Beschluß neue „Glaubwürdigkeit“ erlangen, sich „modernisieren“ und „weibliche Grunderfahrungen in die Politik aufnehmen“.

Auf dem Berliner Parteitag verabschiedete die SPD ein Jahr später ein neues Grundsatzprogramm. Mit ihm wurden vor allem neue ökologische und friedenspolitische Bedürfnisse als durchgängiges Anliegen von Männern und Frauen integriert. Daneben wurde die Frauenpolitik neu formuliert und deutlich korrigiert, allerdings nur als Teil- und nicht als Gesamtprogramm. Auch das neue SPD-Programm definierte das Geschlechterverhältnis nicht als strukturelles patriarchales Unterdrükkungsverhältnis eigener Art, als weibliche Unterseite der männlichen Oberseite von Erwerb und Leben, in dem der Mann über die geschlechtsspezifische Arbeitsteilung und Hierarchisierung von Produktions- und Reproduktionsarbeit Arbeitskraft, Körper und Menschsein der Frau ausbeutet und das von sozialer Ungleichheit noch überkreuzt wird. Das Programm ging unausgesprochen weiterhin nur von einem Phänomen der Benachteiligung der Frau gegenüber dem Mann aus. Frauenpolitik blieb deshalb vom Rest losgelöste Extrapolitik zur Anpassung der Frauen an vermeintlich allgemeine, tatsächlich patriarchale Rahmenbedingungen und war nicht roter Faden eines insgesamt veränderten Programms. Die Leitbegriffe der neuen Frauenpolitik lauteten Gleichstellung, Gleichwertigkeit (aller Formen von Arbeit), Gleichberechtigung und Aufhebung der Spaltung in „männlich“ und „weiblich“.

Die Aufnahme des Kapitels „Die Gleichstellung aller Menschen in einer solidarischen Gesellschaft“ war der zentrale Fortschritt dieses Programms. Mit ihm erteilte die SPD der „Zuordnung hochbewerteter Erwerbsarbeit an Männer und unterbewerteter Haus- und Familienarbeit an Frauen“ ebenso eine Absage wie der „Erziehung der Männer zur Dominanz und der Frauen zur Unterordnung“. Im Zentrum zukünftiger Gesellschaftsgestaltung stand nach ihm die bezahlte Erwerbsarbeit als Existenzsicherung und Teil von Selbstverwirklichung. Die verschiedenen gesellschaftlich notwendigen Arbeiten sollten gleich verteilt werden. Die ökonomische Unabhängigkeit der Frau durch ihre Berufstätigkeit wurde traditionsgemäß hervorgehoben.

Weil das Programm aber die Geschlechterspaltung nicht als Strukturproblem im ganzen herausarbeitete, konnte es auch nicht die Aufhebung aller Abhängigkeiten vorsehen, in denen Frauen leben. Es reduzierte die Probleme überwiegend auf männliche und weibliche

„Eigenschaften“ und sah deshalb neue Erziehung und neue Werte als Lösung vor. „Wer die menschliche Gesellschaft will, muß die männliche überwinden“, heißt es im Programm. Die Begriffe „männlich“ und „weiblich“ wurden nicht definiert, sondern als gegeben vorausgesetzt. Sie wurden nicht als historisch gewachsene kulturelle und ideologische Konstruktionen entlang sozialer und hierarchischer Rollenzwänge kritisiert. Die Lösung sollte in dem liegen, was bislang als schlechter oder unterlegen galt, also in den sogenannten „weiblichen Eigenschaften“. So wurden diese erneut mystifiziert oder glorifiziert. Ihre unter den Bedingungen des Patriarchats implizierte Verinnerlichung von Herrschaft oder eine eigene Art mütterlicher Macht und Gewalt wurden nicht reflektiert. Die bloße Umwertung unveränderter dualistischer Verhaltensmuster, auch ihre bloße Addition, ergaben aber noch keine neue „Menschlichkeit“.

Hinsichtlich der Thematik Arbeit gab das Programm keine Auskunft, was mit der bislang unbezahlten Haus- und Familienarbeit geschehen sollte. Es unterschlug die Notwendigkeit, komplementär alle privaten, beruflichen und öffentlichen Arbeiten und Lebensbereiche von Frauen und Männern sowie das Dasein mit Kindern und Alten neuzugestalten, materielle Ressourcen umzuverteilen, das Politiksystem von Grund auf zu erneuern und bei all dem männliche Macht und Privilegien abzugeben. Die patriarchalisch, sozial, ethnisch etc. gespaltene Gesellschaft ist aber erst überwindbar, wenn „Neubewertungen“ sich in neuen materiellen, gesellschaftlichen, politischen und kulturellen Rechten für Frauen und Männer materialisieren.

Eine Neubestimmung von Lebensformen entfiel weitgehend. Das Programm ging davon aus, daß „die Menschen in den Familien und Lebensgemeinschaften Liebe, Geborgenheit, Anerkennung und Wärme“ suchen. Es stellte Schutz und Rechtssicherheit für alle Lebensformen in Aussicht, doch betrachtete die „Ehe als die häufigste Bindung auf Dauer“. Obwohl Ehe und Familie ein Zentrum von Frauenunterdrükkung sind, als „Privat“verhältnis und im Mantel von „Liebe“ besonders tief und unsichtbar, wurden sie als bürgerlich-patriarchale Institutionen der Macht, als Reproduktionsinstanzen für Nachwuchs und verbrauchte Arbeitskräfte und darüber hinaus möglicherweise Orte menschlicher Beziehungen und Solidarität in ihrer Problematik und Widersprüchlichkeit nicht reflektiert.

Das Programm enthielt fast keine Äußerung zu Fragen des weiblichen Körpers und der Sexualität als Bereich von Ausbeutung und Diskriminierung. Zwar spricht man sich gegen „Gewalt gegen Frauen“ und „diskriminierende Darstellungen“ aus, nicht jedoch für das Selbstbestimmungsrecht der Frau über ihren Körper. In der Frage der Schwangerschaftsunterbrechung wurde der Schutz des werdenden Lebens vor die Entscheidungsfreiheit der Frau gestellt, eine Kriminalisierung der Frauen abgelehnt, nicht jedoch die Streichung des § 218 aus dem Strafgesetzbuch verlangt. Den Frauen wird mit der (Wunsch-)Vorstellung begegnet, der helfenden Fürsorge und Führung zu bedürfen.

Sowohl der Beschluß zur Quotierung als auch das neue Grundsatzprogramm gaben innerparteiliche Kompromisse wider. Die Arbeitsgemeinschaft sozialdemokratischer Frauen (AsF) hatte weitergehende Vorstellungen. Insbesondere in der Frage der Macht sowie mit der Forderung nach Streichung des § 218 ging sie über die Position der Gesamtpartei hinaus. Sie verteidigte besonders, zumal nach der deutschen Einheit, die sozialen Interessen der Frauen. Die fürsorgliche Haltung zur „Frauenfrage“ und zu den Frauen freilich hatte die AsF mit ihrer Partei im Kern gemein. Auch in der SPD waren es die führenden Männer, die die Erlaubnis zur Reform gaben. Der Parteivorsitzende Hans-Jochen Vogel stellte wohlwollend die Weichen. Im Unterschied zur CDU waren die Frauen an der SPD-Basis die deutlich stärker treibende Kraft. Die SPD hatte jedoch keine engagierten Feministinnen an prominenter Stelle. Ihre führenden Frauen, selbst wenn sie für Frauen engagiert waren, wiesen zunächst die Berührung mit dem Feminismus von sich. Als Feministinnen die gesellschaftlichen Tore für sich geöffnet hatten, reklamierten manche SPD-Frauen ihn plötzlich für sich, um ihn meist in postfeministischer Zeit wieder zu vergessen.

Die SPD beschloß die Quote, früher und klarer als die CDU, später und schwächer als die Grünen. Doch sie vermochte diesen vergrößerten Machträumen für Frauen keine eigenständigen neuen Inhalte zu geben. Die SPD anerkannte die umfassende Selbstbestimmung der Frau nur wenig mehr als die CDU. Für die neuen *sozialen* Fragen in den Arbeits- und Lebensweisen, die die Frauenbewegung zum Ausdruck brachte, fehlte ihr das Gespür, außerdem mißverstand sie sie oft als Luxusfragen. Sie geriet so ins abgeschwächte konservative Fahrwasser. Die SPD wurde zu einem Teil der Wende. Insbesondere folgte sie der konservativ geprägten Familien- und Gemeinschaftsideologie und ist mit ihr systematisch insofern verwoben, als deren Muster den Mustern der Machtpolitik entsprechen, nach denen auch sie selbst funktioniert. Die SPD nimmt immer noch nicht die Ausblendungen der traditionellen Arbeitsgesellschaft und ihres Arbeitsbegriffs in ihrer Gänze zur Kenntnis. Oder sie empfiehlt wie die CDU mehr unbezahlte Arbeit verbunden mit moralischer Aufwertung. Die SPD teilt weitestgehend die Marktgläubigkeit der CDU, oder sie ist in ihrer Kritik am Effektivitäts- und Produktivitätsdenken inkonsequent, weil sie zwar kapitale und ökologische, nicht aber die sozialen Ressourcen im Blick hat. Schließlich verharmlost die SPD mit ihrer „Partnerschaftsideologie“, die sie nach den „Sozialpartnern“ auch den Geschlechtern offeriert, die tatsächliche gesellschaftliche Tiefenspaltung aufgrund vielfältig ungleicher Machtverhältnisse. Der Blick bleibt patriarchal, die sozialdemokratische Gleichberechtigungspolitik paternalistisch. Deshalb wirken ihre frauenpolitischen Bemühungen auch oft so verkrampft oder betulich. Ganz automatisch kommt solche SPD-Politik um so mehr in Bedrängnis, je länger die Krise sozialdemokratischer Ausgleichspolitik ebenso wie einer „linken“ Alternative überhaupt unbearbeitet ist. Statt einen Feminismus für sozial Deklassierte und Arme zu entwickeln, ließ die SPD mit ihren bloßen programmatischen Anpassungsmaßnahmen die Feminisierung der Armut geschehen.

1.2 Schritte zurück: Die SPD nach der deutschen Einheit

Die deutsche Einheit markiert einen tiefen Einschnitt für die Entwicklung der SPD. Sie stellte die Partei vor eine Zerreißprobe und stürzte sie in tiefe neue politische Unsicherheit. Die SPD leugnete, wie sehr die eigenen Lebensnerven vom Scheitern des kommunistischen Konkurrenten und Gegners getroffen waren, mit der Folge, die eigenen Vorzüge ihm gegenüber nicht wirklich herausstellen zu können. Die SPD bewegte sich im Spagat zwischen Konformität und Verweigerung zur deutschen Einheit.

In diese eigentümliche Position geriet auch die Frauenpolitik. Einerseits verlor sie auch für die SPD an Bedeutung. Andererseits hielt die SPD der CDU vor, gerade die Frauen im Osten zu vernachlässigen und Errungenschaften aus der DDR zu zerschlagen. Die SPD hielt die Hand über die Frauen als Opfer der Einheit, der CDU und der Wirtschaft. Dabei machte sie sich zur Verteidigerin eines Emanzipationsverständnisses, mit dem auch sie sich in der Vergangenheit identifiziert hatte, das sie aber doch gerade mit dem neuen Programm überschreiten wollte. Sie identifizierte sich mit einer Gleichberechtigung nach autoritärstaatlich-patriarchaler Art, die den Frauen in einer Männergesellschaft erlaubte, daheim wie eine traditionelle Frau und im Beruf wie ein traditioneller Mann zu funktionieren und zum Preis der Unterordnung vom Staat nivelliert versorgt zu werden. So verfestigte sich mit der Einheit erneut eine reduktionistische Frauenpolitik und traditionelles Denken, das sie als eine besondere Schutz- und Anpassungspolitik verstand. Der eigene historische Ballast – kombiniert mit einer unsozialen Währungsunion – wirkte politisch retardierend und erlaubte der SPD, stillschweigend in eher antifeministische Politik zurückzufallen. Die Forderung nach umfassender Selbstbestimmung war in weite Ferne verschwunden. Der Rückfall hinter das Jahr 1989 wurde in der Folgezeit offensichtlich.

Die Probleme der SPD spiegelten sich sowohl in der Repräsentation von Frauen nach dem Quotenbeschluß als auch in den politischen Schwerpunktsetzungen in den folgenden Jahren wider. In drei Etappen sollte bis 1998 der Anteil der Frauen auf 40% erhöht sein. Der Beschluß brachte erhebliche Erfolge, seine Umsetzung wurde zuletzt jedoch ungewisser und deutlich schwieriger. Die machtpolitische Repräsentanz der Frauen trug außerdem spezifische Merkmale. Nach oben und außen hin fand sie beschlußgemäß statt, nach unten und innen in die Partei hinein jedoch nicht, außerdem blieb sie arbeitsteilig nach Geschlecht. In den führenden Parteigremien, bei den Delegierten der Parteitage, im Bundestag war der Anteil der Frauen so groß wie noch nie. In den Landesparlamenten und besonders den Bezirken sah es früh schon weit weniger rosig aus. 1993 stockte der Prozeß, in den neuen Bundesländern wurde nirgends die Quote erfüllt, auch im Westen in einigen Bereichen nicht. 1995 gab es schon mehr und mehr offene Verstöße gegen die Quote, in einigen Fällen auch Rückschritte. Für 1998 dürfte sich die Situation neu zuspitzen.

Es offenbarten sich einige typische Probleme. Als Stellvertreterinnen und Beisitzerinnen kamen Frauen voran, ohne deshalb schon ihrem Anteil gemäß vertreten zu sein. In Spitzenfunktionen aber blieben die Männer fast ausschließlich unter sich. Frauen bekamen besonders schwierige Aufgaben oder unsichere Wahlkreise. In der Parteiarbeit, in Parlament und Fraktionen sind Frauen bei „typischen" Frauenthemen und als Moderatorinnen repräsentiert, kaum aber bei der „harten" Politik oder als Sachkundige und profilierte Meinungsmacherinnen. Mit der minimalen Repräsentanz an der Spitze geht ein gravierender qualitativer Ausschluß einher. Entscheidungsbefugnisse, Öffentlichkeitswirksamkeit und der politische Einflußbereich sind hier um ein vielfaches höher als bei einfachen Funktionären oder Abgeordneten. Auch die Verortung der

Frauen in Aufgabenbereichen wie Familie, Senioren, Frauen, Jugend, Gesundheit, Umwelt, Bildung, Verbraucher und Kommunales schließt sie aus heutigen Kernbereichen der Macht aus. Würde einbezogen, wie trotz der Repräsentanz von Frauen ihre Anliegen, Inhalte und Arbeitsformen weiter diskriminiert werden, sähe die Bilanz noch bescheidener aus. Auch die publizitätsträchtigen Inszenierungen von expandierender Frauenmacht schwanden bald wieder, die im Jahre 1989 und 1990 auf bevorstehende Wahlen gezielt hatten. Der Anteil weiblicher Regierungsmitglieder oder der Schattenkabinette fiel fast so hastig, wie er hochgeschnellt war. Eine rotgrüne Koalition, die Mitarbeit frauenbewegter Pionierinnen bedeutet hätte, war nur für kurze Zeit bundespolitische Option. Kampfkandidaturen um den Partei- oder Fraktionsvorsitz wurden zugunsten der Männer entschieden. Die einzige Ministerpräsidentin der SPD und BRD betont ausdrücklich, nie speziell frauenbewegt gewesen zu sein.

Als ein führendes Wochenmagazin im Winter 1993 sein Titelblatt mit der Botschaft vom Vormarsch der Frauen in der SPD zierte, war der Einfluß der Frauen in der SPD quantitativ gestoppt und qualitativ bereits wieder rückläufig und außerdem nicht durch Nachwuchs abgesichert. Er wurde auch nicht in offener Konkurrenz mit den Männern errungen, sondern mit männlicher Erlaubnis dort, wo sachlicher Nachholbedarf bestand, wo zusätzliche Plätze geschaffen wurden, wo konkurrenzlos Lücken entstanden waren, weil Männer das Feld geräumt hatten, oder wo es sich um spezielle bzw. typische „Frauenbereiche“ handelte. Die Erfahrungsberichte vieler Frauen sprachen von einer informellen Auslese der Anpassungsbereiten. Am Ende war ein Ventil geöffnet, bei weitem aber keine gleiche Partizipation an der Macht erreicht worden.

Der Quotenbeschluß war durch das Zusammentreffen zweier Bewußtseins- und Interessenlagen möglich geworden. Wie sozialdemokratische Entspannungspolitik die Frauen mit Kriegs- und Nachkriegserfahrungen einst „Willi wählen“ lassen sollte, sollten mit einer wie immer gearteten, vom Zeitgeist verlangten „Aufwertung der Frau“ die mittlerweile erwerbstätigen und selbständigeren Frauen als Wählerinnen (wieder)gewonnen werden und zur „Regierungsfähigkeit“ der SPD führen. Die SPD-Frauen wiederum wollten in zunehmender Zahl ihren Anteil vom bestehenden Kuchen. Mit der Parole „Die Zukunft ist weiblich“ warben sie für sich als Repräsentantinnen des „Allgemeinen“, in dessen Namen Männer im Patriarchat üblicherweise antreten, um die Macht für sich allein zu beanspruchen. Die einen hofften, mit dem

Beschluß grundsätzlich mehr Freiheit für Frauen zu erreichen, die anderen wollten Frauen befrieden. Für viele war er ein Ersatz für sonstige frauenpolitische Hilf- oder Willenlosigkeit.

Mit den von außen und oben induzierten Beschlüssen zur machtpolitischen Aufwertung von „Weiblichkeit“ per „Quote“ war im übrigen noch nicht deren Einlösung garantiert. Und ohne gesellschaftliche Tiefenveränderungen bei der Arbeit und den Lebensformen für Frauen und Männer drohte sie obendrein irgendwann völlig steckenzubleiben.

Auch die Neufassung des SPD-Grundsatzprogrammes in Berlin 1990 stand unter einer eher erzwungenen als gewollten Anpassung an äußere politische und wirtschaftliche Bedingungen. Ein neues Verständnis von Arbeit war zentrales Anliegen. Gerade diesen Aussagen zur „Arbeit“ lagen höchst unterschiedliche Interessen und Intentionen zugrunde. Oskar Lafontaine hatte sich in dieser Zeit damit hervorgetan, unbezahlte Arbeit moralisch aufwerten zu wollen, weil die Bedeutung bezahlter Erwerbsarbeit sinke. Den meisten Frauen kam es jedoch darauf an, gleichen Anteil an bezahlter Erwerbsarbeit zu bekommen, gesellschaftlich notwendige reproduktive Arbeit nicht nur privat und unbezahlte Arbeit nicht nur allein verrichten zu müssen. Lafontaine wollte mit Hilfe der Frauen Arbeitskosten sparen, die Frauen wollten, daß sich die Gesellschaft *alle* Formen von Arbeit etwas kosten läßt. Die SPD unterschied sich hier nicht sehr von der CDU. Die CDU wertete traditionelle Heimarbeit der Frauen nur konsequenter auf, während die SPD keinen neuen Integrationsvorschlag zur Frauenerwerbstätigkeit hatte und aktiv verfolgte. Im Vereinigungsmanifest von Berlin, im Programm für ökologische und soziale Marktwirtschaft 1990, im Grundwertepapier „Deutschland als Aufgabe“ von 1991 spielten Frauenthemen keine Rolle mehr. Der Entwurf eines sozialdemokratischen (Regierungs-)Sofortprogramms 1992 wußte von keinem frauenpolitischen Handlungsbedarf. Hatte es bis 1989 noch den Streit um das Verhältnis von Markt und Plan gegeben, so wurde die Marktwirtschaft danach zur heiligen Kuh. Sozialdemokraten empfahlen Lohnverzicht, Sozialabbau, verlängerte Arbeitszeiten. Die Zielvorstellung vom „demokratischen Sozialismus“ fehlte von nun an einfach in offiziellen Texten. In gleicher Zeit wurde mit Hilfe der SPD das Grundrecht auf politisches Asyl beerdigt, die BRD remilitarisiert, der Lauschangriff geplant und große Koalition gespielt.

Die anvisierte Veränderung der Lebenswelten von Frauen stand zu all dem in eklatantem Widerspruch. Frauenpolitik wurde wieder separates Politikfeld und paternalistische Ausgleichspolitik, die angesichts leerer Kassen auch noch leidenschaftslos vertreten wurde. Die Forderung nach Streichung des § 218 aus dem Strafgesetzbuch aufzunehmen, sah sich die SPD nur unter dem Druck der Frauenbewegung imstande. Die Bundestagsfraktion legte immerhin einen alternativen Entwurf für ein Gleichstellungsgesetz vor, doch die Partei behandelte ihn nur als Vorzeigeobjekt. Auch Politik für Kinderbetreuung geriet zur Pflichtübung. Der Umbau der Arbeitsgesellschaft, der Frau und Mann gleiche Erwerbstätigkeit ermöglichen sollte, wurde immer wieder angekündigt. Doch nicht einmal ein zentrales Element, der Vorschlag zur Arbeitszeitverkürzung, wurde wirklich überzeugend vertreten. Praktisch blieb nur das Bemühen um Vereinbarkeit von Beruf und Familie für die Frau unter den gegebenen Bedingungen Ziel der Partei. Der speziell der SPD eingeräumte „Kompentenzvorsprung" bei den Themen Gleichstellung, Vereinbarkeit von Beruf und Familie und § 218 nutzte sich ab. Die jüngeren Frauen wendeten sich bereits mehrheitlich den Grünen zu und auch die mittleren Jahrgänge kehrten sich verstärkt ab.

Machtpolitisch und inhaltlich blieb die Sozialdemokratie in Frauenfragen deutlich hinter den Grünen zurück und übertraf die CDU in allen zentralen Fragen nur minimal und graduell. Eine eigenständige Verarbeitung der „Frauenfrage" und ein eigenes Profil fehlten. Die SPD hätte die Chance gehabt, der CDU sozial denkende, aufgeschlossene, moderne, wenn auch von ihrer Herkunft durch traditionelle Rollenteilung geprägte Frauen abspenstig zu machen. Dazu hätte sie ihrer ureigenen historischen Aufgabe nachgehen und die Frage nach sozialer Gerechtigkeit stellen müssen. Auf Frauen konsequent angewandt hätte sie so ein Profil des sozialdemokratischen Feminismus prägen können, das zugleich neue Allgemeinpolitik nach sich gezogen hätte. In der SPD fand sich niemand, der dies zum speziellen persönlichen Anliegen gemacht hätte wie Heiner Geißler und Rita Süssmuth. Nicht einmal die Frauen der Sozialdemokratie fanden den Mut zu parteiübergreifenden Bündnissen, die ihre eigene Spielräume hätten vergrößern können.

2. Die Gewerkschaften: taube Ohren

Obwohl sie im Parlament nicht vertreten sind, spielen die Gewerkschaften als Massenorganisationen der abhängig Beschäftigten eine wichtige Rolle bei der demokratischen Legitimation und Kontrolle von

Regierungspolitik. Als Organisationen der Emanzipation der Arbeit sind sie dem sozialen Fortschritt verpflichtet und verstehen sich als gesellschaftskritische Kraft. Schließlich haben sie mit der Tarifautonomie eigene unmittelbare Gestaltungsmacht auf dem Feld der Arbeitsbedingungen und Löhne. Frauen sind vor allem in ihren Arbeitsverhältnissen von der Rolle und Politik der Gewerkschaften elementar tangiert. Dennoch spielte die mit der neuen Frauenbewegung gestellte Frauenfrage für diese Organisationen lange Zeit gar keine und bis heute eine untergeordnete Rolle. In ihnen ist es bislang auch zu keinem Streit gekommen, der als Katalysator hätte wirken können. Es gab eine Reihe durchaus wichtiger einzelner Konflikte, wie die Debatte um die ersatzlose Streichung des § 218, um eigenständige innerorganisatorische Frauenstrukturen, die in einigen Einzelgewerkschaften beschlossene Quote gemäß dem weiblichen Mitgliederanteil oder neue tarifliche Ansätze zur Berücksichtigung der Arbeitsbedingungen von Frauen. Über sie erkämpften Gewerkschafterinnen manche Erfolge, aber sie verdichteten sich nicht zu einer qualitativ anderen Entwicklung. Die Versäumnisse etwa bei der Absicherung von Teilzeit- und ungeschützter Arbeit, bei Heimarbeit, Niedriglöhnen, der Hausarbeit, bei der Einbeziehung des gesamten weiblichen Lebenskontextes oder abweichenden Lebensformen bleiben groß. Korrekturen gab es, auf billigende Duldung der fast ausschließlich männlichen Gewerkschaftsführung hin, immer erst zeitlich stark verschoben nach den Veränderungen in Gesellschaft und Parteien. Erst im neuen DGB-Grundsatzprogramm 1996 gab es eine Anpassung, die die Gewerkschaften vornahmen, ohne sich ihrer ganzen Tragweite in bezug auf das Geschlechterverhältnis bewußt zu sein. Es geht um den Beschluß, auf das männliche Normalarbeitsverhältnis – eine lebenslange Vollzeitarbeit des Mannes, die für Familienarbeit gar keinen Platz läßt – als Norm zu verzichten. Künftig wollen sie statt dessen bei der Arbeits(zeit)gestaltung alle gesellschaftlich notwendige Arbeit berücksichtigen, sei sie bezahlt oder unbezahlt, privat oder beruflich.

Die Gewerkschaften haben einige engagierte Frauen, aber kaum exponierte oder bekennende Feministinnen unter ihren Funktionärinnen. Ihnen gegenüber gibt es eine unsichtbare Grenze, vor der auch die Frauen haltmachen. Die Gewerkschaften sind noch Männerorganisationen per excellence, ihre weiblichen Anteile eingeschlossen. Dieses Zurückgebliebensein der Gewerkschaften hat historische und aktuelle, soziale und politische Ursachen und liegt im Charakter ihrer Organisation.

Die in und mit der Industrie- und Massengesellschaft großgewordenen Gewerkschaften operierten in der in eine öffentliche und private Sphäre gespaltenen bürgerlichen Gesellschaft an einem ganz bestimmten Platz. Öffentlichkeit, Beruf und Politik galten als Männerdomäne, Privates, Kinder und Familie als Frauendomäne. Diese Norm wurde zwar gerade in den unteren Schichten – allerdings aus Zwang – oft früher als in bürgerlichen Schichten gebrochen. Doch Vorbild war die Kleinfamilie, in der die Mutter „nicht arbeiten muß".

Die Gewerkschaften entwickelten sich als Organisationen zum Schutz der Lohnarbeit und zum Ausgleich des ungleichen Verhältnisses zwischen Kapitalbesitzern und Lohnarbeitsverkäufern. Der Blick der Gewerkschaften richtet sich auf diesen einen Ausschnitt. Die andere Situation und andere Interessen von Frauen in einem anderen Kontext entgingen diesem Blick. Die Gewerkschaften nahmen sie wie die Traditionslinke insgesamt als Nebenwiderspruch und Minderheitenproblem wahr und gaben sie wie diese einer zusätzlichen Schutz- (der Abweichung) oder Anpassungspolitik (an die Norm) anheim. Die gewerkschaftliche Vorstellung von der Gleichberechtigung der Frau mit dem Mann beschränkte sich auf die Teilnahme der Frau an der Lohnarbeit unter den Bedingungen der Männer. Dies aber konnten und wollten Frauen aufgrund ihrer Familienrolle nicht erfüllen. Die geschlechtliche Spaltung der Gesellschaft blendeten die Gewerkschaften nicht nur aus. Die Privaträume wurden von ihnen und ihren Mitgliedern sogar besonders stark als einzig eigene Räume verteidigt. Das Verhältnis der Gewerkschaften zu den Frauen wurde so zu einem sozialen Paternalismus doppelter Art. Die Gewerkschaften schützten die Erwerbstätigkeit der Frau nur so weit als die Gebär- und Arbeitsfähigkeit daheim nicht beeinträchtigt wurden und zugleich die patriarchalen Erwerbsverhältnisse unangetastet blieben. Die Frau wurde gegenüber dem Kapital als Privatbesitz und „Freiraum" des Mannes verteidigt. Sie bewegte sich nicht von eigenem Recht und mit gleichem eigenen Einfluß auf dem Arbeitsmarkt. Arbeitsteilung und Hierarchie zwischen Frauen und Männern wurden weder im Beruf noch privat in Frage gestellt. Die Emanzipation, die die Gewerkschaft für Frauen vorsah, bezog sich traditionell auf die Verhinderung der „besonderen" Ausbeutbarkeit durch das Kapital. Diese aber war gerade dadurch verursacht, daß die patriarchale Herrschaft unangetastet blieb. Gewerkschaften haben damit unter der Hand bestätigt, was sie abschaffen wollten, nämlich die Ungleichheit der Arbeit im Kapitalismus. Sie waren die Mitorganisatoren einer entsprechenden Arbeitsgesellschaft an der Basis. Sie nahmen die „zwei Schichten" der Frauen, in eingeschränkten und minderwertigen Rollen, die eine unbezahlt, die andere unterbezahlt, hin und verständigten sich mit den Arbeitgebern über einen „Familienlohn" für den Mann und einen „Zusatzverdienst" für die Frau. Berufstätige Männer und Arbeitgeber vereinnahmten, was Frauen zustand.

Während die Frauen als Konkurrentinnen für Männer auf dem Arbeitsmarkt erschienen, machten die Gewerkschaften die Diskriminierung der Frau allein zur Sache des Kapitals. Solidarität, Geschlossenheit und demokratischer Zentralismus wurden zur disziplinierenden Handlungsmaxime. So tabuisierten und hielten sie die „Widersprüche" zwischen den Geschlechtern nieder. Die einstmals einflußreiche proletarische Frauenbewegung teilte diese theoretischen und praktischen Prämissen prinzipiell, auch wenn sie für Frauen höhere Kompensationen für die Mutterrolle verlangte. Im übrigen waren die Klassengegensätze so ausgeprägt, daß diese Frauen ihren Männern näher waren als den Frauen anderer Schichten.

Die Enttabuisierung „familiärer Fürsorge und Liebe" als unbezahlte Arbeit blieb der neuen Frauenbewegung vorbehalten. Da aber waren die Gewerkschaften bereits vom Verlust industrieller, massenhafter gleichförmiger Lohnarbeit beeinträchtigt, derenthalben sie entstanden waren. Je mehr die westlich-kapitalistischen Länder wirtschaftlich aufblühten, desto größer waren der soziale Aufstieg der „Arbeiterschaft", der soziale Ausgleich zwischen Kapital und Arbeit und die Teilhabe der Gewerkschaften an gesellschaftlicher Ordnungsmacht. Diese Integration vollzog sich jedoch nicht ohne neue gesellschaftliche Brüche. Absteigende und Außenstehende bildeten bald eine neue Unterklasse, die den Anpassungsdruck auf die Gewerkschaften erhöhten. Die Aufgestiegenen und Aufsteiger brauchten die Gewerkschaften immer weniger, weil sie sich selbst zu helfen gelernt hatten. Um die Absteiger und Außenstehenden kümmerten die Gewerkschaften sich aus vermeintlichem Selbsterhaltungsinteresse nicht. Sie versuchten sich selbst durch ständische Interessensvertretung für ein kleiner werdendes gesellschaftliches Segment zu retten. Dieser soziale Wandel der Arbeit, der mit höherer Bildung und vielfältigeren sozialen Fertigkeiten einherging, aber wurde vor allem mit und von Frauen angetrieben, die auf den Arbeitsmarkt drängten. Die Konkurrenz für männliche Erwerbstätige wurde härter. Die Lage der Frauen wurde gleichzeitig instrumentalisiert, um alle bisherigen Arbeitsbedingungen und -regeln zu unterhöhlen und neuzuschreiben. Die

Kapitalseite vermochte diesen Wandel offensiv für sich zu nutzen, die Gewerkschaften wehrten ihn mit Energie ab.

Dabei war auch die innere Opposition in der Frauenfrage zu schwach, um am Ergebnis wesentliches ändern zu können. Die Minderrepräsentanz und Diskriminierung der Frauen in den Gewerkschaften und die Verinnerlichung der gewerkschaftlichen Glaubens- und Handlungsgrundsätze bedingte das Ausbleiben einer innergewerkschaftlichen Revolte oder auch nur die rechtzeitige Verselbständigung der Frauen. Gab es Anfang der 80er Jahre noch in der Tradition der proletarischen Frauenbewegung Kämpfe von Arbeiterinnen um gleichen Lohn, verloren diese danach aufgrund des sozialen Wandels und der neuen Frauenbewegung ihre Identität. Die partei- und schichtübergreifende Verbündung unter Frauen wiederum wurde von Gewerkschafterinnen vergleichsweise spät und allmählich aufgenommen. Die Gewerkschaften öffneten sich zögerlich zu einem Zeitpunkt, als die Frauenbewegung schon deutlich abflaute. Selbst das behinderte ihre Spitze immer wieder durch Ignoranz und Disziplinierung der Frauen. Die schließlich in einigen Einzelgewerkschaften eingeräumten Quoten waren machtpolitisch zu geringfügig, um das Blatt wenden zu können. Und als endlich Spielräume für Frauen vorhanden waren, waren diese schon so geschwächt, daß sie sie kaum noch wahrnehmen konnten.

Die Gewerkschaften konterkarieren als Männerorganisationen am Ende ihren eigenen und einzigen Existenzsinn, nämlich Organisationen der Emanzipation der abhängigen Arbeit zu sein. Auf den sozialen Wandel haben die Gewerkschaften bis heute keine überzeugende Antwort. Die Frage nach der Emanzipation der Arbeit, die auch den gesamten Lebenszusammenhang der Menschen berücksichtigt, haben sie nicht neu radikalisiert. Sie sind in den 80er und 90er Jahren noch im Glauben ihrer Überlegenheit an der Frauenfrage vorbeigegangen, während sie schon von ihr eingeholt worden waren. Die Gewerkschaften haben diese den Konservativen überlassen und sich selbst den Boden entzogen. Um ihres Selbsterhalts und ihrer (basis)demokratischen Bedeutung willen, hätten die Gewerkschaften eine feministische Revolution nötiger als alle anderen oppositionellen Kräfte der Bundesrepublik.

3. Sozialistisch-kommunistische Traditionslinke: zwischen Unterdrückung und erzwungener Aufnahme

Die Organisationen oder Kreise aus der orthodox sozialistisch-kommunistischen Linken sind im Widerspruch zwischen Anspruch und Wirklichkeit ebenso wie in den inneren theoretischen und praktischen Widersprüchen noch zweischneidiger und autoritär-patriarchaler als SPD und Gewerkschaften. Sie spielen gegenwärtig keine bedeutende politische Rolle, sind jedoch in SPD und Gewerkschaften, vor allem aber in der PDS auf der Suche nach Orientierung und neuem Einfluß. Traditionssozialisten und -Kommunisten unterschiedlicher Coleur sahen ihre Existenzbegründung im Klassengegensatz zwischen Kapital und Arbeit. Sie erklärten herkömmlicherweise die gesamte Gesellschaft in der Hauptsache unter diesem Gegensatz in der Ökonomie. Sie verstanden sich (logischerweise) als Avantgarde aller vom Kapital Unterworfener und beanspruchten Definitionsmacht über sie. Auch die Diskriminierung der Frau bezogen sie auf diesen Ausgangs- und Fixpunkt oder hängten sie ihm an. Diese galt danach als beseitigt, wenn die Frau – dem Kapital abgetrotzt – erwerbstätig und damit ökonomisch unabhängig war, ergänzt um sozialpolitisches Mutter-Beiwerk. Sie beanspruchten, der monopolisierenden Macht des Kapitals ebensolche „Gegenmacht" entgegenzusetzen. Sie organisierten sich entsprechend autoritär, rechtfertigten u.U. auch eine „Gegen"-Diktatur, und forderten nach innen Unterordnung und Gehorsam.

So blieb ihnen auf andere Weise die neu gestellte Frauenfrage verschlossen. Die Emanzipation der Frau, die die orthodox sozialistisch-kommunistische Linke für sich hochhielt, war in Theorie und Praxis stets eine streng patriarchale Frauenpolitik, in der die Frau einen versorgten Platz als Arbeitende und Mutter innerhalb eines autoritären staatlichen Gesellschaftsmodell hatte und dessen Kontrolle sich auch auf den Privatbereich erstreckte. Das entsprach oft sogar nur wenig modifiziert und unter umgekehrten Vorzeichen der konservativen Frauenpolitik. Diese Sichtweise erlaubte – instrumentell unter den Gesichtspunkten der Macht – durchaus, Forderungen der Frauenbewegung aufzunehmen, um sich selbst auszuweisen und sie dem Gegner als Makel vorzuhalten. Nachdem man(n) sie zuvor meist verdeckt hart bekämpft hatte, wurde sie in jenem Moment ins optische Profil gerückt, in dem Frauen sich gesellschaftlich durchgesetzt hatten und sie somit unvermeidbar geworden waren. Allerdings war der selbstgestellte Anspruch auf Emanzipation, verstanden als ökonomische Selbständigkeit der Frau, immer Achillessehne der Traditionslinken. Er schaffte immerhin einen anderen geistigen Raum, der von Frauen wahrgenommen werden konnte. Für den Lebensalltag der meisten Frauen war es ferner von Bedeutung, wenigstens nicht ausschließlich auf die Rolle der Mutter und Abhängigen festgelegt zu werden, Erwerbstätigkeit, das Recht auf Abbruch einer Schwangerschaft und Kindereinrichtungen zu haben. Von Bedeutung war auch der Grad an eigener materieller Existenzsicherung und der Freiheit, die sie erlaubte. Doch erst die wirtschaftspolitischen Alternativen entschieden, inwieweit sie praktisch als Arbeitsüberlastung oder -entlastung zu Buche schlägt und wieweit sie sich darin von der konservativen Politik unterschied.

Der radikale Anspruch orthodoxer Linker hat Frauen durchaus angesprochen, ihr Mitgliederanteil ist relativ hoch. Emanzipation schien dort schneller vorankommen zu können – trotz oder wegen Macht und Unterwerfung im Innern. Nach dem Zusammenbruch des Realsozialismus hat die orthodoxe Traditionslinke diese Entwicklungslinie nicht aufgearbeitet. Sie könnte dann auch keine Traditionslinke mehr sein. Sie weiß heute, *daß,* aber nicht *warum* ihre alte Frauenpolitik nicht mehr trägt. Der Bruch zwischen ihr und der Frauenbewegung ist unbearbeitet. Gutwillige oder Taktiker versuchen, ihn zu überbrücken, indem sie nachsprechen, was sie an unverstandenen Forderungen gehört haben. Der Rest verweigert sich durch Schweigen und Tabuisierung des Themas. Auf eine Auseinandersetzung darüber, was die Rechte der Frauen im Lichte der neuen Frauenbewegung beinhalten müssen, haben sich kommunistische Traditionslinke bis heute nicht eingelassen. Die PDS illustriert dieses Problem. Sie sammelte liegengebliebene Forderungen sozialer Bewegungen in Ermangelung eigener neuer Identitäten ein und stellte sie als Ausweis für Fortschrittlichkeit und Modernität aus. Sie nahm viele Forderungen der Frauenbewegung auf und räumte ihnen mehr und mehr auch eine eigene Rolle ein. Eine wirkliche integrierte Reform hat es jedoch bisher nicht gegeben.

4. Die Traditionslinke in der Abwehr feministischer Emanzipation

Die drei politischen Varianten aus der Traditionslinie der Arbeiterbewegung unterscheiden sich darin, in welcher Form und wieweit sie für die Frauenbewegung zugänglich waren, wenn überhaupt. Gemeinsam, wenn auch darin unterschiedlich stark ausgeprägt, ist ihnen eine bestimmte Sichtweise der Gesellschaft aus dem Interessensgegensatz zwischen Kapital und Arbeit heraus, die die Rolle der Frauen unsichtbar macht oder entstellt. Gemeinsam ist ihnen eine konservativ-bewahrende Haltung zum privaten Bereich, in dem Frauenunterdrückung unkenntlich gemacht worden ist. Er wird als Schutzraum (vor allem des Mannes) vor dem feindlichen Kapital gesehen, der von Störung frei sein sollte und deshalb kontrolliert werden muß. Ebenfalls ist ihnen eine hierarchisch-zentralistisch-autoritäre Ordnungstradition und insofern begrenzte Demokratiepraxis gemeinsam, weil sie starke basisdemokratische Elemente noch immer mit Abstand betrachten und gleiche Partizipation von Frauen strukturell und inhaltlich noch nicht garantieren. Von den neuen sozialen Bewegungen zeigten sie sich im wesentlichen überfordert. Sie haben das Scheitern des Realsozialismus und die Tradition der wechselseitig ausgrenzenden inneren Fraktionskämpfe nicht verarbeitet und mit ihnen ist, überlagert von politisch-ideologischer Nostalgie, ihre Idee von politischen Alternativen in die Krise geraten, wenn nicht gar abhanden gekommen.

In anderer Hinsicht unterscheiden sie sich. Die SPD ist als Volks- und Reformpartei die offenste Partei der unterschiedlichen linken Varianten. Die Gewerkschaften sind politisch beschränkt aus ihrem eingegrenzten Praxisfeld heraus. Gleichzeitig sind sie dicht an den Problemen des Alltags und nun direkt konfrontiert mit allen offen zutage tretenden neuen Problemen einer veränderten Arbeitsgesellschaft. Als Einheitsgewerkschaft haben sie einen belebenden inneren Pluralismus. Den einzigen relevanten Mitgliederzuwachs hatten sie in den letzten Jahren bei Frauen. Die radikale Umstellung, der sie ausgesetzt sind, kann auf der Basis des neuen Programms den Wandel beschleunigen. Die linksorthodoxen Organisationen sind als eher geschlossene Einrichtungen besonders stark vom Zerfall bedroht, sofern dies nicht schon geschehen ist. Als einziges neues ostspezifisch geprägtes Sammelbecken fungiert die PDS, die sich allerdings mit dem angesammelten Veränderungsbedarf zu überfordern droht.

An der neuen Frauenbewegung hat die traditionelle Linke versagt, obwohl sie sich an der Provokation und durch die Konkurrenz der Grünen differenzieren mußte. Sie hat zum einen ein *neues Arbeitsverständnis*, das alle gesellschaftlich notwendige Arbeit im bislang Privaten und im Öffentlichen berücksichtigt, nicht aufgenommen und in keine eigenen emanzipatorischen Politikvorschläge übersetzt. So spaltete sich ihre Politik unter der Hand in eine konservativ-verharrende Hausarbeitspolitik für Frauen und eine reformerische Erwerbsarbeitszeitverkürzungspolitik für Männer, die zu erneuertem Patriarchalismus gerann. Ein neues, jede Form von Arbeit integrierendes Programm, das zugleich zerstörerische Elemente privater Marktwirtschaft korrigieren würde und somit allgemein-emanzipatorisch wäre, aber wäre die entscheidende Aufgabe eines linken Feminismus gewesen. Die Einengung des Arbeitsbegriffs und die dualistische Herrschafts-, Macht- und Gesellschaftsanalyse ist selbst herrschaftsgetränkt und patriarchal und zugleich das Hindernis, an dem die Linke an sich selbst scheitert. Sie hat zum anderen die Fragen der neuen Frauenbewegung nicht als die *radikale Demokratiefrage* für die gesamte Gesellschaft, Wirtschaft, das Private und die Politik aufgenommen, die sie war. Die relative Geschlossenheit ihrer Politik und ihr darin notwendig autoritärer Charakter, die ihre historische Rechtfertigung längst verloren haben, machten die Öffnung so schwer oder verhinderten sie sogar, als das eigene Weltbild mit dem Ende des Realsozialismus fundamental in Frage gestellt war und Erneuerung dringend wurde. Die Linke hat damit ihre Idee der Solidarität konterkariert und tief diskreditiert. Das Hemd war ihr näher als der Rock. Obwohl sie viel über gemeinsame Interessen sozial Abhängiger sprach, löste sie dies für Frauen nicht ein. Während die Linke von Frauen Solidarität einforderte, behandelte sie diese als kleinzuhaltende Konkurrentinnen und Ressource für den Eigenbedarf. In der Tat waren Frauen, die das Machtprinzip „teile und herrsche" befürworteten, zur schärfsten Konkurrenz von Männern um qualifizierte Arbeitsplätze geworden. Die sich aber emanzipierten und das „teile und herrsche" überwinden wollten, waren zu ihren wichtigsten Verbündeten geworden.

Weil die Linke so weit und tiefgreifend ausfiel, wurde und blieb die CDU das eigentliche Gegenüber und der Bezugspunkt der Frauenbewegung. So wurde sie in deren Arme getrieben. Es existierte kein Spannungsfeld, in dem die Frauenbewegung mit mehr Raum hätte agieren können. Die Mehrheit der Frauen nimmt im Zweifel – darin ganz opportunistisch – von denen, die ihnen am meisten bieten. Da die Linken das Teilen aller Arbeit nicht anboten, nahmen sie von den Rechten wenigstens die Aufwertung der einen (häuslichen) Mehrarbeit.

Die neue Frauenbewegung traf alle wie der Schlag. Eigentlich hätte die traditionelle Linke sie begrüßen und freudig aufnehmen müssen. Doch statt dessen offenbarte sie eine eigentümliche Doppelbödigkeit. Bei anderen wurde sie begrüßt, den Feinden wurde sie an den Hals gewünscht, nur selbst hatte man sie nicht nötig, denn Gleichberechtigung war angeblich schon verwirklicht. Die neue Frauenbewegung ist ideenmäßig ein ungewolltes Kind der Linken. Sie hat deren Postulat der Emanzipation und Demokratie auf sich angewendet. Damit aber konnten Linke die Frauen und deren Befreiung nicht mehr für sich beanspruchen. Sie hatten etwas verloren, nämlich die Vormundschaft über andere Abhängige und Opfer böser Mächte, die sie schützen, sich nach eigenem Bild formen und dienstbar machen konnten. Absurd komische und bitter ernste Aufstände der Frauen richteten sich gegen diese eisern festgehaltene Vormundschaft und Herrschaft. Wenn es darauf ankam, und das war in diesem Fall ganz besonders im vermeintlich Privaten, wandten sich die Frauen persönlich und politisch vor allem und insbesondere gegen die „eigenen Männer". Gerade ob ihrer vermeintlich emanzipatorischen Vormundschaft erwarteten und verlangten sie von der Linken am allermeisten, obwohl diese doch nur ein Teil des Problems des Patriarchats waren. Links, wo der Aufstand der Frauen am entschiedensten war, traf es die Männer im einzelnen am härtesten. Die Aufkündigung der Gefolgschaft war doppelter oder dreifacher Art. Privat, beruflich und politisch wurden die Horte männlicher Privilegien angegriffen. Die Männer sahen sich im Konkurrenzkampf mit anderen Männern geschwächt, wo sie doch selbst nicht unbedingt zur Elite zählten, sich aber „emanzipieren" oder auch nur schlicht aufsteigen wollten. Hier hat die linke Doppelmoral ihren Boden. In der Theorie war man(n) für Emanzipation der Frau, in der Praxis aber war man(n) unmittelbarer von ihr bedroht und deshalb auch eher abwehrend. Man mußte offiziell dafür sein und war heimlich total dagegen. Das führte zu großer eigener und fremder Irritation und zu großen Blockaden. Auch hier zeigt sich die Borniertheit nur ständischer oder individueller Interessensvertretung.

Das Problem wurde durch die Fügsamkeit der linken Frauen gefördert. Sie hatten die Spielregeln der Solidarität als geschlossene Reihen unter männlichem Diktat internalisiert und gingen in der ins Öffentlich-

Beruflich-Politische geholten, den Mann ergänzenden, traditionellen Frauenrolle auf. Hier liegen auch die Gründe für das spannungsreiche Verhältnis linker Frauen zu Feministinnen und autonomen Frauen, die sich diesem Muster entzogen hatten und eigene Wege gingen.

Das politische Selbstverständnis der Linken erlaubte außerdem, von außen kommende Kritik und Angriffe auf das linke Patriarchat mit Feindbildprojektionen abzuweisen. Das geschah um so mehr, je schlechter das eigene Gewissen war. Die Frauen in der Linken lösten sich daraus nur sehr langsam, um sich mit Frauen außerhalb zu verbünden. Selbst das noch konnten viele Männer als Ventil gelten lassen, solange es in den eigenen Reihen ohne Konsequenzen blieb, um im nächsten Schritt selbstbewußte und kämpferische Frauen zu vertreiben. Übrig blieben die Ängstlichen oder jene Frauen, die die Macht als solche vorziehen, und beide Male das System als Ganzes nicht nur nicht stören, sondern stabilisieren. Am Ende wurde der Vorgang durch eine frauenpolitische Reform bemäntelt. Die Linke zog bei Frauenförderung und Gleichstellung nach, ohne sie emanzipatorisch, das heißt in diesem Fall feministisch, füllen zu wollen oder zu können.

Bei der Traditionslinken hat ein offener und klärender grundsätzlicher Konflikt nicht stattgefunden. Es geschahen nur die von außen gekommenen und innen von Frauen transportierten Anpassungsmaßnahmen. Die neue Frauenfrage ist links noch nicht eigenständig bearbeitet. Solange das nicht geschieht, wird auch eine Alternative zur konservativen Wende nicht sichtbar. Ob es zu einer Entscheidung kommt, darüber entscheiden allerdings die Frauen der Linken. Sie müssen ihre eigene Emanzipation vollständig begreifen und vollziehen. Sie aber haben noch keine eigenen Entwürfe für eine neue allgemeine Politik vorgelegt und die Umwälzung in der Linken noch nicht geplant und vorbereitet. Das trifft sich mit der Aufgabe, vor der heute auch grüne Frauen stehen. Der Ausweg beginnt bei den Frauen und ihrer erneuten Selbstermächtigung.

Emanzipatorische und egalitäre Politik ist mit dem Scheitern des Sozialismus in eine tiefe Krise geraten. Die Traditionslinke hat es aber auch ihrerseits nicht vermocht, sich mit Hilfe der neuen sozialen Bewegungen selbstkritisch zu hinterfragen und zu erneuern. In dieser Hinsicht waren ihr die Konservativen um ein Jahrzehnt voraus. Erst aus einer Analyse der gesellschaftlichen Entwicklungen und dem Abarbeiten des eigenen Scheiterns heraus lassen sich neue Alternativen formulieren, für die der historische Vorsprung dann auf der Seite der Linken liegen wird.

5. Die Grünen: einziger Gegenpol

Die Grünen unterscheiden sich in mehreren Punkten grundsätzlich und in einem ganz besonders von den linken Traditionsorganisationen. Deshalb zählen sie zu einer neuen Linken, die nicht nur die Rechte in Zugzwang und Bewegung brachte, sondern auch die Traditionslinke subversiv aufmischte und ihren Rahmen sprengte. Sie kontrastieren zur traditionellen Linken darin, daß sie die historisch erste und im übrigen bislang einzige Partei sind, die eine offene Entscheidung im Konflikt – das heißt im Herrschaftsverhältnis – zwischen den Geschlechtern getroffen und zugunsten der Frauen entschieden hat. Der Feminismus ist im Gründungsakt der Grünen verankert. Frauen aus der Frauenbewegung, die die Grenzen außerparlamentarischer Bewegung überschreiten wollten und sich deshalb an der Gründung der Partei beteiligten, hatten dafür gesorgt. Das Spezifikum der Grünen zum Zeitpunkt ihrer Gründung freilich war, daß sie ein Sammelbecken neuer sozialer Bewegungen darstellten. Sie taten sich als viele Ein-Thema-Bewegungen zusammen, ohne deshalb auch nur eine halbswegs gemeinsame politische Strategie zu haben, mit der sie ihre Grundwerte „sozial, ökologisch, demokratisch, feministisch und pazifistisch" gesellschaftlich verwirklichen konnten. Diese bildet sich erst nach und nach über lange politische Prozesse heraus.

Auch im Gründungsakt der Grünen war der Feminismus noch nicht überall inhaltlich und formal „paritätisch" vertreten. Er hatte noch nicht die ganze Partei und alle ihre Strömungen durchzogen. Doch er war als für alle zentrale politische Fragestellung anerkannt, und nicht lange danach waren die grünen Frauen auf der formalen Ebene voll paritätisch an der Macht beteiligt. Damit war die Chance zur Feminisierung der ganzen Politik der Partei eröffnet. Der Verdienst der grünen Frauen und mit ihnen der Gesamtpartei bestand und besteht darin, die Anliegen der Frauenbewegung in gesellschaftspolitische, parlamentarisch-demokratische Gestaltung transportiert und an ihrer Folie die Politik der Parteien gemessen zu haben. Sie machten den Feminismus – die radikale Interessensvertretung der Frau durch die Frau selbst – parteipolitisch gesellschaftsfähig und enttabuisierten ihn für eine von Haus aus konventionelle Allgemeinheit. Auf dieser Basis formulierten sie eine historisch neue radikale Antidiskriminierungs- und Selbstbestimmungspolitik für Frauen parlamentarisch und gesetzespolitisch und verfolgten sie demonstrativ. Dabei radikalisierten sie namentlich das Selbstbestimmungsrecht der

Frau über den eigenen Körper, ihre reproduktive Gesundheit und eine eventuelle Mutterschaft. Sie trieben die kulturelle Umwälzung durch die Frauenbewegung parlamentarisch weiter, politisierten alte und neue private Lebensformen, legitimierten größere Vielfalt und versuchten sie politisch und rechtlich umzusetzen. Sie radikalisierten die Frage nach eigenständigen sozialen Existenzrechten der Frau und stellten einen neuen Arbeitsbegriff verbunden mit neuen zwischenzeitlichen Gestaltungsmodellen zur Debatte. Sie demokratisierten die Politik entschieden, mischten sie auf und stellten sie vor neue allgemeine Aufgaben.

Auf dem Höhepunkt ihres machtpolitischen Einflusses, unter dem Zeichen des Feminats in der Fraktionsführung, der 50 %-Quote für die Partei und des Frauenstatuts, spalteten sich allerdings die grünen Frauen in verschiedene Flügel. Die vermeintliche Einheitlichkeit des grünen Feminismus, bis dato unter der Führung von Frauen, die aus der Linken kamen, war vorbei. Die grünen Frauen spalteten sich in „Müttermanifestlerinnen", „Erwerbstätigkeitsanhängerinnen" und eine Mittelgruppe. Bei aller nicht zufälligen Vielschichtigkeit führte diese Spaltung zur Teilung auch der Frauen nach „konservativen Öko-Libertären", „Realas" und „Linken". Mit ihr war auch der Höhepunkt des feministischen Einflusses aufs Ganze fürs Erste überschritten. Wieder machten sich die Auswirkungen des Ausfalls der Linken in der Frauenfrage bemerkbar, ohne die es zu dieser Spaltung grüner Frauen so nicht gekommen wäre. Beim Übergang in neue integrierte Gesellschaftsvorschläge schieden sich die Geister. Ein neues Konzept von offener Frauensolidarität und weiterentwickeltem pluralen Feminismus wäre notwendig gewesen, um über andere soziale und politische Trennungen hinweg den Einfluß des Feminismus halten zu können. Mit der zusätzlichen Ost-West-Teilung ist dies noch schwieriger geworden. Die politische Integration der Frauenfrage aus feministischer Perspektive haben auch die grünen Frauen noch nicht (hinreichend) in neue Perspektiven gesellschaftlicher Gestaltung übersetzt. Vor dieser Aufgabe stehend sind sie in den gesellschaftlichen und politischen Irritationen, in Stagnation, Rückschritten und rüden Neuerungen nach dem Recht der Stärksten um sie herum steckengeblieben. Der weitere Kurs ist noch unbestimmt und offen. Die neuen Hindernisse können die grünen Frauen nicht mit alten Mitteln und Methoden überwinden, waren diese einst auch noch so erfolgreich. Heute sind die grünen Frauen in der mißlichen Lage, Erreichtes verteidigen und in der Stagnation, die darin liegt, doch schon Rückschritte hinnehmen zu müssen. Geblieben ist häufig eine Realpolitik, die sich definiert als die Politik, die möglich ist, wo grüne Frauen gerade wirken, ohne den eigenen Standort zu gefährden. Problematisch wird sie, wenn sie sich von der Suche nach neuen gesellschaftlichen Alternativen abgrenzt, oder die Bemühungen aufgibt, die eigenen Ausgangsziele durchzusetzen.

Die Grüne Partei repräsentiert die Spitze des eigenständigen Aufstiegs der Frauen und des Feminismus ebenso wie deren jüngere Relativierung angesichts des neuen tiefen sozialen und politischen Wandels. Die Grünen waren die erste originäre „partielle" Partei der neuen Frauenbewegung geworden. Dazu hatte es eine Frauenbewegung zuvor noch nicht gebracht. Sie wurden zum Katalysator und Initiator struktureller und institutioneller Veränderung in allen Bereichen von Politik und Gesellschaft. Die Grünen waren feministische Avantgarde unter den Parteien. Nachdem sie dies erreicht hatten, ging ihnen die Puste aus. Einen ersten Zenit haben sie überschritten. Sie sind weithin zu einer normalen Partei geworden und in Schwierigkeiten geraten, ihre emanzipatorischen Politikkriterien fortzuschreiben. Die Partei richtete sich mit der erreichten Macht in den veränderten Verhältnissen ein, um sie von dort aus im eigenen Sinne weiter auszugestalten. Das hatte seine innere Logik und Berechtigung. Doch büßten sie an Kreativität und Innovation ein.
Die Grünen scheiterten – wie die Frauenbewegung in ihren radikaleren Teilen – bei der weitergehenden Verwirklichung ihrer Politik nicht zuletzt an fehlenden Partnern. Hier schließt sich der Kreis zu den Problemen diesmal der grünen Linken, auf neue Fragen neue Antworten zu geben. Im Pazifismusstreit und der Wirtschafts- und Sozialpolitik wurde dies bereits deutlich. Für die Frauenpolitik steht wohl als nächstes Streit ins Haus, nachdem er in Einzelfragen verschiedentlich schon aufflammte. Und so sind nun auch die Grünen Teil des Problems der Wende geworden.

Es könnte sein, daß die Grüne Partei – nachdem sich die westdeutsche Nachkriegsgesellschaft als integrationsfreudiger erwies, als je für möglich gehalten – schneller als die alten Emanzipationsparteien in einer Gesellschaft ankommt, die sie mehr verändert hat, als umgekehrt sie sie, und in der sie neu entscheiden muß, wie sie ihre politischen Grundvorhaben dort noch verwirklichen kann. Wohin die Partei sich wenden wird, wird von Gesellschaft und Politik insgesamt und der Kooperation unter Linken abhängen. Gegenwärtig sind sie immer noch wichtigster Ansprechpartner der Frauenbewegung, stehen sie für Emanzipation und Feminismus.

IX. Von der Autonomie in die Differenzierung: die neue Frauenbewegung

1. Die konservative Ära und die gesellschaftliche Aufnahme der Frauenbewegung

Eine Phase der gesellschaftlichen Öffnung, des Reformbedarfs und der Reformbereitschaft, beginnend mit „1968", ließ die neue Frauenbewegung entstehen und erblühen. In den 70er Jahren entfaltete diese Frauenbewegung sich in ihrer ganzen Tiefe und Breite. Sie tat es rund ein Jahrzehnt lang als eine Selbsterfahrungs-, Protest- und Selbsthilfebewegung gegen „das Patriarchat". Flächenddeckend erfaßte sie die ganze Gesellschaft und ließ keines der sogenannten Frauenthemen aus. Nachdem sie sich gesellschaftlich Bahn gebrochen hatte, wurden die 80er Jahre zu den Jahren des Umbaus und der Anpassung der Gesellschaft und der sie tragenden Institutionen und Organisationen, ihrer Herrschaftsstrukturen, -formen und -methoden. Die neuen Ausgangsdaten im Leben der Frauen lagen nun auf der Hand, die familiäre und berufliche Lebenspraxis der Frauen hatte sich nachhaltig verändert. Über 90 % Frauen waren mittlerweile im Laufe ihres Lebens erwerbstätig. Sie wollen Beruf und Familie miteinander und auf neue parallele Weise verbinden. Das Selbstbewußtsein der Frauen war enorm gewachsen. Sie hatten eine eigene vom Mann unabhängige Identität entwickelt. Über ihr Leben entschieden sie mehr und mehr allein mit ihren eigenen Denk- und Handlungsweisen. Eine Frauenbewegung hatte über alle bekannten gesellschaftlichen Teilungsmuster hinweg Verbindungen geschaffen. Auf diese einstweilen unumstößlichen neuen Tatsachen stellte sich die etablierte Politik in allen Bereichen ein. Sie modernisierte ihre Programme, Praxis und Strategien.

Diese Veränderung traf mit einem politischen Lernprozeß und neu entwickelten Qualitäten der Frauenbewegung zusammen. Die Frauenbewegung ordnete sich ihrerseits programmatisch und organisatorisch gerade neu, dezidierter und selbstbewußter. Sie setzte offensiv zur tieferen Reform der Gesellschaft an. Doch in der Kreuzung mit der Gegenbewegung der etablierten Politik geriet sie dabei schon gleich in

Abwehrkämpfe. Sie sah sich nicht nur mit tiefen strukturellen Widerständen, sondern auch mit qualitativ neuen (Gegen-)Maßnahmen konfrontiert. Der Regierungswechsel von der SPD zur CDU brachte dauerhaft schwierigere Ausgangsbedingungen für die Verwirklichung ihrer politischen Anliegen. Die Frauenbewegung veränderte sich definitiv. Die 80er Jahre nötigten ihr einen politischen Reifeprozeß doppelter Art ab. Sie mußte sich selbst zu einer gestaltenden Akteurin von gesellschaftlicher Emanzipation wandeln. Und sie mußte dies unter den Vorzeichen einer Regierung tun, die diesem Ansinnen diametral entgegenstand. Die Frauen gewannen ihren Kampf um mehr Macht und um strukturelle Veränderung in der Gesellschaft jeweils nur zur Hälfte. Selbst die CDU-geführte Regierung mußte der Frauenbewegung substantiell nachgeben, aber sie ließ sie schließlich doch nicht zum Zug kommen. Die Frauenbewegung erlangte einen historischen Teilsieg, währenddessen sie erneut an ihre eigenen Grenzen stieß. Innerhalb der Bewegung gab es unterschiedliche Vostellungen, was Emanzipation ausmacht und wieweit sie politisch überhaupt reichen sollte. Bevor die Frauenbewegung dies jedoch hätte verarbeiten und die Grenzen konservativer Politik überwinden können, wurde ihr mit der deutschen Einheit der materielle und politische Boden entzogen. Nach einer kurzen Aufbruchzeit beschleunigte der Zusammenbruch des SED-Regimes die Krise der westdeutschen Wirtschaft und Gesellschaft. Der soziale Wandel unterspülte alle bisherigen Politikkonzepte. In dieser Situation gewann die rechte Politik und allgemeine Gegenbewegung Mitte der 90er Jahre die Oberhand. Die Frage nach einer gesellschaftlichen Emanzipation, die die Frauen einschließt, ist bis heute unbeantwortet. Offensiver Widerstand, Gestaltung und defensive Abwehr, Zusammenhalt und Streit der Frauenbewegung standen immer nebeneinander, aber ihre Gewichte und Ausprägungen verschoben sich. Das markiert nicht nur einen Reifeprozeß, sondern auch einen jeweils widersprüchlichen Vorgang von Machtzuwachs und -verlust, über den sich eine qualitative Veränderung vollzog.

2. Die Ausgangsziele und die Gegenwehr

Die grundsätzlichen politischen Anliegen der Frauenbewegung haben sich seit den 80er Jahren bis heute nicht eigentlich verändert. Selbstbestimmung und Solidarität, Autonomie und Emanzipation waren und sind ihre hauptsächlichen Ziele und Wertvorstellungen. Die Frauenbewegung hielt auch an ihnen fest, als der Zeitgeist Utopien schon längst wieder unerbittlich verwarf. In den Forderungen nach sexuellem und reproduktivem Selbstbestimmungsrecht über den eigenen Körper, nach Aufhebung geschlechtsspezifischer Arbeitsteilung und der Sicherung einer eigenständigen Existenzgrundlage sowie im Anspruch auf kulturelle Freiheit konkretisierten sie sich. Dementsprechend standen im einzelnen folgende Themen im Vordergrund: der § 218, sexistische Gewalt, Vergewaltigung, Frauenhandel und Frauenhäuser; die Antidiskriminierungs- und Gleichstellungspolitik in Kommunen, Ländern und Bund, Gleichstellungsstellen und -ministerien, Frauenförderung, Politik der Quote, die neue Verfassungsbestimmung und Frauenrechte als Menschenrechte; alle Fragen zur Arbeit im Privaten und Öffentlichen, in Haushalt und Beruf, Arbeitszeitverkürzung, neue quantitative und qualitative Arbeitsverteilung zwischen Frauen und Männern, Absicherung von Teilzeitarbeit, höhere Löhne und Inrechnungstellung von Hausarbeit; alle Fragen der sozialen Sicherung von Frauen und ihrer Diskriminierung in den bestehenden sozialen Sicherungssystemen; neue Lebensformen, Abschied von der Kleinfamilie, Gleichberechtigung von Lesben und heterosexuellen Frauen, Gleichbehandlung aller Lebensformen; Öffnung aller Bereiche von Wissenschaft, Bildung, Kunst und Kultur für Frauen; Ökologie, Frieden und internationale Frauenbewegung.

Die Frauen brachten ihre Anliegen ebenso wie ihren Protest und Widerstand gegen die Politik der Bundesregierung von Beginn ihrer Amtszeit an bis heute immer wieder in vielen politischen Aktionen zum Ausdruck. Die Palette war breit gefächert. Sie reichte von Veranstaltungen, Informations- und Öffentlichkeitsarbeit, Kongressen, Unterschriftensammlungen, Lobbytätigkeit, Festen, Kabaretts, Straßenaktionen, symbolischen Inszenierungen, Demonstrationen bis hin zu Streikaktionen. Die Aktivitäten der Frauenbewegung richteten sich dabei nie nur an die amtierende Bundesregierung, sondern ebenso an die Opposition, das Parlament und die Länderregierungen, vor allem auch an die SPD. Diese politischen Aktionen waren allerdings weder quantitativ noch qualitativ gleichbleibend stark und überzeugend. Gleichwohl sind Frauen, obwohl sie im Vergleich zu Männern immer noch als unpolitischer gelten, das größte sich selbst organisierende demokratische Potential der Gesellschaft geblieben. Zum einen gehörten Frauen zu den Aktivsten jeder demokratischen Bewegung, die das Land seit 1983 erlebte, sei es die Friedensbewegung, die Ökologiebewegung, die Demokratie- und Bürgerrechtsbewegung, der gewerkschaftliche Kampf um die 35-Stunden-Woche oder zu Beginn der 90er Jahre das Engagement gegen Gewalt an Fremden und gegen Sozialabbau. Zum anderen war die Frauenbewegung mit ihren eigenen Aktivitäten hervorgetreten. Der internationale Frauentag erlebte in den 80er Jahren eine neue Blüte. In vielen Städten fanden Demonstrationen, große Veranstaltungen und Feste statt. Der einst als „links" tabuisierte Tag wurde als Frauentag im öffentlichen Bewußtsein mehr und mehr verankert und zu einer allgemeinen Selbstverständlichkeit. Die Rathäuser öffneten sich für die Frauen. Damit freilich war dem Tag auch ein Stück Brisanz genommen. In den 90er Jahren verkümmerte er zu einem ehrwürdigen Feiertag, bis er 1994 als erster bundesweiter Frauenstreiktag erneut kurzfristig belebt werden konnte. Nach Antritt der Regierung Kohl gab es vier Jahre lang Aktionen eines bis dahin ungekannt breiten Frauenbündnisses aus Anlaß des „Muttertages" am 12. Mai. Unter dem Motto „Nicht Blumen, Rechte fordern wir" erhoben die Frauen gemeinsame Forderungen zu all ihren Lebensbereichen. In den 80er Jahren fanden eine Vielzahl sogenannter frauenspezifischer Aktionen gegen militärische Verplanung von Frauen und Aufrüstung, gegen Atomwaffen und -kraftwerke und für ökologische Politik statt. Für eine Reform des § 218 demonstrierten die Frauen zum ersten Mal gesamtdeutsch und bundesweit 1991 in Bonn. Eine nationale Unterschriftensammlung führte 1994 zu einer neuen Verfassungsbestimmung, die den Staat zur aktiven Politik zugunsten von Gleichberechtigung verpflichtet. Vielfältige lokale, regionale und überregionale Aktivitäten wendeten sich gegen den Sozialabbau, der an erster Stelle Frauen trifft.

Die Frauenbewegung war auch in den 80er Jahren in ihren Aktionsformen und Ausdrucksweisen subversiv, sie setzte an vielen Stellen gleichzeitig an, ihre Aktivitäten kumulierten, und sie fand immer wieder zu gemeinsamen großen Aktionen zusammen. Ihre öffentlich sichtbaren „Protestaktionen" nahmen an Umfang und Zahl im Laufe der konservativen Ära ab, aber sie wurden keineswegs eingestellt. Dieser aktive Widerstand stagniert jedoch seit etwa 1987. Auch nach 1989 wurde er kaum neu vorangetrieben, obwohl die Frauenbewegung sich kurzzeitig zur Selbstverständigung sammelte. Die Frauenbewegung braucht in den 90er Jahren ihre ganze Kraft, um den Status quo zu halten. „Gegenwehr" gegen „das Patriarchat" oder „die Regierung" hatte sich als einzige politische Strategie eigentlich schon erschöpft, bis sie wieder zu einem Akt der Notwehr wurde. Mit ihrem Widerstand bäumte sich die Frauenbewegung sowohl in der ersten Etappe nach Helmut Kohls Regierungsantritt als auch in der zweiten Etappe nach der deutschen Einheit dagegen auf, daß ihr wieder genommen werden sollte, was sie sich an Freiheiten erobert hatte. Sie geriet auf der Ebene aktiven Protestes gegen überkommene Verhältnisse aus einer Offensive in eine Defensive. Aber längst beließ die Frauenbewegung es nicht nur bei Gegenwehr, sondern entwickelte eigene positive Gestaltungsansätze und verfolgte diese zeitweise auch offensiv.

3. Vom einheitlichen Protest in die Differenzierung

Die definitive Veränderung der Frauenbewegung in den 80er Jahren lag in der Differenzierung der Analyse der Lage der Frauen, der patriarchalen Gesellschaft sowie ihres Selbstverständnisses, ihrer Arbeits- und Organisationsweisen. In den Entstehungsjahren einigte die Frauenbewegung ihre Forderung nach Selbstbestimmung über ihren Körper. Diese bezog sich auf das Recht auf sexuelle Selbstbestimmung und auf freie Entscheidung für oder gegen eine Schwangerschaft. Sie konkretisierte sich in der Absicht, den § 218 ersatzlos oder zugunsten einer Fristenregelung aus dem Strafgesetzbuch zu streichen, wobei die Mehrheiten für die radikalere Lösung im Laufe der Zeit zunahmen. In diesem alle Frauen prinzipiell gleichermaßen betreffenden Anliegen spitzte die Frauenbewegung ihre Forderungen auf *einen* Punkt zu, auch wenn von Anfang an dahinter ein weitverzweigtes Streben nach einer vollständigen Unabhängigkeit vom Mann und einem Recht auf umfassende existentielle Eigenständigkeit stand. Die Einigkeit in dieser einen Frage war historisch neu. Mit ihr war die entscheidende neue kollektive Erkenntnis verbunden: „Das Private ist politisch!" Von hier aus erweiterte und veränderte sich im Übergang zu den 80er Jahren der Blick der Frauenbewegung auf die *gesamte* Lebenslage *aller* Frauen und alle bisherigen Streitfragen der alten Frauenbewegung über das, was Emanzipation ausmacht. Die verschiedenen Flügel und Organisationen der Frauenbewegung waren bis dahin ideologisch und politisch-praktisch getrennt, je nach der Bewertung von Hausarbeit und Berufsarbeit, Mutterschaft und öffentlicher Rolle, nach bürgerlich-kapitalistischer und proletarisch-antikapitalistischer bzw. sozialistischer Frauenbewegung, nach autonomen und integrierten Politikweisen oder -strategien. Nun aber rückte der *Zusammenhang* der ganzen patriarchal dominierten Lebensweise von Frauen, die je spezifische, changierende, *facettenreiche*, aber *umfassende* und untrennbar zusammengehörende Ausbeutung der Frau auf allen Lebensfeldern als systematisches Kennzeichen patriarchaler Herrschaft in den Blick. Sie betraf ihren Körper, ihre Arbeitskraft und emotionale wie intellektuelle Kreativität. Sie geschah im Privaten und Öffentlichen, in der reproduktiven und produktiven Arbeit, in Ökonomie, Politik und Kultur. Was bislang oft gegeneinander ausgespielt oder wechselseitig als Problem bestritten wurde, erkannten viele als unterschiedliche Varianten patriarchaler Herrschaft.

Diese Erkenntnisse wurden durch die Erfahrung befördert, daß die Verwirklichung der Forderung nach sexueller Selbstbestimmung für sich genommen an Grenzen stieß. Ohne ein entsprechendes gesellschaftliches Umfeld und entsprechende Lebensgrundlagen war an sie nicht zu denken. Umgekehrt zeigte sich, daß auch die verschiedenen Politikansätze innerhalb der Frauenbewegung, setzten sie nun im Privaten oder Öffentlichen an, bei persönlicher, kultureller oder sozialer Gewalt, politisch separiert oder integriert, innerhalb oder außerhalb bestehender Institutionen und Politik, je für sich genommen ebenfalls keine Chance auf allgemeine Beachtung hatten. Frauenhäuser wurden etabliert, das traditionelle Frauenbild wurde in Frage gestellt, der Anteil erwerbstätiger Frauen wuchs, Frauenforschung zog an den Hochschulen ein, erste Schritte zur Gleichstellungspolitik wurden gegangen. Es wurde deutlich, daß Autonomie und Selbstbestimmung der Frau nicht über einzelne Veränderungen zu erreichen war, sondern nur über die Umgestaltung des Ganzen. Die Aufdeckung des Zusammenhangs der vielfältigen Muster von Unterdrückung der Frau machte die grundsätzlichen politischen Spaltungen der Frauenbewegung weitgehend obsolet, denn diese Teilungsmuster waren Teil der patriarchalen Aufteilungen der Welt, die sich aus feministischer Sicht anders darstellten. Zugleich offenbarten die neuen Erkenntnisse, wie notwendig umfassende politische Gestaltung ist, die von der Frauenbewegung selbst initiiert und vollzogen werden muß. Die Gesellschaft stellte sich im Zusammenhang, nachdem die Frauenbewegung gruppenübergreifend und in ihre Tiefenstrukturen geschaut hatte, auf neue Weise differenziert dar.

Die Frauenbewegung hatte sich ferner an der ausbeuterischen Herrschaft von Männern über Frauen entzündet und pauschal gegen *das Patriarchat* gewandt. Die Welt wurde plötzlich aus dieser und keiner anderen Perspektive betrachtet und entblößt. Die Öffnung der Gesellschaft einerseits und die Einsicht in den sozialen und politischen Facettenreichtum patriarchaler Herrschaft ließen jedoch auch „das Patriarchat“ nicht länger monolithisch erscheinen. Die politischen Optionen begrenzten sich nicht mehr auf ein Entweder-Oder. Wenn das Patriarchat selbst als ein differenziertes Gebilde erscheint, vervielfältigen sich auch die Möglichkeiten, es zu verändern. Die Frauen grenzten sich nicht nur ab oder verwarfen alles, was das Patriarchat ihnen bot, sondern ließen sich stärker auch auf Männer und ihre Ordnung ein. Sie differenzierten ihren Umgang mit ihnen, stritten, koexistierten oder verbündeten sich bei einzelnen Anliegen. Nachdem die Frauenbewegung die einst geschlossenen Tore gesprengt und geöffnet hatte, konnte sich ihr Blick auf das Innere und das Ganze Innen und Außen weiten, spezifizieren und vertiefen.

Damit veränderte die Frauenbewegung natürlich auch ihren Blick auf sich selbst. Die Frauen hatten sich spontan und oft symbiotisch miteinander solidarisiert, ihre gemeinsame Diskriminierung entdeckt und die Befreiung aller Frauen ausgerufen. Oft mythologisierten sie die Frau dabei in Umkehrung patriarchaler Bilder. Sie verklärten sie zum ganz „anderen“ Menschen und samt und sonders unbefleckten Opfer patriarchaler Unterwerfung. Sie machten alle gleich (arm) und deshalb automatisch zu moralischen und solidarischen Wesen. Sie wiesen Macht von sich und machten auf ihre spezifische Weise doch reichlich Gebrauch von ihr. Gleichzeitig grenzten sie Frauen aus ihren Reihen aus, die von diesem Weltbild abwichen. Die persönlichen und politischen Grabenkämpfe untereinander wurden oft existentiell und selbstzerstörerisch, bis sie die Frauen schwer behinderten und blockierten. Selbstkritisch befreite sich die Frauenbewegung daher aus den Idealisierungen und hausgemachten Ideologien sowie den damit untereinander zu eng gezogenen Ketten und Grenzen. Sie lernte, ihren Zusammenhalt weniger repressiv und weiter zu fassen, sich parteien- und ideenübergreifend zu öffnen, sich dabei differenziert zu nähern und toleranter zu streiten. Ihre Beziehungen wurden gelassener, sachbezogener und freier. Und sie differenzierte nach innen und außen ihr Verhältnis zur Macht und ihren unterschiedlichen Erscheinungsweisen.

Die Frauenbewegung war gerade damit beschäftigt, diese Einsichten und Lernprozesse in neue Politik zu übersetzen, als die CDU-Regierung unter der erklärten Absicht einer Wende ihre neue Frauenpolitik entfaltete. Das irritierte die Frauenbewegung doppelt. Nicht nur die soeben anvisierte Differenzierung im Umgang mit der Gesellschaft erschien so äußerst schwierig, obendrein erwartete sie ein politisches Rollback. Das Erschrecken über diese Aussichten führte sie zunächst im Protest, in fragiler Weise sogar auf breiterer Grundlage als bislang, wieder einheitlich zusammen. Zum ersten Mal agierte die Frauenbewegung in einem formal und inhaltlich mehrfach grenzüberschreitenden Bündnis. Autonome Frauen und Frauen in den etablierten Parteien, Gewerkschaften, Kirchen oder Institutionen, Unorganisierte und Organisierte, Konservative und Progressive wandten sich gegen personale, kulturelle und soziale Gewalt gegen Frauen. Sie forderten soziale Rechte, Arbeitsplätze, Arbeitszeitverkürzung und Teilung von Hausarbeit, ersatzlose Streichung des § 218, ökologische Politik und Abrüstung. Nach wenigen Jahren jedoch ließ dieses Engagement nach. Eine so weitgehende fraktionsübergreifende Zusammenarbeit zeigte trotzdem grundsätzlich eine neue Qualität der Frauenbewegung, die prinzipiell bis heute erhalten blieb. Die CDU schien weniger weit nach rechts zu können und zu wollen, als befürchtet worden war. Ihre modernisierte Politik irritierte. Es gab weniger Anlaß, sich zu verbünden und auf gemeinsame Interessen zu konzentrieren. Die Dominanz einer gewissen sozialen und politischen Einheitlichkeit innerhalb des immer vielschichtigeren und widersprüchlicheren Kollektivs Frauenbewegung war unwiderruflich vorbei. Die Einigkeit im einzelnen, etwa beim § 218, blieb bestehen. Der öffentliche Streit um ihn war zum ermüdenden Dauerbrenner geworden, während die Frauen praktisch eine größere Freiheit denn je hatten, sich für oder gegen ein Kind zu entscheiden. Sozial, politisch und ideologisch brach die längst vorbereitete Differenzierung der Frauenbewegung nun voll auf. Das war auch notwendig geworden, um sich entwickeln zu können. Während Politik als Abwehr von Unterdrückung oder Bedrohungen an Dringlichkeit verlor, wuchsen Kenntnisse und Einsichten, der Wille und der Zwang, die Gesellschaft politisch neu zu gestalten. Frauen waren Subjekte ihrer Befreiung geworden und wollten dies nun auch in der Gänze ihrer Lebensgestaltung und gesellschaftlichen Teilhabe sein.

Politischer Protest vieler ist seiner Natur nach lautstark und deutlich, sein Ausdruck einhellig. Für politische Gestaltung gilt das nicht. Schon theoretisch sind viele Möglichkeiten denkbar, praktisch noch viel mehr. Protestierende steigen aus, Gestaltende machen mit. Aus einem gemeinsamen Nein wurde ein dissonantes, widersprüchliches Ja. Die Frauenbewegung veränderte zwischen Sich-Wehren und Neugestalten ihr Gesicht. Ihre eigene soziale und politische Vielschichtigkeit wurde ihr bewußt, nachdem sie den Interessenkampf von Frauen in allen Bereichen losgetreten hatte. Diese Vielschichtigkeit wurde vom gesellschaftlichen, ökonomischen und politischen Wandel noch gefördert, bis neue soziale Grenzziehungen auch die Frauen, und sei es noch so fein, wieder voneinander trennten. Die wachsende Reife der Frauenbewegung einerseits und die hierarchisierende soziale Aufgliederung der Frauen andererseits förderten ihre politische Differenzierung und am Ende aber auch neue Teilung. Ihre wesentlichen Gemeinsamkeiten konnte die Frauenbewegung bis heute nicht neu definieren.

4. Neue politische Gestaltung für Gleichstellung und Befreiung

In allen gesellschaftlichen Bereichen hatten sich Frauen ab Mitte der 80er Jahre – wenn auch nicht immer ungeteilt – entsprechend ihrer spezifischen Profile und Akzentsetzungen auf den Weg der Um- und Neugestaltung von Organisationen, Institutionen, Strukturen und kulturellen Praxen begeben. Dazu mußten sie ihre eigenen Arbeitsweisen und Identitäten ebenso wie die Beziehungen untereinander und mit der Gesellschaft und den Männern verändern. Die Frauenbewegung professionalisierte und institutionalisierte ihre Arbeit. Sie schuf sich eigene Räume, Möglichkeiten und Macht in der Gesellschaft und zwang letzterer neue Regeln auf. Sie etablierte diese finanziell, politisch, rechtlich oder strukturell. Auf diesem Weg veränderte sie ihr Gegenüber und wurde auch von ihm verändert. Man integrierte sich wechselseitig.

Dieser Prozeß wurde insbesondere durch einen neuen parteipolitischen Ansatz der integrativen Gesellschaftsveränderung gefördert, durch die Gründung und den Aufstieg der Grünen Partei. Sie war die historisch erste originär feministisch mitdefinierte Partei und wurde zu einem politischen Arm der Frauenbewegung. Sie war lebendiger Ausdruck ihrer offensiven selbstgesteuerten Systemreform und -integration. Die Grüne Partei wirkte als Katalysator der Entwicklung in Gesellschaft, Politik und Staat und als Gegenpol zur Regierungspartei. Auf dem Höhepunkt mutete sie dem Bundestag feministische Reden zu und beanspruchte neue Strukturen und die Politik der Quote auch in der Gesellschaft. Sie zwang die anderen Parteien sich anzupassen, bis der politische Druck von unten nachließ. Sie verstärkte aber auch die politische Differenzierung der Frauenbewegung. Zum einen verschärfte sie die parteipolitische Konkurrenz unter Frauen. Zum anderen teilte sie die bislang autonomen Frauen in Parteianhängerinnen und jene, die Parteien weiterhin grundsätzlich distanziert sahen, zumal wenn es keine „rein" feministischen oder auch nur Frauenpolitik-Parteien waren.

Durch diese Entwicklung differenzierte sich das ganze politische Feld der emanzipativen Frauenpolitik weiter. Die hauptsächliche Initiative und Energie der Frauenbewegung war an eine Partei gegangen, die Bewegung hatte ihr gegenüber an Bedeutung und Autonomie eingebüßt, ein Großteil der Auseinandersetzung wurde auf parteipolitischer Ebene fortgeführt. Damit allerdings war es auch mit einer zumindest gelegentlich „geschlossenen Gegenfront" der Frauenbewegung gegen das Patriarchat oder nur eine oder mehrere Parteien endgültig vorbei.

Seit Beginn dieser Phase aktiver gesellschaftspolitischer Um- und Neugestaltung erschien die Frauenbewegung mit einer irritierenden Vielfalt persönlicher, sozialer, politischer, gesellschaftlicher und kultureller Vorhaben. Seitdem sind ihre politischen Optionen arbeitsteiliger und vielschichtiger, aber auch unterschiedlicher und gegensätzlicher als bislang. Die Frauen aus der Frauenbewegung üben von nun an nicht nur Macht- und Herrschaftskritik, sondern eignen sich ein positives Verhältnis zur Macht an, wollen sie selbst möglichst weit erwerben und konkurrieren um sie wie um ihre Interpretation. Wer politisch gestalten will, muß sich auf die vorhandenen Strukturen einlassen. An ihnen sind viele, auch politische Gegner beteiligt, die gerade Auftrieb erhalten. Der Prozeß geht mit Gewinnen und Verlusten einher. Die Frauen teilen sich deutlicher in Gewinnerinnen und Verliererinnen bei der gesellschaftlichen Integration ihrer Veränderungsimpulse. Die Frauenbewegung muß seitdem ihre eigenen Ziele und Vorstellungen an der Praxis erproben. Sie muß in Kleinarbeit konkrete Forderungen umsetzen, Fakten schaffen und aushandeln, diese in Gesetzesvorschläge verwandeln, sie in Institutionen und Organisationen durchzusetzen. Dabei sind ihre machtpolitischen Möglichkeiten völlig unterschiedlich. Es greifen also auch neue soziale, politische und institutionelle Ausgrenzungsmechanismen und Segregationstendenzen. Einige Frauen(gruppen) verbünden sich politisch oder wirtschaftlich in Seilschaften oder Netzwerken immer professioneller, während schwächere und abhängigere Gruppen und Schichten marginalisiert werden. Die politische Aufmerksamkeit für die Frauenbewegung spaltet sich, Alteingesessene oder Aufgestiegene des Establishments werden ungleich mehr beachtet als die vielen bei der neuen Machtverteilung relativ Benachteiligten. Auch Frauen haben nun viel zu verlieren, ihre Solidarität ist weniger ungeteilt, nicht selten geht sie ganz verloren. Mit dem Ende der anderen neuen sozialen Bewegungen verstärkt sich dieser Prozeß noch einmal.

Und die Gesellschaft nimmt die Frauen fast ausnahmslos und überall auf. Ihre Tore sind geöffnet. Das hatte sich die Frauenbewegung so sehr erkämpft wie die geschlechtsspezifische Spaltung der Gesellschaft schließlich kontraproduktiv geworden war. Die Wege der Frauenbewegung verliefen in den 80er Jahren anders als zuvor, aber sie waren deshalb nicht einfacher, sondern nur auf andere Weise schwierig. Die Frauenbewegung hinterließ überall ihre Spuren, doch sie mußte auch viele Zumutungen hinnehmen. Aber nirgends ist deshalb ihr Gerechtigkeitsanspruch eingelöst und haben die Frauen die Hälfte der Macht und Reichtümer oder gleiches Heimatrecht.

Als sich die Frauen der Grünen auf dem Höhepunkt ihrer Entwicklung intern spalteten, war das das erste Anzeichen des Endes ihrer Avantgarderolle und der Grenzen der Frauenbewegung auf dem Weg ihrer Systemveränderung. Besitzer und Bewohner der gesellschaftlichen Räume, die die Frauenbewegung nun als Mitbewohnerinnen akzeptieren mußten, waren bemüht, deren Einfluß zu kanalisieren und in Grenzen zu halten. Die in die Gesellschaft vorgestoßene Frauenbewegung stand vor der Frage, wie sie die gewonnene Freiheit nutzen wollte und wie sie die veränderten Grenzen bewerten sollte. Der Zenit ihres Einflusses fällt mit dem Kampf um die Quote und mit der Zeit Rita Süssmuths als Frauenministerin zusammen. Dieser Kampf endete mit Teilerfolgen. Bevor die Frauen die Hälfte der Macht hatten und sie zum Umbau der Kernstrukturen von Arbeit und sozialer Sicherung einsetzen konnten, wurden sie in der Mitte der 90er Jahre in ihre Schranken verwiesen. Und die Frauenbewegung wußte nicht, wie sie die sichtbar gewordenen neuen Widersprüche unter Frauen und in der Gesellschaft überwinden sollte. Die aufgestiegene Frauenbewegung war mit ihrem Gestaltungsversuch in der zweiten Hälfte der 90er Jahre an neue innere und äußere Grenzen gestoßen und erlahmt.

5. Das Jahr 1989 wendet die Entwicklung

Der Zusammenbruch des Realsozialismus, das Ende des Kalten Krieges und die deutsche Einheit änderten die politischen Ausgangsbedingungen für die Frauenbewegung fundamental. Für einen Moment erlebten die

Frauen eine große Befreiung, vor ihnen taten sich große Chancen für emanzipatorische Politik auf. Die Frauenbewegung war 1989/90 die einzige Bewegung, die beiderseits der Grenze für kurze Zeit freudig reagierte und sich produktiv belebte, nicht zuletzt weil im Osten erstmalig eine Frauenbewegung entstanden war. Die Frauenbewegung in Ost und West erhoffte wechselseitig Beflügelung voneinander. War ihr gesellschaftliches Umfeld im Westen bis dahin noch in einem differenzierten Wandel begriffen, kippte es nun regressiv um. Die Traditionslinken verstanden die hausgemachten Ursachen der Wende nicht. Die Rechten dagegen griffen in ihren angestammten antisozialistischen Fundus und lenkten das Wasser auf ihre Mühlen. Diese dominierenden politischen Grundkonstellationen holten auch die Frauenbewegung ein, zumal sich viele Frauen, im Osten noch mehr als im Westen, noch oder schon wieder im Windschatten der etablierten Formationen bewegten. Die konservative Politik erhielt zudem für eine längere Weile Rückenwind ob der nachzuzahlenden Kosten für die verheerende Hinterlassenschaft des Sozialismus und die dadurch in der Bevölkerung ausgelösten wirtschaftlichen und politischen Ängste. Die rabiate kapitalistische Sanierung des Ostens wiederum schuf zusätzlich neue soziale Ungleichheiten und Spaltungen. Eine politische Wende für Frauen wurde unübersehbar.

Die Frauenbewegung war nicht gewappnet, demgegenüber auch nur ansatzweise in eine Offensive zu gehen. Der zuvor begonnene Wandlungsprozeß im Westen brach Anfang der 90er Jahre ab. Die Frauen in Ost und West fanden keinen gemeinsamen Konsens für einen situationsgemäßen Neubeginn. Der Bruch zwischen den beiden Frauenbewegungen, die eine überwiegend mit Vorbehalten gegenüber dem DDR-Sozialismus, die andere überwiegend mit Vorbehalten gegen westlichen Feminismus, war zu tief. Auf der eben noch zwischenstaatlichen, nun innerdeutschen Ost-West-Ebene wiederholte sich der interne Kampf der Frauenbewegung aus den 70er und 80er Jahren. Nur ging es diesmal nicht allein um Theorien, sondern um bislang gelebte Lebenspraxen und Politik in zwei unterschiedlichen Gesellschaftssystemen.

Trotzdem war die Frauenbewegung stark genug, sich in einem Teilbereich gemeinsam gegen Not zu wehren und nicht völlig ignoriert werden zu können. Sie fiel politisch immerhin nicht einfach aus wie große Teile der restlichen Linken, die höchstens mit Ressentiments noch Politik machten. Die harten Kerne der Frauenbewegung kämpften zäh und hartnäckig. So konnte die Frauenbewegung zunächst noch einige

Anliegen durchsetzen oder das Erreichte wenigstens vor Demontage bewahren. Den Frauen kam dabei ein spezifisches Gebrauchtwerden zugute. Die nach der Wende aus dem Boden geschossene Frauenbewegung mußte möglichst schnell befriedet werden, nicht nur die CDU wollte Wahlen gewinnen. Unmut und Unruhe unter Frauen waren darüber hinaus überall groß, sie bedurften der Beruhigung. Die Frauen sollten durch Verzicht und Einsatz die Kosten der Krise niedrig halten. Sie durften nicht in eine völlige Widerstandshaltung oder Apathie gedrängt werden. So wurde der Osten an westliche Standards der Anti-Gewalt- und Gleichstellungspolitik angepaßt. Die neue Verfassungsbestimmung und der neue § 218 sind Kompromisse mit der Frauenbewegung nach der Einheit. Sexuelle Ausbeutung von Frauen wird hochoffiziell noch breiter und stärker thematisiert. Die für Frauen vergleichsweise immer noch schlechteren materiellen Existenzgrundlagen aber wurden durch Sozialabbau und wachsende Erwerbslosigkeit östlich wie westlich neu beschnitten.

So gab es gerade in dieser Zeit eine seltsam gegenläufige Bewegung und Entwicklung. Auf der einen Seite wurde „Weiblichkeit" hoch gehandelt, freilich nur als modernisierte Traditionsgröße. Auf der anderen Seite wurde ihre gesellschaftliche Bezahlung und Verallgemeinerung zurückgedrängt. Der Gewinn aus dem einen ging wieder verloren im anderen. Die öffentliche und politische Aufnahme mancher Kritik der Frauenbewegung, insbesondere an der Unterbewertung der Arbeitsleistungen von Frauen, war zwar mehr als ihre Abweisung, aber das Ganze sollte nichts kosten. Neue moralische Glorifizierung ging mit neuer handfester Ausbeutung Hand in Hand. Die Probleme waren auf eine neue Ebene verlagert, aber da immerhin waren sie nun. Nun, schon gegen Ende der 90er Jahre, hat es die Frauenbewegung mit klar konturierten anderen Grundkonstellationen zu tun. Die eigentliche konservative Wende in der CDU-staatlichen Weichenstellung für die Lebensbedingungen der einzelnen entfaltete ihre volle Wirkung erst, als sich die soziale und politische Situation der Bundesrepublik nachhaltig verändert hatte. Die Frauenbewegung aber hat sich aufgerieben und verschlissen im Abwehrkampf und im gleichzeitigen Kampf an vielen Fronten, im politischen Streit untereinander, im Versuch, die grundlegende Umgestaltung patriarchaler Verhältnisse weiter zu verfolgen, oder im Bemühen, wenigstens die eigenen einmal erreichten Karrieren zu halten und auszubauen. Viele Frauen schlagen sich einfach durch, individuell und in kleinen Gruppen. Die Frauenbewegung ist aufgeteilt und stagniert, verliert an Ausstrahlung und Glaubwürdigkeit. Sie leidet am Erreichten und an sich selbst, an Wehmut, Innenschau oder Rechtfertigungsideologien. Stagnation aber wird am Ende immer zu einem Rückschritt.

6. Von der selbstbestimmten zur fremdbestimmten Integration

Erst nach der selbstgesteuerten Systemintegration der Frauenbewegung gelang es den politisch Verantwortlichen, namentlich insbesondere der CDU, diese in eine fremdbestimmte Integration zu wenden. Jedesmal mußten die politisch Handelnden in Regierung und Parteien Interessen und Forderungen der Frauen zunächst als berechtigt anerkennen und die von ihnen gelenkte Integration vollziehen, bevor sie ihr einen neuen Inhalt geben konnten. Sie nahmen zwar allerhand Reformen vor, sicherten diese aber für die Frauen als Individuen und Bürgerinnen rechtlich nicht ab. Materielle und politische Rechte billigten sie nur, wenn sie die Frauen in Richtung ihrer Politik lenken konnten. So blieb Veränderung rückholbar. Den Durchbruch ihrer Politik verdankte die CDU allerdings erst dem Zusammenbruch eines als Alternative gedachten Systems, dem Realsozialismus, bzw. dem Mangel an einer alternativen Politik. Entscheidend waren nicht die Kosten der Einheit und des Wiederaufbaus nach dem Kalten Krieg, sondern die Politikunfähigkeit der Linken und das Fehlen relevanter Opposition. Dennoch haben der konservative Zeitgeist und die konservative Regierung die Frauenbewegung im doppelten Wortsinn nicht „erledigt". Ihnen ist es „nur" gelungen, das Ansinnen einer wie immer gearteten Gleichstellung oder Gleichbewertung von Frau und Mann von dem nach Befreiung vorerst zu trennen und hierbei die Frauenbewegung aufzuspalten. So ist die Frage nach dem Verbleib der Frauenbewegung mit einem Paradox zu beantworten. Sie ist gleichzeitig Teil der etablierten Gesellschaft geworden und doch draußen geblieben. Das Gewonnene ist ein Zwitter, es macht zerrissen und nicht richtig satt. Die Frauenbewegung ist nicht nur eine zur sonstigen Gesellschaft querliegende, sondern auch in sich sehr widersprüchliche Kraft. Sie ist die offenste und unbelastetste, aber auch die ungeschützteste und verletzbarste gegenläufige Bewegung. Sie ist gleichzeitig offensiver und zögerlicher als andere sozialen Bewegungen. Sie ist in der Theorie noch verbunden und praktisch zersplittert. Jeder Einzelschritt bringt ihr neue Probleme auf anderer Ebene, solange nicht das Ganze in einen anderen Zusammenhang gebracht wird. Sie ist integriert und bewahrt dennoch unerfüllte virulente utopische Energie.

Die Bewegung und Beweglichkeit, die diese Widersprüche eigentlich hervorrufen und erfordern, sind gegenwärtig blockiert. Das ist gefährlich und auf Dauer hemmend. Die Gegenwehr von Frauen ist oft so unklar geworden wie das Mitgestalten. Wenn sie an einmal Erreichtem festhalten, wird das, was prinzipiell richtig sein mag, unter veränderten Bedingungen unter Umständen zu einem rückschrittlichen Verhalten. Die Identifikation mit dem Emanzipationsverständnis und -praxis der ehemaligen DDR nach der deutschen Einheit fällt hinter den Erkenntnisstand der Frauenbewegungen weit zurück. Aber auch die einfache Verlängerung des westlichen Standes der Dinge vor 1989 greift zu kurz. Das Schwanken westlicher Frauen zwischen unkritischer Solidarität mit Frauen aus dem Osten und pauschaler Ablehnung ihrer politischen Erfahrungen blockiert ebenso wie die DDR-Nostalgie von Frauen aus dem Osten trotz selbstvollzogenem Aufbruch aus der DDR oder das Schwanken zwischen bloßer Anlehnung an den Westen und totaler Abgrenzung zu ihm. Sie tragen ihre Widersprüche nicht aus. Während viele Frauen unter dem Solidaritätsverlust leiden, gilt ihre erste Loyalität unausgesprochen ihrer Partei und ist übergreifende Gegenwehr nur halbherzig. Einem feministisch ettikettierten Kampf um Posten und Macht folgt angepaßte Ruhe. Und während Frauen davon reden, daß sie ganz anders sind und alles anders machen, grenzen sie sich gleichzeitig vom Feminismus ab. Statt sich über die Ergebnisse ihrer Kämpfe im Kontext auseinanderzusetzen, wird nur der eigene Standort legitimiert und der andere bald wieder ausgegrenzt. So behindert und fesselt sich die Frauenbewegung selbst. Sie ist heute eingebunden in etwas, das einerseits von ihr hervorgetrieben und andererseits gegen sie verwendet wird. Bis zu einem bestimmten Punkt ist das unvermeidbar. Doch die Grenze, an der diese Entwicklung umkippt, ist erkennbar.

7. Wandlung und neue Grenzerfahrungen

Die Frauenbewegung hatte sich mit ihrer zweiseitigen selbst- und fremdbestimmten Systemintegration ihrerseits weiter gewandelt. Nachdem sie andere veranlaßte hatte, auf sie einzugehen, wirkten diese auf sie zurück. Die Wechselseitigkeit stiftete neue Beziehungen außerhalb und innerhalb der Frauenbewegung. Die politischen Tugenden der Spezifizierung und Eingliederung in die Gesellschaft, die die Frauenbewegung für ihre Fortentwicklung dringend gebraucht hatte, kippten unter veränderten Bedingungen – ähnlich wie im Jahrzehnt davor der bloße Protest gegen das Patriarchat – teilweise wieder in Selbstbehinderung um.

Der Wandlungsprozeß hatte früh seinen Ausgang bei der Frauenbewegung selbst genommen. In der grundlegenden Erkenntnis der unzulässigen Spaltung ihres Interessenkampfes zwischen persönlichen, kulturellen, sozialen oder politischen Problemen hatte die Frauenbewegung die von Patriarchat, Kapital und Staat gezogenen Grenzen zwischen Frauen übernommen. Sie war im Innern deshalb nicht homogen, sondern plural. Sie goß unterschiedliche Standorte jedoch nicht in festumrissene Fraktionen, wie es das Muster von Herrschaft und des Patriarchats als einer ihrer Formen ist. Ihre verbindliche, doch lose Gruppen bildende Organisationsform selbst beinhaltete schon einen neuen Weg. Frauen verschweißten sich weder wie in Männerbünden noch ordneten sie sich intern hierarchisch wie diese. Vielfältigkeit und Differenz und trotzdem verhältnismäßig gleiche Ausgangsrechte für alle waren zumindest vom politischen Ansatz ihre Alternative und Stärke. Die Frauen begruben auch auf der inhaltlichen Ebene ihre Grabenkämpfe um die einzig richtige Definition des Patriarchats und öffneten sich für viele Experimente und Wege seiner Veränderung sowie unterschiedliche Ansatzpunkte, die Rechte von Frauen auszubauen. Von der Selbstorganisation und dem Widerstand schließlich war die Frauenbewegung dazu übergegangen, verantwortlich eigene Projekte und feministische Politik in der Gesellschaft zu institutionalisieren und zu professionalisieren. Frauen sahen sich nicht länger nur als Opfer oder Objekt der Handlungen anderer, sie erweiterten ihr Subjektverständnis. Mit ihrem Aufbruch schon hatten sie sich als Subjekte proklamiert und aus der Objektrolle befreit. Im nächsten Schritt erkannten sie auch die Objektrolle als nie bloße Objektrolle, sondern auch als bewußte und unbewußte subjektive „Einwilligung" in diese. Sie definierten sich nicht nur als Opfer, sondern auch als Mittäterinnen und u.U. sogar Täterinnen des Patriarchats. Der Erkenntnis vom Gesamtzusammenhang des Patriarchats folgte die von der Teilhabe der Frauen an ihm.

Mit diesen Grenzüberschreitungen bei ihren alternativen Ideen, ihrer Bündnis- und subjektiven Handlungsfähigkeit wurde die Frauenbewegung für die von ihr verfolgte Gesellschaftsveränderung beweglich. Davon hat die Frauenbewegung bis heute viel behalten können. Neue Brüche zeichneten sich jedoch früh in der Frauenbewegung selbst ab. Mit dem Aufstieg vieler Frauen und ihrer Anliegen wurde der Gesamtzusammenhang der Diskriminierung der Frau wieder vernachlässigt und verdrängt. Auf dem Weg der Eroberung von Macht ging manch kritischer Inhalt für ihre Ausübung verloren. Die Frauen spalteten sich leise nach und nach. Ihre andere politische Kultur und Emanzipationsidee erschien wieder als schwach und unterlegen. Die Frauenbewegung wurde pragmatischer und entideologisierter, bis ihr manchmal ihre Grundprinzipien und Ausgangskriterien zerrannen und ihre Radikalität in der Erkennung der Probleme und der Umgestaltung von Wirklichkeit verloren ging. Nachdem das weitgespannte Frauenspezifische zu einem zu beachtenden Faktor des bis dato „Allgemeinen“ geworden war, mußte nun definiert werden, was denn nun künftig allgemein werden und was „Weiblichkeit“, „Männlichkeit“, „Menschlichkeit“ darstellen sollte. Die Frauenbewegung langte in den 90er Jahren auf einer neuen Ebene bei den Grenzen zur herrschenden Politik an.

Auf dem Höhepunkt ihrer Macht fraktionierten die grünen Frauen zwischen Müttermanifestlerinnen und Berufstätigkeitsverteidigerinnen. Die einen bescheinigten den anderen linke Politik nur für Karrierefrauen, die anderen den einen rechte Mütterpolitik, ein Rückfall in eine sehr alte Spaltung zwischen Frauen. Den Grünen gelang es nicht, für diese exemplarische virulente Problemlage ein neues gemeinsames politikfähiges weiträumiges Konzept zu entwickeln. Sie förderten damit den Weg der Grünen zur normalen Machterwerbs- und Machterhaltungspartei, die eher konturlose Vielfalt von schwer erkennbaren Frauenpolitiken just in dem Moment reproduzierte, als Frauen in der Bundestagsfraktion Ende 1994 eine Mehrheit stellten. Die Kräfte verschoben sich in die traditionellen Einteilungsmuster. Auf der sachlichen Ebene verwies die Politisierung der Situation der Mütter und die Forderung nach Mütterzentren als öffentliche Treff- und Lebensorte darauf, daß tatsächlich ein kleinerer Teil der Frauenbewegung in einer angepaßten Karriere endete und die kostenlose Haus- und Familienarbeit vieler Frauen ein ungelöstes Problem blieb, das allenfalls auf sozial schwächere Frauen abgeschoben und im übrigen ein Teil der neuen Armut in der reichen Bundesrepublik wurde. Eine Verbesserung für „Mütter(arbeit)“ abseits des Privaten war weder abwegig noch unberechtigt, im Gegenteil. Problematisch war nur die Festschreibung von Kindererziehung und

-versorgung als Frauenarbeit ohne (ausreichende) finanzielle Gegenleistung und ihre Stoßrichtung gegen uneingeschränkt gleiche Berufstätigkeit von Frauen. Der Konflikt hätte zu einer Erweiterung feministischer Arbeitspolitik führen können, wäre diese Richtung gewendet worden. Konservative Mütterideologie hat sich zwar nicht durchgesetzt, doch der Streit hat zum Orientierungsverlust beigetragen. Heute kehrt die Frage nach der Arbeit, die Geldquelle ist und somit Existenzsicherung ermöglicht, als Frage nach der Neuorganisation aller Arbeiten und ihrer Finanzierung zusammen mit der Frage nach neuen Lebensmodellen wieder.

Parallel dazu ist der Streit um Gleichheit und Differenz von Frauen zu sehen. Die Gleichstellungspolitik der Frauenbewegung war in ihrem Ursprung meist darauf angelegt, über Frauen hinaus allgemeine neue Gesellschaftspolitik zu werden und Gleichstellung in einen untrennbaren Zusammenhang mit Befreiung zu bringen. Als zunächst zwangsläufig von Männern genehmigte Extrapolitik von Frauen für Frauen brachte sie jede feministisch inspirierte Frauenpolitik jedoch auch unter neuen Unterordnungsdruck unter patriarchale Rahmenbedingungen und Grundstrukturen. Mit zunehmender Krise spaltete sie sich faktisch in eine Karriereförderungspolitik und eine Absage an allgemeine Gerechtigkeitspolitik. Dadurch blieb die Vorstellung von Weiblichkeit, Haus- und Erwerbsarbeit wieder in den traditionellen Kreisen eingeschlossen und konnte sich hier mit konservativer Politik treffen. Die Befürwortung von Gleichheit im Patriarchat führte zur bloßen Angleichung an das männliche System, die Behauptung einer grundsätzlichen Differenz der Geschlechter lief auf bloße Umkehrung des Bisherigen hinaus, und postmoderne Relativierung aller Geschlechterverhältnisse drohte alles beim Bestehenden zu lassen. Erst eine Sichtweise, die den Geschlechterunterschied als historisch konkreten oder partiellen sieht und diese Differenz zum Maßstab allgemeiner Veränderung macht, entgeht diesen Fallen. Es wäre an der Zeit, diese Debatten politisch produktiv zu machen. Schließlich geriet der notwendige Streit unter Frauen und über ihre eigene Rolle unter den Bedingungen der Krise zu einem Verlust an Solidarität. Am Ende stand manchmal wieder die generalisierende Behauptung, Frauen seien selbst schuld an ihrer Unmündigkeit. Ihr Dasein als Objekt von Herrschaft wurde aufs Neue ausschließlich als Problem in die Frau zurückverlagert. Oder mächtiger gewordene Frauen behandelten nun andere Frauen (und Männer) als unmündige Objekte, statt ihre Macht im Sinne der Selbstbestimmung aller und als demokratisches Vermögen, das eigene Leben mit anderen zu gestalten, einzusetzen.

Entsprechend dieser Konfliktpunkte ist die Frauenbewegung heute wieder eher geteilt: in Mütterinitiativen, Anhängerinnen von genereller oder punktueller Geschlechterdifferenz, neuer oder traditioneller Gleichheit, in Karrierefrauen, Angepaßte, Zurückgezogene, Hüterinnen des wahren Feminismus, wandelnde Widerspruchsträgerinnen, ewig Subversive, immer Unabhängige u.a.m. Die Frauenbewegung ist vielfach verstreut, verunsichert, haltlos, defensiv, konformistisch, entpolitisiert, geschwächt. Nach dem Ende des Kalten Krieges und im Zuge der Globalisierung des Kapitalismus, der neuen Gesittung der Gesellschaft als Politikersatz und der Relegitimation autoritärer Ordnung stehen die Frauen vor neuen Herausforderungen. Was sie in den 80er Jahren gelernt haben, reicht dafür nicht mehr und legitimiert in seinen negativen Begleiterscheinungen sogar neue Ungerechtigkeiten. Das bloße Festhalten am Bisherigen wird zum Hindernis für die jetzt notwendige soziale und demokratische Politik.

Wenn der Weg von der Kritik an der CDU-Politik streckenweise über die Begeisterung für die feministische Modernisierung zur politischen Entwaffnung der Frauenbewegung durch die CDU ging, so gab es dafür also auch innere Ursachen. Von Anfang an standen einige Feministinnen den linken Christdemokraten nahe. Heiner Geißler fand unter ihnen einst die eifrigsten Befürworterinnen seiner Politik. Sie sahen im Weiblichen die Alternative zum Männlichen als dem Problem schlechthin, fanden in den wirtschaftlichen Machtverhältnissen wenig Anlaß zur Kritik, setzten auf Erziehungs- und Bewußtseinsarbeit, befürworteten privat-elterliche Erziehung und die Wahlfreiheit zwischen Beruf und Familie. Sie wollten mehr von dieser CDU-Politik, aber keine andere. Widersprüche lagen unvermeidbar auch im Grundansatz feministischer Politik begründet, die zwischen der Ablehnung tradierter Politik und grenzüberschreitenden Bündnissen stattfand. Das Gleichgewicht zwischen ihnen verschob sich zum Nutzen der Machthabenden, als auch in der Frauenbewegung Macht- und Herrschaftskritik nachließ, um selbst unbeschwerter in der Gesellschaft aufsteigen zu können. Ferner war der Generationenriß entscheidend. Die öffentliche Wirkung der veränderten Frauenbewegung war insbesondere für junge Frauen und Mädchen stark verblaßt. Ihre Kraft, die Bedeutung ihres Aufbruchs und ihre Solidarität vermittelte sich ihnen nicht mehr. Sie war ja auch bereits geschwunden und manchmal ganz verloren gegangen. Zugleich waren die Möglichkeiten der nachkommenden Generationen zu freierem Leben sehr viel größer. Das Etablierte war für sie attraktiver oder genauso langweilig wie oppositionelle und alternative Politik. Je mehr sich im übrigen die Frauenbewegung differenzierte und kleinteiliger aufspaltete und je individueller ihr Vorgehen wurde, desto weniger konnte gleichzeitig das Ganze der Entwicklung einbezogen und reflektiert werden. Schließlich hatte die Frauenbewegung keine Strategie der Gesellschaftsveränderung entwickelt, die über all das hinausweisen und der eigenen Vielfältigkeit gerecht werden würde.

8. Antidiskriminierungspolitik und neue soziale Rechte

Die Verlaufsgeschichte der Frauenbewegung spiegelt sich in den Ergebnissen ihres Kampfes wider. Die Frauenbewegung kämpfte in den 80er- und 90er Jahren in erster Linie um eine Gleichstellungspolitik und um neue Arbeitsverhältnisse und soziale Rechte, die dauerhaft eine eigenständige Existenzsicherung ermöglichen sollten. Dazu mußten die patriarchalen Grundstrukturen der Arbeit und Gesellschaft aufgelöst werden. Beides gehörte deshalb immer zusammen.

Auf der Basis des bereits stattgefundenen sozialen Aufstiegs der Frauen lag in der ersten Etappe das Hauptgewicht darauf, die Mittel und Instrumente für Gleichstellungspolitik zu schaffen. Sie waren selbst schon ein Teil von neuer Arbeit für Frauen und mit ihnen sollten vor allem neue gesellschaftliche Strukturen durchgesetzt werden. Ihre wichtigste Phase waren die Jahre 1986/87 bis, leicht abgeschwächt schon, 1989. In der zweiten Etappe angesichts knapper Ressourcen stand im Vordergrund, soziale Rechte und Zugangschancen zu wahren und im gesellschaftlichen Umbau neue Diskriminierung zu verhindern. Sie lief Mitte der 90er Jahre auf einen einstweiligen Höhepunkt zu.

Die Frauenbewegung kämpfte zunächst vor allem für politische Instrumentarien, die Antidiskriminierung und Gleichstellung verbindlich machten und ihr eigene positive Gestaltung erlaubten. Politische und berufliche Frauenförderung, zusätzliche Angebote zur Kinderbetreuung, Antidiskriminierungsmaßnahmen, kommunale Frauenbeauftragte, Frauenministerien, Gleichstellungsgesetze, unterschiedliche Quotierungen in Ausbildung, Beruf und Politik, neue Satzungsbestimmung in Parteien und Organisationen, Gleichstellungsbeauftragte an Hochschulen, in Betrieben, Institutionen und Organisationen u.a.m. dienen dazu, Fraueninteressen dauerhaft institutionell in Politik, Wirtschaft und Gesellschaft zu verankern und Frauen selbstbestimmte Politik zu ermöglichen. Parallel dazu wurden autonome Frauenprojekte und -einrichtungen finanziell und rechtlich abgesichert. Positive Diskriminierung sollte historisch bedingte Benachteiligung abbauen und Frauen gleiche Teilhabe aus eigenem Recht verschaffen. Mit dieser Politik sollten zudem alte patriarchale Strukturen aufgesprengt und der gesellschaftliche Umbau insgesamt forciert werden. Sie gipfelte und bündelte sich sachlich und symbolisch im Kampf um die Quote. Die Quote war ihrer Grundidee nach der Anspruch auf „Halbe-Halbe“ bei der Verteilung von Macht, Gütern, Lebenschancen und -gestaltung sowie der Anspruch auf Demokratie.

Diese Politik erstreckte sich vor allem auf das Erwerbsleben und die Politik. Von diesen zwei Seiten her ging sie die Dominanz des Patriarchats an. Sie minimierte Diskriminierung und Ausbeutung in der Arbeit, eröffnete Frauen neue berufliche Entwicklungsmöglichkeiten und baute den historisch systematischen Ausschluß der Frauen von der Macht ab. Die Verbannung der Frau ins Private ließ sie in der Politik noch mehr als im Berufssystem eine Ausgeschlossene oder Fremde sein. Ihre Anliegen galten als unpolitisch oder unwichtig, sie wurde auf eine „typisch weibliche Rolle“ beschränkt oder mußte dem Muster Mann folgen. Als Subjekt kam die Frau nur verdeckt und angepaßt zum Zuge. Die Quote sollte deshalb insbesondere „oben“ in die Überwindung der Männerherrschaft einen beschleunigenden Zwang bringen. Die Gleichstellungspolitik war aber von Anfang an auch eine neue soziale Politik, weil sie soziale Chancen für Frauen eröffnete und für solche zudem gestaltend eingriff.

Nach der kulturellen Revolution in den Denkweisen und Lebensformen durch die Frauenbewegung in den 70er Jahren war es ihr großer Erfolg in den 80er Jahren, die Institutionalisierung neuer Frauenpolitik durchgesetzt zu haben. Es handelte sich nicht um neue Variationen institutioneller Fürsorge für Frauen, sondern um eigene neue Machtinstrumente. Mit ihnen erkannte die Gesellschaft neue Regeln an, Fraueninteressen bekamen mehr automatische Eigenmacht, Bestände der Frauenbewegung wurden gesichert, Frauen erhielten Potentiale und Ressourcen für Handlungsfähigkeit, kurz: sicherere Freiräume für sich.

Das Erreichte allerdings war dennoch nur ein Teilerfolg. Dem Konzept dieser Politik waren langfristig zu enge Grenzen gesetzt. Die Gleichstellungspolitik wurde in der Privatwirtschaft nur freiwillig umgesetzt und war von unternehmerischen Interessen abhängig. Sie erreichte fast immer nur die eine Seite im Geschlechterverhältnis, die

Frauen, und nicht die Männer und ihre allgemeine Politik. Ihre Maßnahmen und Gesetze blieben halbiert oder unverbindlich. Sie wurde nicht als allgemeine Querschnittspolitik verankert. Sie brach sich an der immer noch gegebenen patriarchalen Dominanz, sie wurde unterlaufen oder mit neuen Methoden subtil boykottiert. Sie ließ sich nur teilweise mit neuen Inhalten füllen, oder ihre Freiräume wurden aufgrund von Selbstzensur nicht genutzt. Schon darin löste sich diese Gleichstellungspolitik vom Ziel ab, allgemein neue soziale Rechte zu schaffen.

Ferner geriet diese Politik mit den 90er Jahren in die konjunkturelle, strukturelle und politische Krise der Bundesrepublik. Erwerbslosigkeit und Sozialabbau nahmen zu, der vorläufige Höhepunkt war das Sparpaket 1996. Die Gleichstellungspolitik verlor an politischem Rang. Wo es keinen materiellen Zuwachs oder gar Abbau an Arbeitsplätzen und Sozialstaat gab, gab es auch nichts neu zu verteilen. Im Zuge des Umbaus der Institutionen und Verwaltungen wurde diese Politik nun teilweise zur ökonomischen Effizienzsteigerung mißbraucht. Oder es wurden ihre Mittel und Stellen gekürzt oder Frauenministerien wieder mit anderen Ministerien zusammengelegt. Die sozial oder politisch schwächeren Gruppen von Frauen wurden von Anfang an oder im Laufe der Zeit von ihr abgekoppelt. Standardisierung und Bürokratisierung von neuer Frauenpolitik führten zu neuen Ausgrenzungen. Selbsterhaltungsinteressen der Institutionen wurden formuliert, Rechtfertigungs- und Anpassungsdruck nach außen waren groß, die Überlastung führte zur Ermüdung. Nach jahrelanger Rechtsprechung für positive Ausgleichsmaßnahmen gab es zuletzt auch auf rechtlicher Ebene einen Rückschlag. Der Europäische Gerichtshof verbot 1995 die sogenannten harten Ergebnisquoten. Mit ihnen sollten Frauen im öffentlichen Dienst Bremens bei gleicher Qualifikation so lange bevorzugt eingestellt werden, bis sie auf der jeweiligen Hierarchiestufe den Männern gleich repräsentiert wären. Diese Quoten diskriminieren laut Urteil die Männer als Individuen. Tatsächlich verlängert das Urteil deren Gruppenprivileg gegenüber Frauen insofern, als diese weiter die Bedingungen der Gleichstellung zu ihren Gunsten bestimmen können. Es ist politisch eine Absage an eine Gleichheit der Geschlechter, deren Inhalt auch von beiden definiert wird. Damit wurde die Gleichstellungspolitik insgesamt in Schranken verwiesen und obendrein erst recht von weitergehenden Zielen abgekoppelt.

Die Krise und die wachsende allgemeine soziale Spaltung wirkten sich auf der Basis der herkömmlichen Machtverhältnisse automatisch zum Nachteil der Frauen aus. Gleichstellungspolitik förderte schließlich die bloße Modernisierung einer Männergesellschaft, da zudem die Frauenbewegung selbst in Krisen steckte und ihre Kraft gedämpft war. Letztere hatte sich darauf konzentriert, sich neue Machtorgane zu schaffen. Ihnen neue Inhalte zu verleihen, dazu reichte es am Ende nicht mehr. Das wiederum gab einer konservativen Füllung des Vakuums Auftrieb. So kam es, daß die Institutionen von zwei Seiten her geschwächt wurden und an Bedeutung verloren. Die verbliebene Frauenbewegung fiel darüber ihrerseits wieder in ihrem Politikverständnis und ihrer Praxis zurück. Ihre Politik bestand vor allem noch in Sozialpolitik, und diese wurde wieder klassische Schutz- und Sonderpolitik.

Während die Frauenbewegung in der ersten Phase der Kohl-Ära offensiv eine Grundsicherung, die Abschaffung ungesicherter Beschäftigungsverhältnisse, allgemeine radikale Arbeitszeitverkürzung und gleiche Teilung aller Haus- und Familienarbeiten forderte, reduzierte sie sich in der zweiten Phase darauf, Armut, Sozialabbau und Erwerbslosigkeit abzuwehren. Sie verteidigte die verbliebenen Schutzrechte und wenigen erkämpften sozialstaatlichen Verbesserungen wie das Nachtarbeitsverbot, die vorzeitige Rente, unzureichende Teilzeit-Erwerbsarbeit und Kinderbetreuungseinrichtungen. Der Umbruch und die überproportional hohe Erwerbslosigkeit der Frauen im Osten sowie die parallele Kürzung und Verknappung der Mittel und Möglichkeiten der Frauen im Westen potenzierten und beschleunigten diesen Weg. Der zuvor erlebte soziale, berufliche und politische Aufstieg wendete sich schleichend. Die Frauen spürten die neue repressive Stimmung in der Gesellschaft, noch ehe sie sich ihrer bewußt waren, geschweige denn sie analysiert hatten. Die verbliebene Frauenbewegung reagierte nun ihrerseits häufig regressiv. Sie fiel hinter ihre Kritik an den alten Rollenmustern und ihre Erkenntnisse über die Funktionalisierung erworbener sozialer Kompetenzen von Frauen zurück. Sie machte sich gewollt oder ungewollt wieder zu deren Fürsprecherinnen oder versuchte unter Verweis auf sie die eigene Haut zu retten. Die neuen Gleichstellungsinstanzen konnten diesen Prozeß nur noch bremsen. Darin allerdings hatten sie weiter eine eminent wichtige Funktion. Sie kamen zwar nur noch wenigen Aufgestiegenen bei ihrem weiteren Aufstieg richtig zugute. Den Rest der Frauen konnten sie aber immerhin vor neuer Diskrimierung in der Krise sichern, weil sie strukturell zu den patriarchalen Privilegien gegenläufig wirkten.

So haben die Kämpfe der Frauenbewegung noch immer keine gleiche und keine hinreichende eigenständige Existenzsicherung für Frauen zum Ergebnis. Eindimensionale Rollenvorschriften und geschlossene Abhängigkeiten sind zwar definitiv überwunden. Sie sind einem Zwang zur Vielfältigkeit, Flexibilität, Zerrissenheit und existentiellen Unsicherheit gewichen.

Die zwei Etappen des Kampfes der Frauenbewegung können aber auch von Anfang an als zwei unterschiedliche Stränge paralleler Veränderungsprozesse gesehen werden. Dabei kreuzen sich widersprüchliche strukturelle Veränderungen mit widersprüchlichen inhaltlichen Veränderungen. Auf der strukturellen Ebene werden Partizipationsmöglichkeiten von Frauen im Öffentlichen und Politischen institutionell und rechtlich ein- und ausgebaut und gleichzeitig Existenzsicherungsstrukturen generell individualisiert und dereguliert, damit labiler. Auf der inhaltlichen Ebene wird die personale Diskriminierung der Frau geächtet, kulturelle Diskriminierung gelockert und (mehr) Weiblichkeit aus dem privaten in den öffentlichen Raum erhoben und verallgemeinert. Die einzige partielle materiell-soziale Sicherheit gibt es in der Bindung an die Mutterrolle. Der Abbau struktureller Gewalt in der Arbeit aber kommt kaum voran. Soziale Fähigkeiten im allgemeinen und soziale Rechte des Individuums bleiben dem Vorrecht des Stärkeren unterworfen. Am Ende steht ein Kompromiß zwischen widerstreitenden Kräften und die opportunste Lösung aus der Sicht der Herrschenden: formal mehr Partizipation von Frauen, inhaltlich Akzeptanz dessen, was den Herrschenden in einer gewandelten Gesellschaft verhältnismäßig viel nützt und wenig kostet.

Die Frauenbewegung wollte *alles ganz anders*, um ihre Vorstellungen von Selbstbestimmung, Autonomie, Solidarität und Emanzipation umzusetzen: halbe-halbe teilen bei jeder Form von Arbeit, Zusammenleben, Gesellschaft und Politik, den in Mann und Frau geteilten, gespaltenen und hierarchisierten Menschen überwinden, um vielgestaltige, freiere Menschen sein zu können. Sie wollte die patriarchale Arbeitsstruktur und -teilung dafür ebenso ändern wie das linear technizistische und wachstumsgläubige Denk- und Wirtschaftsmodell. Alles ist anders geworden, etwas weniger und nicht ganz so, wie die Frauenbewegung es vorgesehen hatte. Frauen haben viele Freiheiten, aber auch viele neue Unfreiheiten gewonnen. Der Wandel geht mit Gewinnen und Verlusten, sozialen Auf- und Abstiegen bei Frauen (und Männern) einher. Die Frauenbewegung ist aller Schwierigkeiten und Restriktionen zum Trotz als soziale Bewegung die vergleichsweise erfolgreichste. In der späten alten Bundesrepublik war sie der stärkste Motor gesellschaftlicher Veränderung. In der jüngeren geeinten Bundesrepublik büßte sie an Rang ein, bleibt aber wichtiger als andere neue soziale Bewegungen und verliert nicht im rasenden Tempo an Boden wie beispielsweise die Gewerkschaften, die Sozialdemokratie oder Traditionslinke anderer Art. Sie hat ein Fundament, das weiterträgt.

9. Bilanz für die Gegenwart

Die widersprüchliche Bilanz für die Frauenbewegung vor dem Jahr 2000 lautet, daß sie auf neuer Ebene bei alten Problemen angekommen ist, die aber ihr Anliegen allgemein nur um so überzeugender und dringlicher machen.

Grundsätzlich ist erstens zu konstatieren, daß der *Feminismus durch Kleinteilung* in unendlich viele Anliegen, Projekte und Einzelthemen, die als widersprüchliche Entfaltung, Vervielfältigung und Vertiefung begannen, dann jedoch ihren Zusammenhang verloren, *entkernt, entmachtet und degradiert* worden ist. Der Feminismus endete auf dem Weg der Gesellschaftsveränderung auf neue Weise dort, wo er seinen Ausgang genommen hatte, in Frauen-, Familien-, und Sozialpolitik, ergänzt um Arbeitsmarktpolitik, im Zweifel auch noch Jugend- und Altenpolitik. Der heutige ministerielle Zuschnitt dessen, was faktisch als eine Art feministisches Ministerium begann, spricht auf seine Weise überraschend Bände. Die erreichte Erweiterung für die begrifflich bereits hochverräterische „Frauenpolitik" liegt in der Erweiterung um Problemzonen der Problemgruppe und nicht im neuen befreienden Zugriff aufs Ganze und seine diskriminierenden Strukturen. Der verloren gegangene Zusammenhalt, der im Wechselspiel von den einen achtlos aufgegeben und von den anderen machterheischend genommen wurde, ist das Ansinnen der Emanzipation von Herrschaft und der Selbstbestimmung in Kooperation mit prinzipiell Gleichen.

Mitte der 70er bis Mitte der 80er Jahre hatte die Frauenbewegung große politische, kulturelle, bildungs- und arbeitspolitische und institutionelle Fortschritte erkämpfen können. Ein Merkmal der vergangenen zehn Jahre ist so zweitens der absolut *zähe und harte kulturelle und politische Stellungskampf* um diese Erfolge und die gegenwärtige und künftige Position der Frau und in jeder Einzelheit in der Gesellschaft. Die Frauenbewegung ist dabei zentimeterweise erfolgreich, während an anderer Stelle bereits neue Risse oder Bevormundungen entstehen. Sie tritt im großen und ganzen auf der Stelle, ein Erfolg und Mißerfolg zugleich. Sie hat sich nicht verdrängen lassen, ermüdet und erstarrt aber auch in der Abwehr. Stillstand, der nicht die Erholung, sondern die Anstrengung als Hintergrund hat, ist gefährlich. Die konkreten Resultate des Kampfes um zentrale politische Ziele der Frauenbewegung haben in der letzten Dekade auf den dominanten Themenfeldern ein entsprechend zweischneidiges Gesicht, deren Schattenseiten in der Krise erst richtig spürbar wurden. Faktisch dominiert zumindest für eine Mehrheit, den Mittel- und Unterschichten, das konservative, herrschaftsgeleitete Modernisierungsmodell, das durch unsichere, zerstückelte, fragile, spaltende und ungerechte Existenzsicherung, Verzehr sozialer Ressourcen und zunehmende Opfer- und Gemeinschaftsideologie gekennzeichnet ist.

Zentriert um die „benachteiligte" Frau wurden auf der parteipolitischen und staatlichen Ebene programmatisch alle denkbaren „Verbesserungen" beschlossen und wirtschaftliche Managementstrategien angepaßt. In der praktischen Umsetzung hängen diese von den „gegebenen Mitteln und Möglichkeiten" ab, d.h. den Resten, die Bedeutendere nach Erfüllung ihrer Bedürfnisse übriglassen. In der Krise stehen sie erst gar nicht mehr zur Verfügung. In dieser Situation wird der umgekehrte Weg beschritten, die zuletzt etwas bekommen haben, denen wird auch zuerst wieder genommen. Die Krise wirkt angesichts patriarchaler Strukturen automatisch als verschärfte Diskriminierung. Bevor der Sozialstaat für Frauen je gültig war, wird er aufgegeben. Während die Frauenbewegung seit langem auf strukturellen Umbau der patriarchalen Gesellschaft abhebt und gerade die Krise und die in ihr erfolgenden neuen Weichenstellungen evident machen, wie unzureichend alle bisherige Sonderpolitik ist, geschieht genau das Gegenteil. Selbst der Rest von „besonderer" Sozialpolitik für Frauen wird gekürzt, währenddessen Spaltung und Benachteiligung noch wachsen.

Als Ergebnis der „Frauenpolitik" ist ferner festzuhalten: Die Verabschiedung der Geschlechterhierarchie, der den Männern prinzipiell gleiche Zugriff der Frauen auf das Ganze und Allgemeine und eine neue private und öffentliche Arbeitsteilung zwischen den Geschlechtern fanden nicht statt. Die patriarchale Herrschaft hat sich gewandelt, sie ist jedoch nicht abgeschafft. Die Abhängigkeit der Frau vom einzelnen Mann ist weiter dezimiert und gemildert, doch Männer bleiben gegenüber Frauen überall privilegierte Oberschicht. Zugleich ist Herrschaft stärker und subtiler als zuvor auf die Gesellschaft und ihre anonymen

Strukturen im ganzen übergegangen. Sie zeigt sich in einer schärferen oben-unten-Spaltung allgemein. Die Geschlechterspaltung bildet dabei unverändert die Zentralachse von sich endlos vervielfachenden sozialen Spaltungen. Das Männerleben ist nicht aus seinen traditionellen Zwängen befreit, sondern in diesen verlängert und verschärft, u.a. auch weil das komplementäre Gegenstück in der Heimarbeit mehr und mehr vom Mann selbst erbracht oder zu höheren Kosten von Frauen erkauft werden muß. Gleiches gilt für das Frauenleben, dessen traditionelle Aufgaben quasi mit denen des traditionellen Mannes addiert werden.

Ein weiteres Ergebnis schließlich lautet: Von der Betrachtung der gesamten Lebensverhältnisse der Frau in der Gesellschaft wird der Blick wieder zurückgeführt auf den oder die einzelnen und ihre einzelnen Probleme. Als einzelne und Isolierte auf Gedeih und Verderb sind beide – Frauen und Männer – voneinander gespaltener, belasteter und vogelfreier als zuvor. Für beide wird es ähnlich knapper und risikoreicher, für Frauen qualitativ und quantitativ immer noch mehr und dichter. Auf paradoxe Weise wird so sichtbar, wie sehr die „Frauenfrage" eine „Geschlechter-" und „Gesellschaftsfrage" ist.

So gleicht sich in der langfristigen Grundtendenz die Lage der Geschlechter zwar einander an. Beide müssen dazu lernen, was zuvor primär Sache des je anderen Geschlechts war. Der Angleichungsprozeß sagt aber nichts darüber aus, in welcher Weise sie gleicher werden, ob in einem guten oder schlechten, freien oder unfreien Leben. Faktisch gewinnt eine gemilderte strukturelle und kulturelle geschlechtsspezifische Spaltung Konturen. Gleichzeitig wachsen die sozialen Diskrepanzen unter Frauen und unter Männern. Es verschärft sich eine neue Trennlinie in der Gesellschaft: die zwischen den Gewinnern und Verlierern der neuesten Modernisierung, denen im Zentrum der Erwerbsgesellschaft und denen an der Peripherie. Die „erfolgreiche" Frau, die oft mit „emanzipiert" gleichgesetzt wird, gefällt sich heute ohne oder gar in Abgrenzung zum Feminismus. Der Spitzenmann schätzt die Belebung durch die Spitzenfrau in jeder Hinsicht. Vom eigenen Raum und der Partizipation für andere und Beziehungen auf Wechselseitigkeit will er deshalb noch nichts wissen. Nach den gesellschaftlichen Veränderungen dominieren gegenwärtig Haltungen, die explizite feministische Perspektiven als Maßstab zur Gestaltung des sozialen Wandels aufgeben wollen anstatt sie weiterzuentwicklen. Doch es bleibt zu entscheiden, ob das Vorrecht des Stärkeren oder Demokratie und Menschenrechte verallgemeinert werden sollen.

Unmerklich zerflossen auch in der Frauenbewegung in der theoretischen Diskussion Grenzen. Gemessen am Theoriehunger der Jahre zuvor wurde die Debatte insgesamt spärlich geführt. Dieser Theorieverlust förderte selbst Verunsicherung, Beliebigkeit, Maßstabverlust und verringerte damit Widerstandsfähigkeit. Daneben wendeten manche über die jeweils zutreffende, erkenntnis- und ertragreiche Differenzierung von Fragestellungen und Debatten leise die grundlegende Betrachtungsperspektive. Der Streit über „Gleichheit und Differenz von Frauen“ war produktiv, wo er zur Achtung von Unterschieden führte, nicht Legitimation von Ungerechtigkeit die Konsequenz war. Der italienische „Affidamento“-Ansatz bot ein neues entwickelteres positives Verhältnis unter Frauen an, das manche jedoch vom freien Vertrauen in Kompetenz, Erfahrung und persönliche Autorität in die Bejahung demokratisch nicht legitimierter Hierarchie unter Frauen umdeuteten. Postmoderne Theorien über die kulturelle Konstruiertheit der Kategorie Geschlecht erhellten das historische Geworden- und Gemachtsein der Frau (des Geschlechts) um tiefere Schichten und deckten zu Recht die Gefahr von feministischer Perpetuierung des Gehabten auf. Manche nahmen dies zum Anlaß, einen politischen Emanzipationsanspruch überhaupt aufzugeben. Selbstbestimmung und Herrschaft dagegen wurden außerhalb vergleichsweise kleiner feministischer Wissenschafts- und Theoriekreise in den letzten Jahren trotz des starken sozialen Wandels wenig neu reflektiert.

10. Frauenbewegung im Zwiespalt

Alles hat seine Gründe. Die Analyse der Entwicklung klärt über sie auf. War die Frauenbewegung zunächst angesichts der patriarchalen Rückständigkeit der mittleren und späteren Bundesrepublik zwangsläufig in toto auf die Seite der „Linken“ – des Fortschritts versus der Tradition – geworfen, teilte sich die Frauenbewegung im Zuge der feministelnden Modernisierung der gesamten Gesellschaft wieder stärker entlang der traditionellen politischen Einteilungsmuster auf. Heute muß frau und man den Konservativen konzedieren, in den letzten zehn Jahren das Denken großer Teile der Gesellschaft einschließlich der Frauen über beachtliche Strecken wiederbesetzt zu haben. Zugleich mehren sich bereits die Zeichen des Überdrusses daran.

Die Frauenbewegung mußte sich nun über 13 Jahre mit einer konservativen Regierung auseinandersetzen. Sie hat gleich nach Regierungsantritt mit Protesten und Widerstand begonnen und sich in jeder umkämpften Einzelforderung als erstaunlich resistent erwiesen. Gleichwohl sind im Laufe dieses Prozesses ihre Reihen schmaler oder leerer, ihre Haltungen oft widersprüchlicher geworden. Die Frauenbewegung ist sich nicht nur der außerordentlichen Schwierigkeiten der Freiheit bewußt geworden. Einige sind im Laufe der Zeit verunsichert und haben Selbstzweifel, inwieweit sie überhaupt möglich oder erstrebenswert ist. Konservatives Denken und Verharrungsvermögen ist auch in ihrem Umfeld eingekehrt oder wiederaufgelebt. Das freilich muß auch als Folgewirkung der gegebenen Machtverhältnisse interpretiert werden. Diese haben tatsächlich Macht und durchaus eine eigene Logik, einen Sinn, wenn man so will. Die politischen Weichenstellungen der Kohl-Regierung zwingen den Frauen (und Männern) Rahmenbedingungen auf, in denen Emanzipation nicht gedeihen kann und sich Freiheit nicht gut leben läßt, in denen diese vielmehr oft als deplaziert und störend erscheinen.

Wohin die Frauenbewegung gebracht worden ist und sich hat bringen lassen, spiegelt ihre ursprüngliche Stärke nicht wider. Sie ist dort gelandet, wo Frauen schon so unendlich oft plaziert wurden vor oder nach ihren Aufbrüchen: als wohlgeduldete und hochgeschätzte engagierte karitative Wohltätigkeitsveranstaltung für die Problemfälle der Gesellschaft, vornean den Problemfall Frau. Sie sind wieder daheim. Als Mütter, Tanten und Großtanten haben sie erneut das Sagen in Gewerkschaften, Parteien, Kirchen, Universitäten und Projekten. Man schätzt diese meist aus den führenden Kreisen der Gesellschaft stammenden, gebildeten, gestandenen, unverzichtbaren, lebensnahen, fürsorglichen, zupackenden, aber doch oft auch schon wieder etwas verstaubten, engen, autoritären, oft älteren, mal schrillen, mal konformistischen Frauen. Dahinter versteckt sich einiges an Erfahrungen und Lebenswille: gespeicherte Erfolge, Lernprozesse und Einsichten, aber auch verheimlichte Sehnsüchte, unerfüllte Bedürfnisse, selbstzerstörte Glücksmomente, die Blessuren des Kampfes um ein freieres Leben und des Lebens selbst. Aber die dunklen Seiten werden zu- statt aufgedeckt, so daß auch die hellen nicht richtig leuchten können. Die Frauenbewegung steht nicht zu sich. So wird sie unglaubwürdig und langweilt. So schränkt sie ihre Freiheit ein.

Darüber äußert sich in vielen Situationen und an manchen Orten ein Unbehagen. Doch es wird sich seiner selbst erst bewußt. Es resultiert aus dem Dilemma, nicht wieder aufgeben zu wollen, was mühsam erworben wurde, auch wenn es möglicherweise gar nicht das ist oder erbracht hat, was frau gewollt hat, und es vielleicht doch zu müssen. Eine gewisse Leere kennzeichnet oft den wirklichen Zustand hinter mancher Betriebsamkeit von Frauenbewegten oder Feministinnen oder auch der lauten Abkehr Ex-Zugehöriger. Zufriedene und Unzufriedene gleichen sich darin bei allem vermeintlichen Gegensatz. Interesselosigkeit, Stillhalten, heimliches Leiden, Privatisierung, Individualisierung, Moralisierung, Mystifizierung, Fundamentalisierung heißen einige Stichworte dieses variantenreichen Phänomens. Frau verliert sich in allem, im Unendlichen und Abseitigen. Unbewältigtes eigenes Altern schließlich lugt an vielen Ecken und Enden hervor. Der politische Nachwuchs will sich nicht so recht einstellen. Enttäuscht ist frau über die angepaßten Töchter. Trotzige Jugendliche versprechen sich erst gar nichts mehr von Erwachsenen. Obwohl beides ja nicht unbedingt verwundert ob des eigenen Zustandes der Frauenbewegung. Eine festgefahrene, oft gar leb- und phantasielos gewordene, nun auch nicht mehr „neue" Frauenbewegung müßte weggefegt werden von einer neuen. Am besten würde sie sich selbst aufrütteln, um nicht von anderen aufgerüttelt werden zu müssen. Dann hätten alle zu entscheiden, wo sie noch einmal anfangen möchten oder welche eigenen Projekte sie noch verwirklichen oder welches Lebenswerk zu vollenden wäre.

X. Das Claudia-Nolte-Phänomen

Vor zwanzig Jahren wurden aufmüpfige junge Frauen (und Männer), die vor den hohen Herren nicht kuschten, vor die Türe ihrer Parteien gesetzt. Heute werden Frauen gleichen Alters von den hohen Herren, nachdem sie einen Knicks gemacht haben, in ein Regierungsamt berufen. Wenn das kein Zeichen ist für die fortschreitende Emanzipation der Frau. Aber schließlich hatte die CDU versprochen, für das Jahr 2000 Gleichberechtigung von Mann und Frau im Lebensalltag verwirklicht zu haben. Die junge Frau aus dem Osten – Claudia Nolte – ist Chiffre des Zeitgeistes, Schablone für das erste und letzte Gebot oder die gewünschte Norm am Ende dieses Jahrtausends unter dem Sternzeichen des alten Patriarchen aus dem Westen Helmut Kohl. Die Kombination der beiden Figuren freilich füllt diese Chiffre mit einer Note, die in eine Persiflage abzugleiten droht und damit zu einer Ohrfeige wird. Sie macht – für die, die wollen – die Sache erkennbar.

Die Verdrängung der Männer

Claudia Nolte als Ministerin einer Bundesregierung in einer Zeit tiefer Umbrüche ist das Phänomen eines kindlichen Spiels von Erwachsenen, die glauben, mit modischem Rollentraining über die Probleme der Realität hinwegkommen zu können. Der Neuigkeitswert besteht darin, daß eine aus der ostdeutschen Provinz zum ersten Mal mitspielt. Das suggeriert, es gehe bei aller Veränderung noch einmal so weiter wie bislang. Das Spiel scheint unbefleckt und ist doch dekadent. Viele folgen ihm mit wachsender Befriedigung.

Würde er Macht und Politik ernstnehmen, müßte sich jeder halbswegs moderne, demokratisch gesinnte Mann, erst recht jeder Politiker, an diesem Phänomen stoßen. Denn es kann auch für ihn und sein Geschlecht nichts Gutes verheißen. Claudia Nolte ist die moderne „Partnerin" nicht, die er braucht, nicht als gehobenes komplementäres Gegenstück und schon gar nicht als Gleiche. Sie spielt diese Rolle nur, versuchsweise und solange es nützt. Sie ist nur Politikerin genug, um vor dem Publikum wie der Bär im Zirkus zu tanzen. Nähmen Männer sich ernst, müßten sie sich beleidigt sehen. Unter den männlichen Regierungsmitgliedern würde ihnen eine vergleichbare Erscheinung kaum zugemutet. Sie würden sie als Witzfigur, Affront oder Beschämung entziffern. Eine Frau soll sie darüber täuschen. Versteckt und unbewußt haben sie das Problem sehr wohl erkannt. Für sie ist die Ministerin entweder einfach nicht existent, oder sie klopfen ihr bei den selbstverständlichsten Amtshandlungen seltsam fremd auf die Schulter. Doch sie setzen sich mit dem erhaltenen Signal nicht auseinander, weder um ihrer selbst willen noch in Ahnung vor unschönen Reaktionen der Frauen eines schönen Tages.

Das Claudia-Nolte-Phänomen zeigt, daß Männer einstweilen beruhigt sind. Sie gehen nicht davon aus, daß Frauen ihre Revolte fortsetzen oder ihren Kampf um Emanzipation erweitern. Ihre Spannung ist gewichen. Sie glauben, die „Frauenfrage“ sei für erste geregelt. Das Claudia-Nolte-Phänomen verrät aber auch die Flucht zu vieler Männer in die Verdrängung, das Vergessen und die Ruhe, die nur vorgetäuscht sind. Die Männer belügen sich selbst, und sie haben Angst. Sie trauen sich kein angemessenes Gegenüber zu, und sie meinen, sich solche „Partnerschaft“ unter Niveau leisten zu können. Jungen und junge Männer verraten viel darüber, wie es um die Männer bestellt ist. Sie schwanken, so zeigen Untersuchungen, zwischen tiefer Verunsicherung und Leiden und roher blinder Gewalttätigkeit. Sie fragen sich aber nicht, wie sie sich emanzipieren können, sondern warten, bis sie gerettet werden – von Freundinnen, (Ehe)Frauen oder Trümmerfrauen. Das Claudia-Nolte-Phänomen zeigt, wie Männer immer noch durch Spaltung der Probleme Herr werden wollen, statt Zusammenhänge und Abhängigkeiten anzuerkennen. Noch oder wieder gilt: Hier das heile Heim und die Mutter und zu Besuch der Vater, dort die böse Welt und der heillose Kampf. Draußen wird abgeworfen, was drinnen hochgehalten wird. Drinnen ist sie stark und er schwach. Draußen wird er Jäger und sie Gejagte. In der Politik ist sie – zuständig fürs Innere – eine tiefschürfende Hinterwäldlerin in bunter Businesstracht und er – zuständig fürs Äußere – ein welterheischender Vordergründiger in grauem Einreiher. Wenn das keine Partnerschaft ist.

Die Kleinkariertheit der Frauenbewegung

Die aufgeklärte und selbstbewußte Frau, nach über zwanzig Jahren Frauenbewegung, müßte sich schütteln und davonlaufen, in große Verlegenheit gebracht sehen oder schlicht und entschieden nein sagen ob der vom regierenden Oberpatriarchen präsentierten Frauenministerin. An ihr kann frau sich ernsthaft nicht einmal abarbeiten. Auch Hohn und

Spott scheinen den Aufwand nicht wert. Politikerinnen müßten sich irritiert oder provoziert zeigen ob ihrer eigenen Unterschätzung. Sie müßten die Herren ihrer und der anderen Parteien bitten, die Peinlichkeit rasch und unauffällig zu beheben und mit einer angemessenen Ministerin wiederzukommen. Oder sie müßten das Claudia-Nolte-Phänomen tatsächlich ernstnehmen und ihm einen politischen Abgang verschaffen. Doch die meisten zeigen sich geduldig, artig, nett und fromm. Eine Frau darf „man" doch nicht „schlagen". Sie macht ihre Sache gar nicht schlecht. Sie kann zählen und ist fleißig und gibt sich so viel Mühe und ist doch noch so jung. Sie wird täglich professioneller und ganz businesslike. Sie macht es fast schon wie wir. Vielleicht wird noch mehr aus ihr, wollen wir erst einmal abwarten. Andere beziehen das Ganze gar nicht erst auf sich.

Das Claudia-Nolte-Phänomen zeigt, wie die Frauen, die von der Frauenbewegung geprägt wurden, bescheiden in ihren Ansprüchen und kleinkariert im politischen Verhalten geworden sind. Sie hadern mit sich, sind gleichgültig, vernachlässigen sich oder verweigern gar Realität. Sie mögen nicht in den Spiegel schauen. Sie wollen sich ihre mühsam erkämpften Fortschritte nicht vermiesen lassen. Währenddessen ziehen an ihnen auf der einen Seite kalte „Abzockerinnen" vorbei, und auf der anderen Seite wachsen die sich ewig opfernden sozialen Fürsorgerinnen wieder nach. Mädchen und jungen Frauen zeigen auch hier den Trend. Im Durchschnitt haben sie gute Absichten, aber keine festen Ansichten. Es gibt zwei Extra-Sorten: Die eine engagiert sich sehr bei Greenpeace und für Tierschutz, die andere zieht als Girlie mit Springerstiefeln und dem ganzen Arsenal spezifisch weiblicher Verführungskünste ins Feld, um die Männer sowohl mit ihren eigenen männlichen Attributen als auch mit ihren Bildern von Weiblichkeit zu schlagen. Das Claudia-Nolte-Phänomen zeigt eine gewöhnlich gewordene Frauenbewegung, die ihren Biß verloren hat.

Unterschätzte Frau, Opfer Frau

Das Claudia-Nolte-Phänomen illustriert aber auch, daß Frauen immer noch gern unterschätzt werden. Der Ministerin wird eine Harmlosigkeit unterstellt, die sie nicht hat. Sie ist eine Frau, die die Sache nun auf ihre Weise in die Hand nehmen wird. Genauso wie ihr das die Männer, die sie berufen haben, zugedacht haben. Eine Sache, die eben Sache der Frauen ist, die Männer nie so gut machen könnten und auch gar nicht machen wollten. Denn sie ist auch wieder nicht wichtig genug und obendrein unter ihrer Würde. Sie zu delegieren empfiehlt sich auch, denn niemand kann Frauen besser niederhalten als Frauen. Allein wäre frau dabei trotzdem überfordert, sie könnte ja aufhören. Deshalb bekommt sie den Schutz und die Oberaufsicht des Herrn. Den braucht sie auch aus einem anderen absichtsvoll herbeigeführten Grund. Als Neuling mit dem Sprung ins kalte Wasser wäre sie tatsächlich überfordert, es drohte der Kollaps. Drum ruft sie den Schutzinstinkt der Männer gleich mit hervor, dem die väterliche Anerkennung folgt, wenn sie ihre Aufgaben gut und brav gemacht hat. Das ist doppelt gut: Kein Mann muß einer Frau auf gleicher Höhe begegnen, und sie muß mit keinem Angriff und nicht einmal mit Wachsamkeit rechnen. Sie ist die angestellte Magd, die ihre Machtposition nutzen wird, wann immer es geht, bis sie Hausherrin ist. So eine bieder flatternd Willige im Schutz des Herrn schützen auch die Frauen. Denn sie ist ja immer noch Opfer und schwach.

Das Erziehungsprogramm für Junge, für Starke

Das Claudia-Nolte-Phänomen ist das (Erziehungs-)Programm der rechten Großväter für ihre jugendlichen Enkelinnen und Enkel heute. Sie sind dankbar für die eine, die nicht verdorben, gleichgültig, konsumsüchtig, traurig oder randalierend ist, die sich abhebt von denen, die Sicherheit in den Schoß gelegt haben wollen, die nicht kämpfen und sich nicht opfern wollen und die Rundum-Fürsorge als Zumutung empfinden. Sie verzichtet noch, um etwas zu erreichen und Höheren zu dienen. Es ist kein Zufall, daß es eine Frau ist, die so abweicht von der Mehrheit der Jugend. Sie muß noch immer mehr erbringen, um ähnlich viel nur wie er zu erreichen. Und sie ist das Einfallstor, über das die Großväter auch die jungen Männer erreichen werden, die den Frauen ja imponieren wollen. Die Moral der Stärkeren findet hier einen Weg zu denen, die sie brauchen. Nebenbei, mit wachsender Jugendarbeitslosigkeit, sind es die Mädchen, die den Einstieg ins Erwachsenenalter nicht mit Arbeit, sondern mit früher Schwangerschaft und Mutterschaft vollziehen. Das wird der Nation und allen anderen dann auch guttun. Der ewige Kreislauf gottgewollten Lebens wird so irgendwann wieder ungestört fließen. Mit dem rechten Glauben können dann auch die schlechten Instinkte ausgelebt werden.

Das Claudia-Nolte-Phänomen erklärt sich aber auch als allgemeines Erziehungsprogramm gegen die Probleme von heute, die die Gesellschaften schütteln. Tapfer, angepaßt, dressiert – ein Anstandsweib.

Biederkeit, Sauberkeit, Verklemmtheit – keine Frau der Sinne, aber des Schaffens, normgerecht, leistungswillig und in organisierter Fröhlichkeit. Ehrgeiz und den Blick nach vornoben, dort geht es lang. Nichts ist stärker als der Stärkste. Also gib ihm gleich nach, wenn du groß sein willst. Gemeinschaft, Nation, Gott, mach die Augen auch einmal zu, alles wird wieder gut, eine Sache des Glaubens, nicht der Aufklärung, Verantwortung, Freude, Lust und Freiheit. Und weil das alles nicht stimmt, gibt es Doppelmoral. Die Starken nur nicht ärgern, damit sie nicht böse werden und uns allein lassen; erst einmal ja sagen und dann findet sich schon eine Gelegenheit, selbst stark zu werden oder ihnen etwas abzuluchsen und abzuzwacken; oder lieber tun, was sie einem sagen, dann macht man sich nützlich, und es fällt etwas ab; oder wenigstens so tun als ob, heimlich denkt man ja ganz anders; oder stillhalten bis alles vorüberzieht; nichts und niemand trauen, schon gar nicht sich selbst; retten kann einen doch nur die Seilschaft zwischen dem lieben Gott, seinen Stellvertreter auf Erden und das eigene, durchhalte- und zuschlagbereite Ich.

Neue Weiblichkeit findet neue Männlichkeit

Das fortwährende Ausschreiten in die Welt, die Befreiung aus den Ketten und die ganze Freiheit, auch im Outfit, das frau dazu braucht, diese Zeit der Emanzipation wurde abgelöst von der neuen Weiblichkeit. Die erweckte Lust und freie Begierde der Frauen wurden schon wieder vermarktet, um ihre Lebenswege erneut zu kontrollieren. Die forsche Verführung des Mannes – als vermeintlich heimliche Führung der Welt durch die Frau – ist schon wieder umgekippt in durchgestylte form- und situationsbewußte Benimmregularien, die nur noch durch stark künstlich rote Lippen an das ferne andere der Erotik erinnern. Die neuen Regeln sind natürlich vielfältig wie die Mode von heute oder die Lebenslage. Den Minirock, laut Wirtschaftsredaktion der Frankfurter Allgemeinen das Zeichen der Freiheit in florierender Wirtschaftslage, tragen die Jungen, die noch als gewinnversprechende Arbeitskräfte daheim und im Beruf zu haben sind. Und ein paar Zentimeter länger tragen ihn auch die Fittesten, die Karrierefrauen, die die Wirtschaft braucht, auch wenn es dafür ein paar weniger Kinder gibt. Die wieder modernen langen Röcke dagegen zeigen an, daß in Zeiten knapper Ökonomie „Weiblichkeit" gebraucht wird, sei es um den Männern zu gefallen oder um ihnen besser gefällig sein zu können. Weiblichkeit als Faktor von höchstem Wert – unbezahlbar billig und nützlich in Arbeit und Leben zugleich, wenn auch als illusionäres Versprechen auf die getötete (Lebens-)Lust –, die Botschaft ist angekommen. Die Welt schreit nach ihr. Vor ihrem Hintergrund kann auch die Männlichkeit noch hoffen, irgendwie doch wieder zu werden, was sie einmal war. Traditionsvereine aller Art, Männerbünde, Wilde-Männergruppen, Sanfte-Männergruppen, gröhlende Fußballfangemeinden sind ein fruchtbarer Boden.

Kinder, Kinder – heile Welt

Aber da haben wir doch wenigstens noch die Kinder. „Abtreibungen werden jetzt – wie der Aggressionskrieg – zu einem Rückfall in archaische Tötungsrituale. Sie sind ein empfindlicher Makel unserer politischen Kultur." Das verkündet Hans Meier, früher Kultusminister und heute Professor für Christliche Weltanschauung, Religions- und Kulturtheorie, 1996 in der Zeitung der rechten klugen Köpfe. „Kinderfeindlichkeit und erbärmliche Wohnungsinserate, in denen Vermieter kinderlose Mieter suchen", beklagt der Bundespräsident Roman Herzog. Er verlangt, „etwas für die Mütter zu tun", die Kinder aufziehen, „was für unsere Renten so wichtig ist wie der Beruf". Er will die „Daumenschrauben nun bald anziehen" für mehr Kinderfreundlichkeit und größere Familien. Und seine Frau veröffentlicht ein Kochbuch dazu. Denn die Familie, läßt er wissen, ist „Basis auch meiner menschlichen Kraft, ein Hafen, in den man immer wieder zurückkehren kann". „Ein nationales Programm für mehr Kinderbewußtsein" fordert die SPD-Justizsenatorin in Berlin, Lore Maria Peschel-Gutzeit. Sie fordert für jedes Kind eine zusätzliche Stimme der Eltern bei Wahlen. Das gemeinsame Sorgerecht auch nach Scheidungen will die SPD-Abgeordnete Margot von Renesse wieder einführen und behauptet, damit für die Kinder die Väter gegen den „Egoismus der Mütter" zu retten.

Kinder sind das Programm der Rettung: für die böse Welt, die ihnen keinen Platz läßt; für unsere Renten, nachdem die Rentenversicherungen zusammenbrechen; für die Frauen, die keine Arbeit finden; für die Familie und Gemeinschaft, die auseinanderfallen; für die Männer, die Macht verloren haben.

family values

Und damit es dann für alle gut bleibt, müssen alle schön aufeinander aufpassen und füreinander sorgen. Family values und Kommunitarismus schallt es von überall. Hillary Clinton will Scheidungen erschweren und den Behördenzugriff auf Familien erleichtern. Labourchef Tony Blair erklärt: „Der einzelne fährt am besten in einer ehrlichen und starken Gemeinschaft." Nur die Unverantwortlichen ignorieren die Gefühle der Gemeinschaft, behaupten sie. Die Verantwortungslosen sind angeblich die Ineffizienten, sie enttäuschen die Gemeinschaft und behindern ihren Fortschritt, oder die Drückeberger, sie fordern soziale Menschen- und Bürgerrechte, anstatt ihren Pflichten gegenüber der Familie nachzukommen. Während die Etablierten so reden, treffen sie gerade eine Entscheidung nach der anderen zu ihrem eigenen statt der Gemeinschaft Nutzen und beuten munter die Verantwortung anderer aus.

Die Träger dieser Werte sind ausgemacht. Statt einer Quote, so sagt die führende konservative Tageszeitung schon lange, brauchten Frauen „Politikfixpunkte", die einen Bezug zu ihrem „besonderen Lebensweg" haben wie die „Vorsorge für die kommende Generation". Die Frauen würden im Zweifel die Familie eben nicht so schnell vergessen wie die Männer. Drum möge die „Familie Vorrang haben, der Schutz des Ungeborenen, familiengerechte Kinderbetreuung, sinnstiftende Schulpolitik und die Sicherung der Umwelt". Die Frau soll Kinder gebären, zufriedene Mutter werden, begnadet erziehen, sich gesund erhalten und bilden, heimisch arbeiten sowieso, den Familienunterhalt mit sichern, niemand auf der Tasche liegen, immer bitte schön weiblich Verbindung und Gemeinschaft schaffen. Das wird aber erst so richtig mit einem Mann an der Seite und nicht als Single. Deshalb ist Heiraten auch so gesund und macht Single-Sein so krank und nicht etwa die singlefeindliche Politik. Für das vermeintlich kränkere Geschlecht, das seltsamerweise auch noch länger lebt, gilt dies allemal. Untersuchungen haben das mehrfach bestätigt. Daran ändert auch nichts, daß die nach außen abgeschotteten Ehen problemverschärfend wirken und so oft scheitern und so viel Scheitern so viel Elend und Krankheit verursacht, von den Gefahren für die Kinder ganz zu schweigen.

Das machen wir so lange, bis im Zweifel am Ende auch die zur Rettung aufgezogenen Kinder zur Rettung geopfert werden, bis Frauen am Ende wieder schmerzensreich klagen, daß ihre Kinder in den Krieg geschickt werden und ziehen und getötet werden und sie betrogen worden sind.

50erJahre

Das Claudia-Nolte-Phänomen kündet von der Wiederauflage der 50er Jahre, aber doch unter umgekehrten Vorzeichen. Es dräut uns nicht ein Wirtschaftswunder, nachdem alles zerschlagen worden war, sondern ein

Wirtschaftsschrecken, der voraussichtlich noch viel zerschlagen wird. Hart schaffen, überall zupacken, bescheiden aufbauen, Kinder und Familie, Suche nach heiler Welt und Glaube an irgendeinen höheren Sinn. Und Angst als Symptom fürs Verdrängen ernster Schwierigkeiten.

Der Ruf nach mehr Kindern und größeren Familien, noch ohne daß mit den vorhandenen Kindern halbwegs menschlich umgegegangen wird, ist eine große Flucht vor der wirklichen Lösung der Probleme von heute. Die Suche nach dem Heil in der Unschuld, die es nicht gibt, die Spaltung der Geschlechter und des Menschen, der aus ihnen stets folgende Zwang zur krampfhaften Doppelung, zum verzahnten Gefängnis und zur programmatischen „Anti-Offenheit", sie stehen dem gesellschaftlichen Wandel, den wir brauchen, diametral entgegen. Sie sind problemverschärfend. Sie sind anachronistisch für die Gesellschaft der Gegenwart und absehbaren Zukunft.

So ist das Claudia-Nolte-Phänomen ein Zeichen für Leichtsinn und Langeweile, Vorboten, daß etwas anderes im Anzug sein könnte, wenn niemand das Blatt zu wenden bereit ist. Steffen Heitmann, der für eine solche Politik sprach, mußte abtreten. Aber die für sie sprechende Frau wird hingenommen. Wenn das kein Fortschritt ist, der ahnen läßt, daß er noch weitergeht. Eine Wiederauflage der 50er Jahre mag Überforderte beruhigen. Sie wird jedoch weit schaler und von kürzerer Dauer sein als das Original. Wird der Betrug erst ruchbar, wird Frustration in Zorn umschlagen.

Kein Kohl für ewig

Es ist nicht die Aufgabe der Frauen, Kinder zu gebären und dahinein alle Kraft zu geben. Es ist auch nicht ihre Aufgabe, als Dienerinnen und Trümmerfrauen weiterzuspielen. Es ist nicht Aufgabe der Männer, ihre Kinder zu verlassen oder Verantwortung mit Monatsraten zu verwechseln. Es ist nicht ihre Aufgabe, Frauen als ewig unmündige Bündel mit sich herumzutragen und dafür rundherum alles für sich zu beanspruchen. Zu den Allein-Müttern und Trümmerfrauen gehören unvermeidbar die Abwesenheits-Väter und Zertrümmerermänner und die Arbeitsteilung zwischen beiden. Daran ändert sich auch nichts, wenn das Ganze im Rollentausch stattfindet. Dieser endet sowieso meist in Überanpassung, die – ob die Frau als schlimmerer Mann oder der Mann als schlimmere Frau auftritt – in jedem Fall in Frauenhaß umschlägt, weil das versammelte Patriarchat in seinen Zerrspiegel schauen muß. Mit diesen Mustern können sich Frauen und Männer wechselseitig ewig die

Schuld an der Schlechtigkeit der Welt zuschieben. Sie lassen die Frau gefangen unter dem männlichen Joch und die Männer in den weiblichen Netzen.

Diese Arbeitsteilung ist keine Frage der Natur, sondern des Umgangs mit ihr, der historisch veränderlichen Arbeitsorganisation und gesellschaftlichen Verfaßtheit. Sie verhindert den humanen Wandel, der möglich ist, so wie der Mensch aufrechtes Gehen und langes Leben gelernt hat. Die Welt hat Menschen genug. Kinder kommen so oder so von allein. Alle müssen aber anders zusammen und besser leben lernen. Frauen und Männer haben Sorge zu tragen, daß die Bedingungen des Lebens umgestaltet und Konflikte zivil gelöst werden, damit Frau, Mann, Kinder und Alte Selbstverantwortung und Verantwortung für andere übernehmen und schonend mit der Welt umgehen können. Gesellschaftlichen und individuellen Wandel, Vergehen und Neubeginnen wird es immer geben. Es fragt sich nur, wieviel Gewalttätigkeit in den Pendelschlägen von „negativer" und „positiver" Revolution die Menschenwelt dabei verkraftet, sich leisten will, geschweige denn human für vertretbar hält.

Helmut Kohl ist eine beinahe vollendete Symbiose von Macht und Konservatismus, in der die Seilschaft mit dem Inhalt der Politik zusammenfällt und im Familienlied besungen wird. Macht und Konservatismus gehen immer zusammen und scheinen deshalb so unauflösbar. Sie sind aber früher oder später noch stets gefallen und werden das auch dieses Mal tun. Offen ist, auf welche Weise das geschehen wird. Ein Rückschritt ist möglich. Aber er ist weder vernünftig noch unvermeidbar.

XI. Alternativen – Emanzipation ist produktiver

1. Die Frauenfrage ist neu(e) Gesellschaftsfrage

Für die weitere Entwicklung in der „Frauenpolitik", die gleichzeitig Geschlechter- und Gesellschaftspolitik ist und sein muß, sind zwei Wege denkbar. Die eine Möglichkeit besteht darin, eine moderne, nichtgeschlossene, moderate geschlechtshierarchische Spaltung fortzuschreiben und mit ihr gleichzeitig eine neue soziale Arm-Reich-Spaltung der Gesellschaft zu befördern. Diese Möglichkeit erscheint zunächst als die einfachere, praktikablere, schnellere und billigere. Tatsächlich aber ist sie sehr teuer, weil mit ihr gesellschaftliche Existenzgrundlagen und soziale Ressourcen, von denen alle leben (müssen), aufgezehrt oder zerstört werden. Obendrein widerspricht diese Möglichkeit den Prinzipien der modernen Demokratie wie der Gleichheit und Freiheit aller. Sie ist vor ihnen schwer legitimierbar und nur mit einem Verlust auch an politischer Demokratie zu erkaufen. Die andere Möglichkeit liegt darin, geschlechtliche und andere soziale Spaltungen zu minimieren, indem strukturelle Ungleichheiten ausgeglichen und Verschiedenes, das doch in einem abhängigen Zusammenhang miteinander steht, gleichberechtigt und durchlässig verbunden wird. Dieser Weg erscheint zunächst aufwendiger, schwieriger und kostspieliger. Er ist jedoch nachhaltiger, ergiebiger und produktiver, das heißt auch preiswerter. Er ist der bessere Weg zu mehr Reichtum für viele und für die Gesellschaft insgesamt. Er vertieft die Demokratie und minimiert die Kosten, die Gewalt und Zerstörung verursachen. Jeder Hinweis auf die Situation von Frauen fällt dann vierfach auf die Hinweisenden zurück: auf die Frau selbst, auf die Männer, auf das Verhältnis zwischen den Geschlechtern und auf die Gesellschaft.

Die „Frauenfrage" stellt sich so oder so vielleicht unspektakulärer, aber doch schärfer als bislang, weil die Probleme, mit denen die Gesellschaft es heute zu tun hat, dies auf doppelte Weise hervortreiben. Von Anfang an hat der kapitalistische Markt auf der Basis der Ökonomie der Privathaushalte funktioniert und mit einem auf sie zugeschnittenen Staat. Das auf einer Spitze stehende hierarchische Dreiecksverhältnis zwischen Privathaushalt, Staat und Wirtschaft verändert sich mit jeder einzelnen Veränderung in ihm. Es kommt aus dem Tritt, wenn sich auch nur an einer Stelle die Spielregeln substantiell ändern, wie es heute mit dem Wandel der traditionellen patriarchalen, industriellen und wachstumsorientierten Arbeitsgesellschaft geschieht. Stets war der Mensch die einzig kreative Kraft und produktive Ressource. Doch hat sich sein Stellenwert verändert. Nachdem zunächst Körperkraft und dann Geisteskraft immer mehr durch Maschinen ersetzt wurden, sind damit verbundene menschliche Arbeitsfunktionen wesentlich unwichtiger geworden. Der ganze Mensch aber als Steuernder, Entwickelnder und Subjekt der Arbeit wurde wesentlich bedeutender. Quantitativ sind immer weniger Arbeitsstunden nötig, um die Produktivität des eingesetzten Kapitals und der ausgestoßenen Waren zu steigern. Aber immer umfassender und höher ist der quantitative und qualitative (Entwicklungs-)Einsatz für die Arbeitskraft „ganzer Mensch", der als Subjekt nur die entfesselten Produktivkräfte noch konstruktiv gestalten kann. Über den Arbeitsmarkt werden *alle* Arbeitsreserven der Gesellschaft auf ihre diesbezügliche Brauchbarkeit unter dem Gesichtspunkt der Profitabilität gefiltert und soweit lohnend aufgefressen. Arbeit als Quelle von Existenzsicherung, Selbstentäußerung, schöpferische Tätigkeit und sozialer Bezugsraum des Menschen wird damit in Gehalt, Gestalt, Dauer und Wert immer umkämpfter. Das traditionelle (Berufs-)Arbeitssystem wird in einem Maße überkomplex und verzerrt, daß es auf kurz oder lang kollabieren muß.

Da mit der bisherigen Arbeit in privater und öffentlicher Ökonomie geschlechtliche Arbeitsteilungen mit vertikalen und horizontalen Funktions- und Wertehierarchien verbunden waren, geraten also mit dem Wandel die geschlechtlichen Teilungen selbst ins Wanken. Die Probleme rollen sich vom untersten Glied, den Frauen, her auf, das sie am schärfsten spürt und im Zweifel als Sündenbock herhalten muß. Einerseits sind Frauen wie Männer nicht nur gerufen, sondern auch gezwungen, ihre Existenz durch den Verkauf ihrer Arbeitskraft auf dem globalen privaten Markt zu sichern. Andererseits werden im Arbeitsprozeß selbst zur Entfaltung des „produktiven Faktors Mensch", heute „human capital" genannt, alle Qualifikationen gebraucht. Dazu gehören heute insbesondere auch jene sozialen Kompetenzen für den Umgang und die Entfaltung des Menschen, die bislang vor allem von Frauen auf einem privaten Markt häuslicher Art ausgebildet wurden. Frauen werden also immer mehr im Bereich des Öffentlichen gebraucht, von dem sie bislang ausgeschlossen waren. Damit fehlen Frauen nicht nur als Heimarbeiterinnen auf der Kehrseite patriarchal normierter Erwerbsarbeit, sondern auch ihre spezifischen, nur im privaten Haus so sinnvoll gebrauchten und ausgeübten sozialen Kompetenzen ebenso wie die Produktionsstätten derselben. Damit fallen Frauen mehr noch als sozialer Kitt und Weichzeichner der Gesellschaft insofern aus, als sie ihre soziale Kompetenz nicht mehr un- und unterbezahlt und nicht mehr uneigennützig und nicht mehr beschränkt und borniert geben (können, wollen und dürfen). Damit geht eine soziale Ressource in bestimmter Gestalt tendenziell überhaupt verloren, soziale Ressourcen generell werden knapper und kostbarer. Ebensowenig wie *ver*sorgende Männer gibt es noch *für*sorgende Frauen. An ihre Stelle treten bislang Leerräume oder einfache bis qualifizierte, meist weibliche Arbeitskräfte als Dienstpersonal und eher in Nischen auch neue Beziehungen auf Wechselseitigkeit. Die soziale Marktwirtschaft hatte für die Frauen als einer sozialen Ressource immerhin kompensatorische Mittel bereit gestellt. Die private Marktwirtschaftsgesellschaft ignoriert diesen existentiellen Faktor und beutet alles noch Vorhandene bis zuletzt aus. Damit wird die soziale Fähigkeit einer Gesellschaft aber nur noch unter eindimensionaler quasi totaler Kontrolle der Ökonomie entwickelt. Der Mensch wird Anhängsel von Geld und Waren, und diese ersetzen die Bezugnahme der Menschen aufeinander und damit den Mensch als Wert an sich.

Parallel dazu werden die Individuen aus ihren bisherigen Zusammenhängen herausgelöst. Der Zwang zum Verkauf der individuellen Arbeitskraft, heute mehr und mehr des ganzen Individuums, auf dem Markt, verschärft den Zwang zur Individualisierung. Der Mensch soll dorthin, wo das Kapital ihn braucht, also darf er keine anderen Bindungen haben und kann soziale Ressourcen und Zusammenhänge gar nicht mehr ausbilden. Je weniger er aber einen anderen Zusammenhang als sein eigenes Kontinuum hat, desto mehr ist er verdammt, sich unter allen Umständen erfolgreich auf dem Arbeitsmarkt zu verkaufen. Noch gibt es eine Zwischenstufe, die gerne zur politischen Spaltung Anlaß gibt. Die Spaltung zwischen Frau und Mann wird nach der Spaltung zwischen erwerbstätigen Frauen und Müttern durch die Spaltung zwischen Singles und Familienmenschen ersetzt. Singles machen angeblich Karriere auf Kosten von Familienmenschen, die angeblich keine machen. In Wahrheit wird ein minimiertes Soziales – die „Produktion" von Kindern – in einem noch kleinerem Segment als bislang abgelagert, während alles und alle drumherum uneingeschränkt dem Überlebenskampf überantwortet werden. Dabei war *der* erste Single immer ein patriarchaler Mann mit Ehefrau und Kind und *die* erste Single eine Frau, die sich gegen ihre Ausbeutung durch den Mann und dadurch bedingte Nachteile auf Arbeitsmarkt oder in den Lebenschancen wehrte. Die Mehrheit dieser neuen Singles sind immer noch Frauen, und die verbleibenden Familien existieren als solche weiterhin vor allem für den Mann, während die Frau in ihnen im Zweifel bereits die Alleingelassene, für einen Mann privat arbeitende Single ist. Jedenfalls geht der Weg zu immer mehr Singles, auch männlichen Geschlechts, die nun ebenfalls wirkliche Singles werden. Und jedenfalls sind Familien wie Frauen, alte wie neue Singles, abhängig von dem, was Karrieren abwerfen. Der einzelne Mensch verliert sich nach materieller und sinnvoller Existenz heischend in einer zersplitterten McDonalds Massengesellschaft. Gesellschaft als das vielseitige in Beziehung setzen der Menschen zueinander zerfällt und verdünnt sich zu einer einzigen und engen Spur. Sie findet nur noch ökonomisch funktional statt und hält nur, solange das Kapital sie bindet. Bei der Abspaltung des „restlichen" Menschen von seiner ökonomischen Funktion verliert aber auch letztere ihren Bezugspunkt und führt sich selbst ins Leere oder in die Leere der Dinge. So be- und verhindert das Kapital, daß „human capital" überhaupt noch entstehen kann, das es selbst doch erst wieder profitabel werden lassen könnte. Am Ende ist kein Mensch mehr da, der wenigstens so frei sein könnte, sich freiwillig als „human capital" in Abhängigkeit zu begeben.

Die Geschlechterspaltung ist nicht nur eine zwischen Frau und Mann, sondern eine des Menschen selbst in Funktionalität und Soziabilität, in Materie und Geist, Rationalität und Emotionalität, in Bedürftigkeit oder Abhängigkeit und Autonomie, in Geldhabende, ohne sich zum Geldausgeben zu haben, und Sichhabende, die ohne Geld aber nicht sein können. Sie ist eine gesellschaftliche Zentralachse von Spaltung des ganzen Menschen und seines gesamten Lebenszusammenhangs. Soziale Ausbeutung des Menschen kommt so an einen Grenzbereich sozialer Zerstörung wie die Ausbeutung der Natur mit der ökologischen Zerstörung.

Diese Probleme sind nicht mehr durch erneute Kompensationspolitik zu lösen. Noch ein bißchen mehr Erziehungsgeld wäre viel zu wenig, und nicht einmal dafür wäre das Geld vorhanden unter den gegebenen Problemlagen und Machtverhältnissen. Umgekehrt sind die Grenzen der kompensatorischen Anpassung der Frau an die patriarchale Männergesellschaft erreicht. Sie könnte nur noch zum Rollentausch gesteigert werden, vor dem die Männergesellschaft selbst steht. So also sind neue

Lösungen zwingend, soll das Ganze wieder in Fluß gebracht werden. Die andere mögliche Option aber bleibt die der Zerstörung: Massenerwerbslosigkeit, Massenarmut, Massenseuchen, Krieg kalt oder heiß, sozial, ökologisch, kulturell oder militärisch, innerhalb oder zwischen Gesellschaften, Demokratieabbau und Diktatur.

Frauen sind Pionierinnen der gesellschaftlichen Veränderung. Über sie verknoten sich verschiedene Problemebenen, eben weil die Geschlechterhierarchie eine Zentralachse aller Spaltungen ist. Wo die Frauen heute sind, zieht morgen die ganze Gesellschaft hin. Was die Gesellschaft Frauen heute bietet, bietet sie morgen sich selbst. Was sie den Frauen antut, tut sie sich selbst an. Zentrale Erfahrungen von Frauen sind exemplarisch für Erfahrungen, die nun die Mehrheit unter der mobilen und abstrakten Herrschaft des Kapitals machen sollen. Frauen erleben in den halbierten, gespaltenen und hierarchisierten Geschlechterverhältnissen eine spezifische Qualität von anonymer und doch herrschaftlicher Ungleichheit, die sich auf dem globalen Markt mehr und mehr verallgemeinern soll. Das verlangen jedenfalls die strategischen Zentralmächte der Wirtschaft, jene Arbeitgeber, die nur noch „Lizenzgeber" für jene Arbeitnehmer sind, die selbständige „Lizenznehmer" geworden sind. Das Kapital bietet quasi heute allen Frau gewordenen Menschen die Ehe an und sticht dabei noch den Staat als herkömmlichen Ehegattenersatz aus.

Viele Frauen erleben den Spagat und Widerspruch zwischen isolierter materieller Existenzsicherung und eingezäuntem Leben schärfer als alle anderen, weshalb sie so gern als Vorbild für eine Vereinbarkeit von allem Möglichen nach Art der Quadratur des Kreises empfohlen werden. Frauen erleben bei flexibler Teilzeitarbeit und geringem Lohn den Zwang zur Verständigung mit anderen und die ewige Abhängigkeit von anderen extremer und brisanter als andere. Frauen kennen die Melange von freiwilligem Dienst am Herrn unter dem Herrn, von Selbstausbeutung in einer doch systematisch fremdbestimmten Liebesbeziehung, von freiwilliger Unterwerfung unter die Abhängigkeit vom Allernächsten-Gegner, vom Freiberuflertum als freies Sklavendasein unter anonym gewordener Herrschaft nur zu gut. Niemand hat so perfekt wie sie erfahren, wie Machtausübung sich auf den ganzen Menschen ausdehnen kann und der ganze Mensch das Kapital wird, von dem „man-frau" lebt. Kaum jemand weiß in ihrer Arbeit wie sie, daß es nicht nur um den Einsatz fachlicher Kraft, sondern um den erfolgreichen Betrieb eines gesamten sozialen Gefüges geht, wie nicht nur Arbeit, sondern Verantwortung (für Kinder, Mann, Mensch) ausgebeutet wird. Frauen wissen sehr genau, wie Versorgung und Fürsorge von Egoismus durchzogen sind. Sie kennen die Lage, in der sich zwei nicht offen mit verschiedenen Interessen, sondern als vermeintlich Gleiche innerhalb eines gemeinsamen Vorhabens gegenüberstehen. Wenige wissen wie sie, daß Machthabende Rahmenbedingungen setzen und trotzdem nie für deren Ergebnisse verantwortlich sein wollen. Sie haben erlebt, wie unter einer Einheit Trennung und Atomisierung stattfindet. Die Frau weiß, wie „man-frau" sozialisiert wird, „human capital" zu sein, wie „man-frau" als Arbeitnehmerin in scheinbar völlig freier Entscheidung als Ehemann-Suchende die „eigene Unternehmerin" ist. Schließlich weiß sie, daß der Herr keine Arbeitskraft erwirbt, sondern das Arbeitsergebnis selbst, nämlich die Frau als beste Ehefrau auf dem Heiratsmarkt. Die Frau hat erfahren, welche Art von zerrissenem, irremachendem Leben in all dem stattfindet, durch nicht wahrnehmbare Unterordnung der einen unter die anderen und ohne Demokratie und Gleichheit und Freiheit für beide. Niemand könnte also besser als sie helfen, all das zu verallgemeinern, auch für Männer. Frauen können aber ebensogut helfen, eine etwas bessere Lösung für alle zu finden.

Hier fällt die Frauenfrage zusammen mit der Frage nach einer neuen Gesellschaft – allerdings umgekehrt als einst gedacht, nicht als Nebenaspekt oder Wurmfortsatz, sondern als Anfang, Seismograph und roter Faden von Veränderung. Hier bündeln sich die alten sozialen Fragen mit den neuen. Hier gibt es eine neue Synthese gegenüber dem Untergang der altertümlich und obendrein ungleich kämpfenden Parteien. Hier stellt sich die Frage nach der Gerechtigkeit heute, und hier sind manche Kriterien für Neugestaltung zu finden, an denen es allenthalben so mangelt.

Deshalb hätte die Frauenbewegung alles, was sie erfahren hat, umzudrehen, hinzuwenden zur Gesellschaft und mit ihr aufs Ganze zu gehen. Selbstbestimmung wäre sozial zu denken, das heißt so, daß sie für alle möglich wird im gegenseitigen Aufeinanderangewiesensein. Wenn „human capital" so bedeutend ist für das Kapital, dann müßte es auch Kapital für das „human capital" geben. Wenn jeder Arbeitnehmer sein eigener Unternehmer werden soll, dann bräuchte er oder sie dazu auch ein privates Eigentumsrecht. Dann könnte es eine ganz ungeahnte neue Form von „Sozialismus-Kapitalismus" geben. Dann könnte es auf dem Weg durch den Kapitalismus hindurch etwas über ihn Hinausreichendes geben.

Alles, was Frauen bisher gemacht haben, hätten sie nun so teuer zu machen, wie es tatsächlich ist. Ihr Terrain wird – in Verbindung mit einer neuen Ökonomie – von außerordentlicher Wichtigkeit für die Zukunft sein. Alle ausgegrenzten Fragen nach dem Sozialen, nach dem Menschen und seinem Woher und Wohin, nach dem, was er ist und zum Leben braucht, nach dem Wie von Leben und Sterben, nach seinem Sinn in einer Welt aus entwickelter Natur- und Technik-Materie werden voraussichtlich die nächsten Jahrzehnte bestimmen. Schon heute bestimmen sie die öffentlichen Debatten: Arbeit, Erziehung, Gesundheit, Bildung, Alter, Kindheit, Sterben, Körper, Seele. Diesen Debatten können neue Perspektiven gegeben werden.

2. Unabgegoltenes der Frauenbewegung

„Das Private ist politisch." Mit dieser Aussage hat die Frauenbewegung nicht nur treffend die private Hausordnung, sondern auch auf den Zusammenhang zwischen privatem Haushalt, Wirtschaft und Staat hingewiesen. Anders gesagt: die Art in einer Gesellschaft Beziehungen zu stiften – naturgemäß sind es immer Wechsel- und Tauschbeziehungen –, sei es im Privaten und Öffentlichen, in der Ökonomie und Politik, steht miteinander in einem Zusammenhang. In ihren Konsequenzen können sie nie nur für sich und ohne diesen Zusammenhang gesehen und eingeschätzt, bedacht und bewertet werden. Bisher sind diese Beziehungen und ihr Zusammenhang systematisch ungleich und hierarchisch verzerrt nach Geschlecht, politischem Vermögen und Eigentum. Nicht zufällig und nicht zu Unrecht hat die CDU die traditionelle Familie als Keimform des Staates bezeichnet. Die CDU – und mit ihr viele andere – versuchen sie zu erhalten, obwohl sie in ihren Grundlagen unterspült wird, in ihren Aufgaben überfordert ist und Ungerechtigkeit produziert. Mit der herkömmlichen Familie wird eine Gemeinschaft als vorrangiges Gut verteidigt, die als hierarchisches Gebilde nach Vorrecht des Hausherrn funktioniert und die eingepaßt ist in eine parallele politische Werteordnung, in der Ökonomie vor nationalem Staat, Staat vor Familie und Familie vor dem Individuum stehen. Verschiedene helfende Versuche, die Kleinfamilie zu liberalisieren und zu demokratisieren, ohne ihre innere Hierachie in ihren tiefen gesellschaftlichen Dimensionen zu verändern, sind heute an eine Grenze gestoßen. Die Fluchttendenzen des gesellschaftlichen Wandels sind stärker. Der globale privatkapitalistische Markt impliziert tendenziell die vollendete Vereinzelung und Vermassung der Menschen rund um die Uhr und rund um den Erdball. Die Beziehungen werden durch den Lauf des Geldes bestimmt und geraten dabei in einen Leerlauf. Die etablierte Politik und Öffentlichkeit versuchen gegen den „Egoismus", den sie selbst in der Befürwortung der Marktwirtschaft als rettende Tugend immer noch predigen, „die Gemeinschaft" – Familie, Verein, Partei, Staat, Nation etc. – und begrifflich verlogen „die Solidarität" zu retten, indem sie diese im verschärften Gang als autoritäre und beziehungsungleiche entwerfen, noch bevor sie je die Rechte des Individuums in ihr voll in Kraft gesetzt haben. Währenddessen nimmt sich eine immer kleiner werdende Spitzen-Gemeinschaft schon ihren Vortritt vor den untergeordneten Gemeinschaften und so dem Individuum noch den bislang vorhandenen sozialen Spielraum. Dieses Lösungsmittel ist nicht nur zum Scheitern verurteilt, sondern problemverschärfend. An ihm siechen Gemeinschaft und Gesellschaft schon längst dahin.

Was aber kann dann zukünftig die Grundlage einer Verbindung sein zwischen unendlichen Massen von „UnternehmerInnen in eigener Sache" und Menschen nebenbei? Mindestens brauchen selbstbewußte und selbständige Unternehmer Käufer ihrer Waren. Diese potentiellen Käufer aber sind dasselbe wie sie, nämlich Unternehmer, die sie als Konkurrenten ausstechen oder als gleichberechtigt respektieren können. Soll die Ökonomie noch florieren, bleibt nur letzteres. Das wäre aus ihrer Logik heraus ein Zugang zu neuer Problemlösung. Dann läßt sich der Fundus der modernen Demokratie, die diese barbarische Sichtweise bereits überwunden hatte, durchaus auf den globalen Markt anwenden. Die Menschenrechte, das Grundgesetz, die europäische Aufklärung liefern als vernünftige Kriterien die unveräußerliche Würde und die Rechte des einzigartigen Individuums auf Selbstentfaltung, Freiheit und Gleichheit. Mit ihrer Hilfe wären alle „closed shops" zu öffnen und zu korrigieren.

Die Antwort auf die übergroß werdende Heillosigkeit, die die Menschenwelt umkippen läßt wie einen ökologisch zerstörten See, könnte darin liegen, das Individuum, auf das es im Einzelfall so wenig und doch so sehr ankommt, moralisch und sachlich zu verteidigen. Das hieße, alle Beziehungs- und Gesellschaftsstiftung von ihm aus neu zu entwerfen, zu demokratisieren und zu sozialisieren. Die wichtigste Aufgabe zur Rettung von Gemeinschaft, Geselligkeit und Gesellschaft wäre die Rettung des unabhängigen Individuums als einem sozialen

Wesen, das immer auch abhängig ist und aus eigenem Interesse Gesellschaft braucht. Alle sozialen Beziehungen wären dann auf demokratische Wechselseitigkeit auszurichten. Alles Humane ist im übrigen immer konkret. Nur der konkrete Mensch macht Erfahrungen, leidet oder lebt gut. In ihm hätte Politik ihre Perspektive zu finden. Politik auf die gleiche Würde und das gleiche Grundrecht der Menschen und gegen ihre Repression zu verpflichten, wäre vernünftig. Probleme einer Gesellschaft lassen sich am produktivsten lösen, wenn die positiven Potentiale und Eigenkräfte des Menschen und ihre friedliche Konfliktlösung strukturell gefördert und so Zwang, Druck und Gewalt minimiert werden. Das Freiere setzt sich auf Dauer immer als das Stärkere gegen alle Filter von Unterdrückung durch. Diesem „Gesetz" nachzugeben und es zu gestalten, wäre klüger als es zu ignorieren. So versteht es sich von selbst, daß es auch nicht um neue kollektive Einheits- und Zwangs-Normen für Frauen (oder Männer) gehen kann. Es ginge vielmehr darum, das individuelle Recht der Frau und ihre Menschenrechte allgemein geltend zu machen und dabei das Individuum selbst in seiner Gänze erst wirklich ins Recht zu setzen. Denn bisher herrschte ein Verständnis vom Recht des Individuums vor, das auf der Vereinnahmung einer anderen beruhte. Auf dieser Basis wird eine neue Vielfalt von Menschsein, Arbeits- und Lebensweisen von Frauen und Männern erst wieder freigesetzt.

Hier wird das Unabgegoltene der Frauenbewegung sichtbar. Mit ihr wurde die Individualisierung der Gesellschaft aktiv auf eine Spitze getrieben. Frauen wollten selbständig und unabhängig leben. Auch Frauen machten die bürgerlichen Individualrechte für sich geltend. Sie erweiterten außerdem das Verständnis von der Würde und Unverletzlichkeit des Individuums um neue Dimensionen körperlicher und seelischer Unversehrtheit und damit das Verständnis von den Menschenrechten. Zugleich aber haben Frauen und ihre Bewegung wie niemand sonst auf die soziale Abhängigkeit des Menschen hingewiesen, indem sie die Kehrseite des vermeintlich autonomen bürgerlichen Mannes aufdeckten und indem sie auf die existentielle sozial-materielle Bedürftigkeit des Menschen nicht nur vor und nach seiner Geburt hingewiesen haben. Von hier aus wären Freiheit und Solidarität nicht mehr als unvereinbare Gegensätze zu definieren, sondern vielmehr als ein unauflösbares und untrennbares Widerspruchspaar. Sie sind zwei Seiten einer Sache, eine Zweiheit in der Einheit wie die Zweigeschlechtlichkeit des einen Menschengeschlechts, die als solche auch strukturell gestaltet werden müßte, wenn der Mensch nicht länger vom Mensch einseitig vereinnahmt werden soll. Einerseits wäre dann zwischen unterschiedlichen Individuen zu differenzieren. Andererseits wäre Solidarität nicht nur als familiale, sondern als menschliche Solidarität, die der Mensch mit sich selbst und anderen zugleich eingeht, zu begreifen. Dieses Verständnis vom Individuum als soziales Wesen erlaubt einerseits einen Abstand, eine Differenz oder auch Trennung und andererseits eine freiere und in der Wechselseitigkeit zugleich verbindlichere Verbindung zwischen ihnen: ein relatives freigewähltes Für-Sich-Sein und eine relativ freigewählte Abhängigkeit von anderen.

Dabei könnte der Abstand zwischen Individuum und Gesellschaft und das Recht auf freie Wahl der Abhängigkeit nur über ein Minimum an Rechten für das Individuum gegenüber anderen Individuen oder der Gesellschaft hergestellt werden. Dieses Minimum müßte auch da sein, um unter Umständen über es hinauswachsen und auf es verzichten zu können. Es müßte heute erweitert werden, wenn eine neue Beziehungs- und Gesellschaftsstiftung stattfinden soll. Diese würde Pflicht und Gefolgschaft aufgrund von Asymmetrien überschreiten und in der Freiwilligkeit von Verbindung die zweiseitige Einsicht in die wechselseitige Abhängigkeit ausdrücken, mit der immer eine Relativierung von eigenen Werten und Interessen und die ständige reflexive Überprüfung der gefundenen Vereinbarung einhergehen. Auch der Inhalt der bürgerrechtlichen Ansprüche müßte immer wieder neu über den Streit der divergierenden Einzelinteressen ausgehandelt und geformt werden. Solidarität wäre dann weder Schicksals- noch nur Notgemeinschaft, sondern ein Entwurf für kritisches Auskommen und Zusammenleben. Als Egoismus träte dann jede systematische Einseitigkeit, jeder Einbahnverkehr und jede Schieflage in den gesellschaftlichen Beziehungen hervor. Aber die Inanspruchnahme des Rechts des Individuums könnte nicht mehr mit ihm verwechselt werden.

Damit würde auch das Verständnis von Selbständigkeit und Selbstbestimmung radikalisiert als eine Einheit von Selbstverantwortung und Verantwortung für andere, bei der das eine ohne das andere nicht werden kann. Es wäre ein Gegenentwurf zu einer Gemeinschaftsideologie, die Unterwerfung und Dienen einerseits und Errettung von oben andererseits beinhaltet. So stellten sich notwendige Zusammenhänge her anstatt Probleme in Einzelteile zu spalten, zu kanalisieren und durch (un-)endliche Verlängerung zu verschärfen. So radikalisierte sich das Verständnis von Demokratie, das auf die Gesellschaften unter dem globalen Markt anzuwenden wäre. Der Gegensatz zwischen unternehmerischer Freiheit und der Gleichheit aller wäre produktiv zu wenden, wenn allen ein Minimum an Voraussetzungen – an Eigentum – zur Verfügung gestellt würde, sich als Unternehmer zu behaupten. Mehr Gerechtigkeit würde nicht mehr hergestellt durch Verstaatlichung oder Vergesellschaftung, Enteignung von Besitzenden und Gegengewalt, sondern durch Unterlassung von „übermäßiger" Vergesellschaftung und Ausbeutung von Menschen-Individuen (Frauen, Arbeitnehmern, Schwarzen etc.), damit sie sich besser selbst helfen können und müssen. Dieses Modell von Veränderung beinhaltete Hilfe zur Selbsthilfe und Selbstbeschränkung *und* Selbstverantwortung und Verantwortung aus Eigeninteresse. Es ersetzte ein Schwarzweißmuster nicht durch eine neues seiner Art, sondern will Komplexität fassen, so offensiv wie defensiv sein, so aggressiv wie sanft, so gezielt abbauend wie aufbauend. Die Vision bestünde darin, etwas zu unterlassen, was zu Schrecken führt, und ebenso die Mitwirkung daran zu verweigern, und gleichzeitig etwas anderes Besseres aktiv zu schaffen (zu müssen). Selbstbehauptung und Befreiung läge nicht in der Vernichtung von anderen und anderem, sondern im subversiven Sich-Nehmen und Verweigern, aber auch im Lassen von und für andere und anderes.

Eine solche Veränderung könnte – nach der Frauenbewegung – ihren nächsten Ausgangspunkt bei Männern nehmen. Das hieße Männer fördern – aus eigenem Interesse – die Selbständigkeit der Frau, indem sie sich aus den Zwängen der patriarchalen Männerrolle befreien, diese aktiv demobilisieren und umdrehen und zugleich die eigene Abhängigkeit anerkennen und praktisch realisieren. Ihre veränderten Lebensbedingungen geben Anlaß genug dazu.

Eine in diesem Sinne sozial gedachte Selbstbestimmung – als Selbstbestimmung jede und jeder für sich und mit anderen und für alle – zielte auf das Ganze der Gesellschaft, deren Neuordnung ins Haus steht. Es wäre aus feministischer Perspektive ein Angebot für diese Neuordnung, das anderen benachteiligten Interessen Platz zu einer selbstbestimmten Befriedigung läßt. Die Frauenfrage definierte sich so als soziale Frage, die in ihrer speziellen Art mit ihrer Lösung der Lösung anderer ungelöster Probleme ebenfalls Raum schafft. Sie trüge zu Antworten bei für die ökonomischen und technischen, humanen und ökologischen Fragen nach dem Mensch in seinem ganzen Lebenszusammenhang und als Gestalter dieses Zusammenhangs. Gegen die neuen Feindbilder und Fundamentalismen aller Art würde sie mit der objektiven umfassenden Abhängigkeit des Menschen vom Menschen auch auf das subjektive Recht auf ein eigenes und umfassenderes Leben verweisen. Dieses Verständnis von Selbstbestimmung verknüpft Freiheit und Demokratie und soziale Rechte neu. Individuelle, politische und soziale Bürgerrechte geben Freiheit einen weiteren Inhalt.

So würde die Frauenbewegung aus der Not eine Tugend machen und zugleich die patriarchal dominierte Linke weiter zu einer wirklich neuen Linken aufmischen. Sie ist schon längst weniger autoritär und kollektivistisch als diese, gibt auf ökonomische, soziale und ökologische Fragen im Verbund Antworten, sie hat ein weniger gestörtes Verhältnis zur wirtschaftlichen Freiheit und zum Eigentum, zum Individualismus und zur Pluralität von Gesellschaft wie zur Demokratie in ihrer unendlichen Schwierigkeit. Und sie hat vor allem ein anderes, wenigstens offeneres Verständnis vom Menschen. Sie will nicht so exzessiv eine Gattung, Klasse, Schicht oder Sorte durch die andere ersetzen. Sie glaubt politisch weniger und zweifelt mehr. Sie sieht den Zusammenhang zwischen Freiheit und Verantwortung, allerdings unter umgekehrten Vorzeichen als die Rechte. Verantwortung kann für sie nur Resultat von Freiheit sein und nicht deren von oben angeordnete Einschränkung. Sie fügt sich nicht dem Vorgegebenen, sondern versucht die eigene Abhängigkeit aktiv zu gestalten, weil sie die individuelle und politische Emanzipation des Menschen als im Prinzip unendlich bejaht. Sie ist stärker bereit und fähig mit der Unfertigkeit, Gebrochenheit, dem wissenden Unwissen des Menschen, der reproduzierenden und produzierten Menschenwelt zu leben.

3. Dynamisierung von allem Privaten und Öffentlichen, von Liebe, Arbeit und Ökonomie

Wenn das ganze Gebäude der (Tausch-)Beziehungen betrachtet wird, lassen sich auch die einzelnen Häuser und Zimmer besser ausleuchten und entzaubern. Laut patriarchaler Hausordnung war das private Heim als Ort der Liebe per se keines der Ungleichheit und fand eine Inbesitznahme fremden Gutes und fremder Arbeit ja immer nur außerhalb des Hauses statt. Dabei war die Trennung von Außen und Innen nur der erste scheinheilige Trick, dem endlos andere Dichotomien wie öffentlich/privat, Arbeit/Liebe, Materie/Geist, Verstand/Emotion, Gut/Böse, Mann/Frau, Freiheit/Unfreiheit folgten. Den Frauen schien währenddessen allmählich das Gold der Liebe als ein Käfig, die Freiheit vermuteten sie nur außerhalb. Sie strömten auf den Arbeitsmarkt und entkamen immerhin dem heiligen Heim, in dem das reale Leben tabuisiert und das nur der letzte Ort war, zwischen allem Gespaltenen Beziehung wieder herzustellen. Dieser Ort machte also die Frauen zu den Beziehungsstifterinnen, eine Aufgabe, die sie ob ihres endlosen Leerlaufes schließlich aufkündigten. Auf dem Markt gab es auch für sie immerhin *geregelten* ungleichen und unfreien Austausch. Sie waren nicht mehr nur zu leerende Ressource und zu füllende Hülle, wobei die strukturelle Ungleichheit in den Existenzgrundlagen deshalb noch nicht aufgehoben war. Nur mobil sein und zirkulieren macht aber ebenso unfrei wie die häusliche Immobilität. Das Modell der Selbstbehauptung nach außen auf der Basis von Herrschaft und Macht nach innen – und sei es die absolute Selbstbeherrschung – macht eben nicht frei. So ist auch die männlich-patriarchale Behauptung von Autonomie theoretisch und praktisch widerlegt. Wird also das ganze Gebäude der Tauschbeziehungen der Menschen in einer Gesellschaft ins Visier genommen, so ergibt sich logischerweise die Notwendigkeit zu einem neuen geschlechtlichen und gesellschaftlichen Wirtschafts-, Arbeits-, Sozial- und Privatvertrag – oder anders gesagt: einen neuen Gesellschaftsvertrag –, der eine Neugestaltung auch von Institutionen nach sich ziehen wird: An die Stelle der Frauen als „Beziehungsstifterinnen und -retterinnen" müssen Verbindung stiftende und hierin Existenz sichernde materiell-rechtliche Bürgerrechte des Individuums treten.

Dann dynamisiert und ändert sich notwendigerweise das gesamte Gefüge von Privatem und Öffentlichem, von Liebe und Arbeit, von Privathaushalt, Staat und Wirtschaft und jedem seiner Einzelteile. Diese Bereiche wären dann nicht mehr voneinander abgespalten, sondern müßten in einen neuen Zusammenhang gebracht werden. Die heutigen Ungleichgewichtigkeiten zwischen Privatem und Öffentlichem, Liebe und Arbeit, Arbeit und Ökonomie, materiellem und immateriellem Reichtum wären zu korrigieren und ihre Teile in ein für die heutige Zeit ausgewogeneres, gleichberechtigtes, demokratisches und auf mehr Wechselseitigkeit gegründetes Verhältnis zueinander zu bringen. Dabei würden sich ihre Bedeutungen verschieben. Privates und Öffentliches stehen immer in Bezug zueinander und bilden zuletzt eine widersprüchliche Einheit. Das eine ist an sich so wenig das Reich der Freiheit wie das andere das der Unfreiheit. Arbeit ist weder von Notwendigkeit noch von Freiheit, noch von Liebe (und Haß) zu trennen, und Liebe weder von Arbeit noch von Notwendigkeit noch von Freiheit. Beide haben immer eine materielle und/oder immaterielle „Ökonomie“, und materieller Reichtum ist ohne immateriellen nicht denkbar. Das gilt eben nicht nur für die Erwerbsarbeit oder die frei getauschte Nachbarschaftshilfe, sondern auch für jede Form der Ehe, der Kurtisane, der Geliebten oder der freien Liebe, die bekanntlich vom Sozialstatus der Beteiligten nicht unabhängig sind. Die neuen Impulse können von den Frauen und aus ihren bisherigen privat und öffentlich un- bzw. unterbezahlten (Beziehungs-)Arbeiten kommen, in denen ihre Liebe zu anderen Menschen festgefroren und ausgebeutet wurde. Sie waren dennoch nie nur reine Frondienste, aus ihnen stammt schon jetzt mehr als die Hälfte des materiellen und allemal des immateriellen Reichtums. Von hier aus betrachtet zeigte sich künftig alle bezahlte und unbezahlte Arbeit der Frauen und Männer in einem Zusammenhang mit engeren oder weiteren sozialen Beziehungen.

Sogenannte Beziehungsarbeit (die als einseitige einst schon mit Liebe und diese mit Freiheit gleichgesetzt wurde) ließe sich als wechselseitiges Tätigsein für sich und andere verstehen, die aufgrund der sozialen und fürsorglichen Bedürftigkeit der Menschen, der notwendigen Bezugnahme zwischen sich und anderen, verrichtet wird. Sie resultierte aus Liebe zu konkreten Menschen ebenso wie auf einer abstrakteren Ebene aus grundsätzlicher Liebe des Menschen zu sich selbst und seiner Gattung. Sie würde dabei auch ihren bisherigen Charakter verändern. Die weibliche Alleinherrschaft oder Dominanz schwände, diese Tätigkeit (Arbeit) wäre zu teilen und auszuhandeln, das erforderte neue Kompetenzen und Tugenden. Das Beziehungsgeflecht, in der sie stattfände, erstreckte sich nicht nur auf ein Ehepaar, einen Versorgenden und eine Fürsorgende, und ihre eventuellen Kinder, vielleicht noch auf die Bluts- oder angeheiratete Verwandtschaft, sondern auf den gesamten Lebenszusammenhang einer Person. Der Begriff der Familie wäre wieder anders zu füllen. Er könnte sich auf alle Personen dieses Lebenszusammenhangs der einzelnen beziehen, auf „das ganze Haus“. Alle Beziehungen in ihr hätten gewissermaßen eine informelle oder formelle, private oder öffentliche demokratische Vertragsbasis. Die Grenzen zwischen privater und öffentlicher Arbeit und Beziehung würden durchlässiger und verschwämmen. Beziehungsarbeit würde sich auch auf die sozialen Zusammenhänge der Berufsarbeit beziehen. Zugleich würde berufliche Arbeit als professionelle Tätigkeit ebenfalls um der Sache der Menschen willen wieder erkennbar. Auch in ihr spielte Liebe zum Menschen auf abstrakter(er) Ebene eine Rolle, denn im Menschen fände sie ihren Bezugspunkt und Sinn. Damit würde alle Arbeit, gleichgültig an welcher Stelle des gesamtgesellschaftlichen Arbeitszusammenhangs sie stattfindet, eine neue Richtung erhalten. Von hier aus würde auch der privat- und gesamtgesellschaftlichen Ökonomie ein veränderter Bezugspunkt gegeben. Ein anderes Kriterium für das zu Erwirtschaftende würde eine andere Ökonomie stiften. Liebe zum Menschen auf abstrakter Ebene würde sich ferner als Solidarität der Menschen in einer anderen, nämlich sozialen Gesellschaft äußern. Und so würden Liebe, Arbeit und Ökonomie eine neue vielschichtige und widersprüchliche Einheit bilden können.

Der Gesellschaft würde ein neuer Produktivitätsbegriff zugrunde liegen müssen, der alle gesellschaftlich notwendige Arbeit, die an der Wertschöpfung auf dem Markt beteiligt ist, einbezieht. Das vorherrschende Verständnis von Produktivität reicht nicht aus. Um eine nachhaltig produktive Wirtschaft und Gesellschaft zu haben, bedürfte es nicht nur bestimmter ökonomischer Voraussetzungen. Es reichte auch nicht, wie es sich als Erkenntnis weit durchgesetzt hat, ökologische Grundlagen zu schaffen und zu erhalten. Es gehörten auch soziale und humane Bedingungen dazu, die bislang die Frauen und der Staat marktextern und so billig wie möglich garantiert haben. Sie müßten künftig nicht zuletzt als Kostenfaktor in der Wirtschaft, d.h. im Markt selbst implantiert werden. Zu den Kosten des gesellschaftlichen Lebenskreislaufes gehörten die Aufwendungen hinzu, die ihn selbst erst herstellen. Wer Nutznießer dieses Kreislaufes ist, müßte sich deshalb auch anteilsmäßig an den Kosten seiner Herstellung beteiligen. Solidarität als Gesellschaftsvertrag wäre keine Sache der Ideale und Idylle, der Bitte von Armen und Gnade von Reichen, sondern der Preis für verbrauchte soziale Ressourcen und Lebensnotwendigkeit für alle Teile von Gesellschaft und ihre Gesamtheit. Wo immer von Sachzwängen (des Marktes) gesprochen würde, die kein Geld für sie lassen, wäre falsch gerechnet worden und würde ein Herrschaftsinteresse nur verborgen.

Wenn die 80er Jahre ein Jahrzehnt des Hineingehens der Frauen in die Gesellschaft waren, um dort die von Frauen gewünschten Veränderungen einzuschreiben, und die 90er Jahre bisher die Grenzen der Integration der Rechte von Frauen zeigten, so könnten die kommenden Jahre die einer anderen Idee und der Neuschöpfung von Gesellschaft aufgrund der selbstverständlichen weiblichen Aneignung der Welt werden.

Damit diese Gedanken nicht nur abstraktes Postulat oder ein allgemeiner Wunsch bleiben und um ihre Umsetzbarkeit zu skizzieren, sollen im folgenden einige Überlegungen für ein neues Handeln angestellt werden. Zur Formulierung dieser Position wurde bewußt von einer Realität, in der zentrale Funktionsbereiche der Gesellschaft auf einen Kollaps zuzulaufen scheinen, Abstand gesucht, um von da aus nach Alternativen jenseits der vorherrschenden Trends zu forschen. Die Vorschläge zielen auf einen Ausweg, der bessere Voraussetzungen für grundsätzliche Problemlösungen zu schaffen versucht, der also im besten Sinne radikal wäre. Sie stellen in Rechnung, daß viele soziale und politische Risse und Brüche oft unvermeidbar waren oder sind. Sie wollen diese aber produktiv machen. Sie setzen dabei auf die Selbsthilfepotentiale der Gesellschaft und wollen diese strukturell unterstützen oder stabilisieren. Sie wollen konkretisieren, was ein neuer Geschlechter- und Gesellschaftsvertrag bezogen auf die Arbeit, den Sozialstaat und die demokratischen Institutionen beinhalten könnte. Denn an dieser Stelle sitzt gegenwärtig eine freie und demokratische Fortentwicklung der Bundesrepublik fest und das bedroht auch die bisher ereichte Freiheit. Es ginge um einen neuen Rahmen, der das menschliche Handeln wieder freier machen kann. Solche alternativen Vorschläge können ihrerseits nur eine Orientierungsschnur für die Suche nach Problemlösungen sein, die in der Praxis selbst gefunden werden müssen. Mit ihnen sollen jedoch einige wichtige Entscheidungen zugespitzt werden. Die Vorschläge mögen manchmal weit weg von der Gegenwart scheinen, doch vieles von ihnen ist bereits in Ansätzen realisiert. Diese Ansätze sind allerdings oft quantitativ oder qualitativ so unzureichend, oder sie finden sich in einem unveränderten Kontext, so daß sie sich leicht verlieren. Deshalb sind größere Schritte zur weiteren Veränderung nötig und vernünftig. Deren integraler Bestandteil müßte eine gezielte Politik für den Übergang sein. Daher wäre zu bedenken, wie sehr ein so tiefer sozialer Wandel, wie ihn die BRD und viele andere Länder gegenwärtig erleben, umfassende Neugestaltung verlangt. Dies benötigt Zeit. Bis sich die soziale Marktwirtschaft wie in der alten BRD herausbilden konnte, vergingen viele Jahrzehnte. Nun ginge es um so etwas wie ihre zweite und qualitativ erweiterte Neugründung. Auch das wird im Falle des Gelingens eine längere Frist in Anspruch nehmen. Die folgenden Vorschläge dienen lediglich dazu, mehr oder bessere Voraussetzungen für ein demokratisches, ökologisches, soziales und freies Leben für die Zukunft zu schaffen. Ein freies Leben tatsächlich zu leben, ist immer noch weit mehr als das – und nur als Tat der einzelnen denkbar. Schließlich sind sie als Modell gedacht, das vor allem anregen soll, bessere Lösungen für ein Kernproblem einer Gesellschaft zu suchen.

4. Anders handeln: Selbsthilfepotentiale freisetzen

Die archaische geschlechtliche Arbeitsteilung, die die ganze Gesellschaft durchzieht, in der die Frau im Unterbau für Beziehungspflege und die Aufzucht des Nachwuchses und der Mann im Oberbau für die Inhalte, Finanzierung und Rahmensicherung des Ganzen zuständig ist, ist längst nicht mehr notwendig und zudem kontraproduktiv. Sie hält die eine Hälfte der Menschheit in regressiver Abhängigkeit und unmündiger Naivität, die andere in verantwortungsloser Dominanz und überfordernder Selbstherrlichkeit. Sie verschließt den einen den Zugang zur Welt, den anderen den Zugang zu sich selbst. Sie schließt Frauen aus der Politik aus und läßt Männer schädliche oder unzureichende Politik machen, währenddessen allseits volle Selbständigkeit und Verantwortung fürs Ganze angesagt sind.

Diese Arbeitsteilung wird schon lange in Frage gestellt, durchbrochen und graduell korrigiert, doch ihre strukturellen und ökonomischen Grundlagen sind bis heute nicht umgestaltet. Deshalb reproduzieren sich immerfort die alten Muster. Wie aber ließe sich diese geschlechtsspezifische Arbeitsteilung substantiell wirklich überwinden? Was wäre eine zeitgemäße und machbare Alternative, um Frauen bis zur Staatenführung und die Männer bis zur eigenen Person gelangen zu lassen? Wie können Frauen und Männer individuelles Subjekt und gleiche Bürgerin und Bürger mit dem gleichen Recht auf Selbstentfaltung bei prinzipiell gleicher eigenständiger Existenzsicherung sein? Was würde sich für den Mann bei einem solchen neuen Maßstab für Gleichheit ändern? Wo müßte es für die Frau anders weitergehen als bislang? Was wäre eine denkbare alternative Familien- und Arbeitspolitik?

Eine mögliche Alternative läge zusammengefaßt darin, die öffentlich ausgebeutete „Liebes-Arbeit“ zu anerkannter und bezahlter Arbeit zu machen, die bezahlte Arbeit gleichmäßiger zu verteilen und neu zu bewerten, Bürgerrechte und Sozialstaat so zu gestalten, daß jede und jeder ein Minimum an eigenen materiellen und gesellschaftlichen Rechten hat, daß alle familiären und solidarischen Sorgeverhältnisse strukturell gestützt werden und daß alle Formen geldlosen Austausches mehr auf Wechselseitigkeit und Freiwilligkeit basieren. Zu finanzieren wäre dies durch eine gerechtere Verteilung des Reichtums an jene, die ihn schaffen. Das wäre ein Gewinn für alle: So könnte den heutigen Anforderungen an die Produktivität von Arbeit mehr entsprochen werden und gleichzeitig entstünden bessere Voraussetzungen für den Reichtum vieler und der Allgemeinheit.

Mehr oder weniger alle Männer und auch eine kleine Gruppe Frauen würden erheblich kürzer erwerbsarbeiten und viele von ihnen weniger Einkommen haben. Sehr viel mehr Frauen und Männer würden überhaupt Erwerbsarbeit finden und alle ein eigenes Einkommen haben. Alle würden sehr viel flexibler, selbständiger und risikoreicher arbeiten, dafür aber auch bessere Voraussetzungen vorfinden. Jede und jeder würde einen Teil an unbezahlter Arbeit verrichten. Wir würden sehr viel mehr selbstbestimmt arbeiten, leben, zusammenleben und lebendige Gesellschaft neu stiften. Wir würden eine neue Lebensqualität gewinnen.

Dieses Ziel wäre kaum mit Feldzügen gegen den Egoismus bei obendrein zweitrangigen Adressaten zu erreichen oder indem den Bürgerinnen und Bürgern neue Werte eingetrichtert werden. Es wäre zunächst mit einer politisch-strukturellen Umgestaltung der Arbeit, der Privatsphäre, des Sozialstaates, der politischen Institutionen und damit der wirtschaftlichen Rahmenbedingungen zu erzielen. Diese Umgestaltung wäre Inhalt eines neuen Geschlechter- und Gesellschaftsvertrages. Mit ihm wären sämtliche Beziehungen in der Gesellschaft auf eine gleichberechtigtere Basis zu stellen, von der aus neue Vielfalt entstehen könnte und auf der Unterschiede ihre Berechtigung hätten.

Dafür allerdings müßten an der richtigen Stelle tiefere Einschnitte vorgenommen werden, um die gewünschte neue Qualität von Veränderung zu erlangen. Grundsätzlich wären alle Vergünstigungen für den Mann ebenso wie alle Schutzräume für Frauen abzubauen und für alle nicht-hierarchische, gleiche und eigenständige Strukturen und neue Rechte aufzubauen. Dazu müßten die patriarchalen Arbeitsnormen und -entlohnungen ebenso fallen wie das patriarchale Ehe-Lebensmodell, die patriarchale Machtzuteilung und die geschlechtsspezifische Kultur. Die Alternativen wären immer als Verbund der Veränderungen in den Einzelbereichen zu denken. Grundsätzlich wären dabei Gesetze auf allge-meine Grundlagen zu beschränken und besondere Gesetze soweit wie möglich abzubauen, am besten gar auszuschließen, da sie letztlich immer besondere Zuweisungen und Mißbrauchsverhältnisse implizieren.

Erst wenn für beide Geschlechter in beiden Basisbereichen der Gesellschaft, der Arbeit und der Privatsphäre, gleiche Rahmenbedingungen existierten, gäbe es freie Wahl und freien Wettbewerb entsprechend den Fähigkeiten und Leistungen. Der Mann, der keinen Statusvorteil gegenüber der Frau mehr hat, müßte genauso privat und beruflich „gesamtarbeiten“ wie die Frau, die selbständig ist. Wer in Beziehungen leben wollte, müßte dies auf Wechselseitigkeit tun. Wer Nachwuchs haben wollte, müßte für ihn sorgen. Die Frau wäre frei von männlicher Bevormundung, der Mann wäre frei von weiblicher Einwickelung.

Die wichtigste Grundlage für die Lösung dieser Aufgabe fände sich in der Arbeit selbst. Es wäre zuallererst von einem neuen Arbeitsverständnis, nämlich von der *gesellschaftlich notwendigen Gesamtarbeit* auszugehen. Darin wäre neben der bisherigen Berufsarbeit jede Arbeit mit eingeschlossen, die historisch Privatsache der Frauen war und zunächst nicht einmal als Arbeit anerkannt wurde. Die Überlegungen zur Arbeit müßten von vornherein alle bezahlten und unbezahlten Arbeiten, die zum Funktionieren des Lebens der Menschen in einer Gesellschaft nötig sind, zum Ausgangspunkt haben. Von da aus wäre abzugrenzen, welche Arbeit als bezahlte Erwerbsarbeit und welche als unbezahlte Arbeit verrichtet werden soll. Dabei würde es sich nicht um statische, sondern immer um historisch konkrete, erst im Widerstreit der Interessen auszulotende Größen handeln. Als Grundlagen und Rahmenbedingungen könnte folgendes gelten: Strukturell gesehen hätte die Existenzsicherung für jede Person eigenständig zu erfolgen. Die ganze gesellschaftliche notwendige Arbeit wäre prinzipiell zwischen den Geschlechtern, d.h. den Individuen beiderlei Geschlechts, gleich zu verteilen. Die reproduktive Regeneration einer Gesellschaft wäre nicht allein Aufgabe der jeweiligen Eltern, erst recht nicht nur der Mutter oder nur eines Elternteils, sondern zu einem Teil gesellschaftliche Aufgabe. Staat und Gesellschaft haben das rudimentär längst anerkannt, es müßte aber um eine Stufe erweitert werden, damit Frauen nicht mehr für diese Aufgabe über ihr Eigeninteresse hinaus ausgebeutet werden. Der Teil an privat verrichteter reproduktiver Arbeit, der in der öffentlichen Berufsarbeit eines Menschen verbraucht wird, müßte von den Verbrauchern dieser Arbeit, den jeweiligen Arbeitgebern, als Arbeitskosten bezahlt werden, da sie sie bislang zu Unrecht nicht bezahlt haben. Ein großer Teil dieser bisher privat unbezahlt von Frauen verrichteten Arbeit müßte selbst Teil neuer bezahlter Arbeit werden, wie dies historisch beispielsweise mit der Bildung geschehen ist. Zukünftig hätten alle erwachsenen

Menschen, jede und jeder, neben der bezahlten Erwerbsarbeit ein bestimmtes Quantum unbezahlter Arbeit zu verrichten. Mindestens wäre das selbstversorgende oder wechselseitigversorgende Arbeit. Im Durchschnitt wäre das Arbeitsvolumen eines Menschen etwa zur Hälfte als bezahlte und zur anderen Hälfte als unbezahlte Arbeit zu veranschlagen. Pro Woche gerechnet könnten es etwa jeweils 25 Stunden sein. Erwerbsarbeit wäre so zu gestalten, daß in ihr neben ökologischen auch soziale Bedürfnisse Raum finden. Das soll im einzelnen dargelegt werden.

Der Bereich der bezahlten Arbeit

Es gibt einige Eckpunkte auf dem Gebiet der bezahlten Arbeit, die eine andere gesellschaftliche Grundstruktur und soziale Gesamtproduktivität markieren würden. Sie beziehen sich auf die Neuverteilung des zusammengehörigen Trios von Arbeit, Arbeitszeit und Geld. Die alte patriarchale Norm(arbeitszeit) wäre durch eine neue allgemeine Norm zu ersetzen. Die durchschnittliche Erwerbsarbeitszeit wäre dabei radikal zu verkürzen und die Arbeitszeiten ebenso radikal zu flexibilisieren. Die durchschnittlichen Jahreserwerbsstunden könnten als lebenslange Zeitkonten bis ins hohe Alter angelegt sein. Die Diskriminierung von Teilzeitarbeit wäre abzuschaffen und jede Arbeitsstunde grundsätzlich sozial gleich abzusichern. Jeder erwerbstätige Mensch, Mann und Frau, könnte weiterhin ein bestimmtes Quantum Zeit bekommen, für die er oder sie bei vollem Lohnersatz und mit Arbeitsplatzgarantie vom Beruf für private Reproduktionsarbeit freigestellt wäre und das er oder sie flexibel in Anspruch nehmen könnte. Für Kinder könnten dies bspw. maximal zweimal, für Betreuung kranker oder alter Angehöriger bspw. einmal die durchschnittliche Jahresstundenzahl sein. Würde es nicht in Anspruch genommen, verfiele es. Das Quantum selbst wäre eine Frage der Kosten und ihrer Finanzierbarkeit. Alle Löhne wären außerdem auf ihre Bestandteile an Familienlohn zu durchforsten und von ihnen zu befreien. Alle Qualifikations- und Leistungskriterien wären neu zu bewerten, um Fähigkeiten zu Differenzierung und Verknüpfung und soziales Vermögen als Merkmal in sie einzubeziehen und um die Minderbewertung traditionell weiblicher gegenüber traditionell männlicher Arbeit zu beseitigen. Eine differenzierte Staffelung von einfacher bis hochqualifizierter Arbeit ist unverzichtbar. Aufs Ganze gesehen hätten jedoch die untersten Löhne relativ stabil zu bleiben, und die Löhne wären so zu gestalten, daß sie auch bei kürzeren Arbeitszeiten zum

Leben reichten. Dabei spart mehr Zeit Geld. Im Bereich sozialer Dienstleistungen wären zudem im großen Umfang neue einfache, qualifizierte und hochqualifizierte Arbeitsplätze zu schaffen, zum Beispiel für Reinigung, Ernährung, Hauswirtschaft, mobile Kinderbetreuung, Versorgungshilfen, Schulhilfen, Bildung, Pflege, Beratung etc. Erwerbsarbeitszeit schließlich, die über der durchschnittlichen Norm liegt, würde höher besteuert, um das notwendige Maß an Freistellung für reproduktive Arbeit finanzieren zu können. Wer unterhalb der durchschnittlichen Norm liegt, müßte mit weniger auskommen.

Der Bereich der unbezahlten Arbeit

Im Bereich der unbezahlten Arbeit wäre es eine wichtige Aufgabe von Politik und Staat, strukturelle Ungerechtigkeiten zu verhindern und Anreize für jene Arbeit zu schaffen, die im Interesse der Gesellschaft als Gemeinschaft ihrer BürgerInnen ist. In deren Interesse läge es, daß sich die Bürger und Bürgerinnen auch bei eingeschränkter Erwerbs- und Leistungsfähigkeit möglichst weitgehend selbst helfen können. Jede erwachsene Person hätte sich dann unbezahlt selbst zu versorgen oder zwei oder mehrere hätten dies freiwillig wechselseitig zu tun. Die private Sorge für Kinder, Alte, Kranke – Nicht-Erwerbsfähige – wäre durch steuerliche Vorteile für die versorgende Person zu unterstützen. Auch gesellschaftliche Selbsthilfearbeit in Selbsthilfegruppen für Kinder, Kranke, Alte oder andere „Nicht-Selbstversorgungsfähige" wäre durch steuerliche Vorteile zu stärken. Öffentliche, gesellschaftliche Arbeit wie ehrenamtliche Arbeit in Politik, Gesellschaft oder humanitären Einrichtungen wäre durch ein soziales Bonussystem zu fördern, z.B. durch Vergünstigungen in Beruf, Öffentlichkeit oder Kultur.

Private Lebensformen

Neue Arbeitsstrukturen und -verteilungen werden noch mehr als bislang die Lebensformen der Menschen verändern. Dafür wären Rahmenbedingungen zu finden, die statt asymmetrischer Verschmelzungen offendistanzierte Verbindungen und dauerhafte Beziehungsnetze erlauben. Frauen wie Männer, Junge wie Alte sollten sowohl eigenständig für sich als auch in Verbindungen leben können. Es müßten neue politische Grundlagen gefunden werden, damit sie vertrauensvoll und demokratisch Verbindungen und Gesellschaft neu herstellen können. Ob und wie sich die Bürger und Bürgerinnen jedoch im einzelnen aus Liebe oder Not oder lieber Not, aus Solidarität oder kalkulierter Versorgung, aus öffentlichem Vergnügen oder öffentlicher Verantwortung, mit oder ohne Kinder zusammentun und oder einzeln leben, dürfte den Staat nicht interessieren. Ihn würde nur gesellschaftlich notwendige Arbeit in Gestalt unabdingbarer Fürsorgeleistungen an anderen, die sich nicht selbst versorgen können, betreffen. Unverzichtbar im Bereich der privaten Beziehungen wären die Aufhebung des hierarchischen Verhältnisses zwischen Mann und Frau, die Herstellung freier Rahmenbedingungen für die Beziehungen zwischen den Bürgern und der Schutz für Kinder. Das Ehegattensplitting müßte vor diesem Hintergrund ebenso ersatzlos gestrichen werden wie alle abgeleiteten Sozialrechte für die Frau oder Familie eines Mannes. Der besondere Schutz der Ehe wäre ersatzlos aufzuheben zugunsten des Schutzes für Kinder und des Zusammenschlusses von Menschen zum Zwecke gemeinsamer Fürsorge für Kinder, Kranke oder Alte. Die gesellschaftlichen Regeln hätten den Individuen Freiheitsräume zur Selbstentfaltung und zum solidarischen Zusammenkommen so weit wie möglich zu erweitern und ihnen die Verantwortung für kleine wie große Entscheidungen des Lebens zu überlassen. Die Individuen wären als zivile Bürger mit politischen und materiellen Rechten zum Zusammenschluß, sei es etwa zu gemeinsamer Sorgearbeit für Kranke, Kinder oder Alte, in Selbsthilfe-, betreuten Kinder- oder selbständigen Jugendgruppen, auszustatten, auf deren Basis von unten Gemeinwohl unter Gleichberechtigten erwachsen könnte. Familiäre Lebensformen, seien es liebend oder fürsorglich zugeneigte Paare, persönliche Netze, Gemeinschaften von Singles o.a. wären vielfältig, weitverzweigt, flexibel, unterschiedlich nach Lebensphasen und Lebenssituation. Wer eine Hausfrau oder einen Hausmann haben wollte, müßte einen Arbeitsplatz schaffen und sie oder ihn einstellen.

Sozialstaat

Der Sozialstaat wäre in seiner Grundkonstruktion ebenfalls nach neuen Prinzipien umzugestalten. Zu seinen neuen Aufgaben würden die Förderung der Selbständigkeit und Selbstverantwortung der Bürger und Bürgerinnen, die Förderung ihres gesellschaftlichen Zusammenschlusses auf Wechselseitigkeit sowie die Hilfe zur Selbsthilfe oder der fürsorglichen Hilfe bei unverschuldeter Not gehören. Er würde auf den Prinzipien von Leistung und Gegenleistung und auf Solidarität beruhen. Alle sozialstaatlichen Rechte und Ansprüche hätten auf dem Prinzip der Eigenständigkeit jeder Person zu basieren und vom mündigen und leistungsfähigen Subjekt auszugehen. Der Sozialstaat wäre außer bei unheilbarer Not nicht Versorgungsstaat, sondern ein Anreizsystem und eine positive Handlungsoption für eine soziale Gesellschaft. Die wichtigsten Gesichtspunkte für seine Veränderung lägen etwa in folgendem: Der Sozialstaat würde dem Bürger und der Bürgerin als existentielles Basisrecht ein Minimum an Recht auf Eigentum garantieren. Auf dieser Grundlage könnte und müßte er oder sie selbständig und selbstverantwortlich für sich sorgen und wäre er oder sie Käufer von Gütern und Leistungen statt Wohlfahrtsempfänger. Dieses Minimum könnte im Recht auf einen Zugang zu einem Erwerbsplatz oder in einer Grundsicherung für alle Nicht-Erwerbsfähigen (Erwerbslose, Kranke, Alte) liegen. Neben der persönlichen Verantwortung der Eltern für ihre Kinder könnte ferner die über den Staat garantierte gesellschaftliche Verantwortung für den generativen Erhalt der Gesellschaft darin liegen, jedem Kind ein Kindergeld zu garantieren, für die Dauer der durchschnittlichen Erwerbsarbeitszeit für ausreichend Betreuungsplätze zu bürgen und diese mitzufinanzieren. Die Betreuung könnte privat, gesellschaftlich oder staatlich organisiert sein. Den Bürgern und Bürgerinnen weiterhin, die Fürsorgearbeit für andere leisten, die sich nicht selbstversorgen können, würden Steuervorteile eingeräumt. Dienstleistungen zur Selbsthilfe im Notfall könnten überdies subventioniert, für unheilbare Not würde Vorsorge getroffen werden. Krankenversicherung und Rentenversicherung würden eine allgemeine Minimalsicherung gegen große Not garantieren. Sie könnten durch eine Leistungskomponente und Eigenbeteiligung aufgestockt werden. Der Sozialstaat schließlich würde bei öffentlichem Interesse auch Vereinstätigkeit fördern.

Politische Institutionen und Praxen

Wichtig wäre, daß auch Parteien, Gewerkschaften, Arbeitgeberverbände, Parlament, Regierung etc. neue Normen für ihr Handeln in den Institutionen und ihre damit verbundenen Aufgaben definieren. Bedeutsam wären neue offene und flexible Partizipationsmöglichkeiten derer, deren Interessen sie dienen sollen, und untereinander neue offene und flexible Kooperationen und Verbundsysteme auf Zeit und von Fall zu Fall. Bezugspunkt wäre das Individuum, das doppelt (bezahlt und unbezahlt) und flexibel arbeitet, für sich und in sozialen Netzen lebt und eine Vielfalt unterschiedlicher Interessen verfolgt. In der Politik wäre auf diesem Weg die 50 %-Quote für Frauen und Männer Ziel, eine qualitative Mindestquote von 40 % aber unverzichtbar. Frauen und

Männer würden zu gleichen Bedingungen in Politik und Staatsführung konkurrieren. Dazu wären Zeitstrukturen, Arbeitsstrukturen und politische Kulturen umzugestalten. Alle politischen Institutionen der Demokratie wären ferner hinsichtlich der politischen Partizipation und Freiheit aller Bürger und Bürgerinnen sowie der politischen Dienstleistungen in den strukturellen Zusammenhängen von Staat, Wirtschaft und Privathaushalten zu erneuern. Zugänge, Strukturen und Teilhabemöglichkeiten in der Politik schließlich wären weiter zu demokratisieren, damit sie gleichberechtigter, differenzierter und durchlässiger werden. Die Prinzipien von Angebot und Nachfrage, von der politischen Mündigkeit der Bürger und der Hilfe zur politischen Selbsthilfe wären in die bisherige Regelungsweise von Politik zu integrieren.

Gleichstellungspolitik

In diesem Gesamtkontext von Veränderung könnte auch die Gleichstellungspolitik, die Politik der Quote und positiven Diskriminierung neue Bedeutung erhalten und dem Vorhaben neue Schubkraft verleihen. Gleichstellungspolitik ist gegenwärtig kein innovatives Projekt. Sie stand auch in ihrem Ursprung kaum nur für sich, sondern war immer als Selbstzweck und als Instrument in einem gesamtgesellschaftlichen Veränderungsprozeß konzipiert, als Teil und als Maß für einen neuen Inhalt von Gleichheit. Die Gleichstellungspolitik hatte in der Vergangenheit ihren Stellenwert darin, daß Frauen mit dem Anspruch auf Demokratie und Gleichheit und einem neuen Inhalt dessen, was zwischen Mann und Frau gleich sein sollte, in die Gesellschaft hineingingen. Dabei verselbständigte sich der Aspekt der formalen Gleichheit innerhalb der bestehenden patriarchalen Gesellschaft, deren (nicht nur) berufliche Normen mittlerweile allerdings von einer ganz anderen Seite, nämlich der unternehmerischen, in Frage gestellt werden. Nun könnte die Frauenbewegung eine erweiterte Gleichstellungspolitik für die vorgeschlagenen Elemente einer reformierten Arbeits- und Sozialgesellschaft sowie einer Erneuerung der Demokratie im Sinne von (mehr) Gleichheit für Frauen und Männer nutzbar machen. Über jene Vorschläge müßte mit Männern verhandelt werden, weil sie dem Maß an vorgesehener Gleichheit zustimmen müßten, weit davon entfernt, ihrerseits nur gemeinsame Interessen zu haben. Dabei würde es sicher zu neuen Bündnissen ebenso wie zu neuen politischen Gegnerschaften kommen.

Die Gleichstellungspolitik würde aus ihrem Schattendasein erst wieder hervortreten und auf neuer Ebene in ihr Recht gesetzt werden können, wenn sich eine Mehrheit für einen neuen Geschlechter- und Gesellschaftsvertrag finden würde. Sie wäre dann ein allgemeines Hilfsmittel zur demokratischen Korrektur von Gruppendominanz durch partielle Gruppenrepräsentanz und wäre zugleich Folie für eine neue Struktur demokratischer Geschlechter- und Gesellschaftspolitik. Sie müßte anders als bisher ein Mittel sein, patriarchale Ausdehnung nicht nur zu beschränken, sondern neue demokratische Wege freizusetzen. Sie müßte als Anreiz für produktiven Wettbewerb über Subventionen, Steuervorteile, Statusmerkmale oder Bonussysteme angelegt werden und bei kontraproduktivem Verhalten zu Gebühren und Sanktionen greifen können. Ihre Methoden und Instrumente müßten dazu weiterentwickelt werden. Sie wären als demokratische Geschlechter- und Querschnittspolitik sowohl auf Seite der Frauen als auch der Männer, der Berufsarbeit wie der unbezahlten Arbeit, des Öffentlichen und Privaten anzulegen. Insbesondere für die Aufhebung der geschlechtshierarchischen Arbeitsteilung wäre sie weiter zu erschließen: Die Politik der Quote für Frau und Mann in jeder privaten und beruflichen Arbeit ließe sich erweitert fortsetzen, wenn sie sich auf *die Hälfte* der *Arbeitszeit*, des *Geldes* und der *Bildung im Durchschnitt* bezöge. Diese drei Parameter wären entscheidend zur Berechnung von Existenzsicherung und gleichen Entwicklungschancen, von Belastungen und Lebensqualität, Kreativität von Tätigkeiten und Freiheit im Leben. Es hat sich als unzureichend erwiesen, lediglich die Zahl der Arbeitsplätze innerhalb eines Betriebes oder einer Institution zu teilen. Über die geschlechtliche Aufschlüsselung von Löhnen, Arbeitszeiten und Bildungsmöglichkeiten und ein System von Förderung und Ausgleich entsprechend den dargelegten Zielen, das sich von Fall zu Fall auf einzelbetriebliche, branchen- und gesamtwirtschaftliche Durchschnittswerte bezieht, könnte der Umbau künftig wirkungsvoller forciert werden. Auch jede Form von Tarifpolitik müßte geschlechtlich differenziert werden. Einzelmaßnahmen könnten darin liegen, Teilzeitarbeit für Männer zu fördern, Frauen auf Vollzeitplätzen bei gleicher Qualifikation zu bevorzugen, alle Bildungs- und Ausbildungsplätze einstweilen zu 50 % zu quotieren, modifizierte Koeduktion einzurichten, Subventionen an Auflagen zu binden, Kriterien für soziale Qualifikation festzulegen und anzurechnen, über eine Abgabe bei überdurchschnittlich hohen Männer-Branchenlöhnen oder durch öffentliche Zulagen unterdurchschnittlich niedrige

Frauen-Branchenlöhne auszugleichen, unverhältnismäßig hohe familiäre Einkommensverluste zu entschädigen, die heute noch eintreten, wenn Männer Elternurlaub nehmen, die Übernahme unbezahlter Arbeit durch Männer zu fördern, eine neue Arbeitszeitverteilung zu honorieren, selbsthilfeorientierte Zusammenschlüsse zu unterstützen u.a.m.

Schließlich wären auch die bisherigen Strukturen und Institutionen der Gleichstellungspolitik weiterzuentwickeln. Gleichstellungsstellen und -ministerien sowie politische Frauenstrukturen haben ihren offensiven Charakter eingebüßt und enden oft als Sackgasse, in der Frauenpolitik mitsamt ihren Frauenpolitikerinnen endgelagert wird. Gleichstellungspolitik müßte deshalb in einer neuen Konstruktion institutionell als Folie vor aller Politik verankern werden, um die ganze Politik auf Neuorientierung zu verpflichten und in neue Bewegung zu bringen. Unter das Amt des Kanzlers gehörte etwa ein übergeordnetes Ministerium für demokratische Geschlechterpolitik, das über entsprechend definierte Einfluß- und Eingriffsrechte in alle Ministerien verfügte. Unterhalb jedes Ministeriums müßte eine parallele Struktur aufgebaut werden. Ähnliches gälte auch für Parteien, Gewerkschaften, gesellschaftliche Interessensverbände etc. Sie könnten auch übergeordnete paritätische Geschlechterräte einrichten, in denen der Konflikt offen verhandelt und neue Lösungsvorschläge erarbeitet würden.

Diese Gleichstellungspolitik hätte das Ziel, zunächst eine gesonderte Frauenpolitik und dann eine gesonderte Geschlechterpolitik und damit sich selbst weitestgehend überflüssig zu machen. Frauenpolitik wäre mit ihr weiter fortzuschreiben als demokratische Geschlechterpolitik und zugleich als neue demokratische Gesellschaftspolitik. Das wäre unverändert eine *feministische* Politik, die aber als allgemeine weit über Frauen hinausweist. Sie zielte auf die wichtigste politische Aufgabe und Wertorientierung der Gegenwart und Zukunft: die Investitionen in die Ressource Mensch. Selbstbestimmung, Gerechtigkeit und Gleichheit sind die zentralen Voraussetzungen für deren Entwicklung. Der Ausgangsmaßstab für Menschenrechte, Gerechtigkeit und Freiheit wäre dabei nicht mehr der (statusmäßig) „oberste" Mann (und sein Normalzustand), sondern die „unterste" Frau (und ihr Normalzustand).

5. Handelnde Subjekte

Viele bezweifeln, daß es das Subjekt „Frauenbewegung“ oder die frauenbewegten Subjekte überhaupt noch gibt, die hier als interessensgeleitete Handelnde vorausgesetzt sind. Doch im Sinne einer Verbindung entlang einer gemeinsamen Problemachse, im übrigen aber pluralen und widersprüchlichen Ansammlung gibt es die Frauenbewegung, die frauenbewegten Subjekte und den Feminismus oder die Feminismen sehr wohl. Die Bewegung ist allerdings gegenüber den 70er Jahren (vor allem in ihrem Selbstverständnis) stark verändert. Es gibt anscheinend keine einheitliche gemeinsame positive Definition, spezifische Eigenschaft oder Situation von Frauen, dafür aber eine vorenthaltende und mißbräuchliche Art, behandelt und funktionalisiert zu werden: Frauen werden überall – in allen gesellschaftlichen Feldern, Gruppen und Segmenten – gegenüber Männern auf bestimmte Felder verwiesen, eingegrenzt und diskriminiert und gleichzeitig instrumentalisiert für gesellschaftliche Spaltung. Diese bildet die Zentralachse eines Herrschaftssystem, des grundsätzlichen Prinzips von „teile und herrsche“. Praktisch haben Frauen über alle inneren Unterschiede und Gegensätze hinweg in Relation zu Männern weniger zum leben, sind sie nicht „normgerecht“ und ist ihre andere lebensweltliche Orientierung weniger wert. Für den Rückbau der global sozial und ökologisch räuberischen Art der Marktgesellschaft und den Rückbau damit verschmolzener Geschlechterungleichheit, den Umbau und die Neugestaltung der Gesellschaft sowie die Freisetzung produktiver Entwicklung wäre es zentral, daß diese Geschlechterspaltung aufgehoben wird. Es besteht ein unlöslicher Zusammenhang zwischen diesem „Teilproblem“ des Geschlechterverhältnisses und den generellen Problemen.

Wenn Frauen sich gegen die beschriebene Art der Behandlung auf die unterschiedlichste Weise verbinden, zurückhalten, entziehen, absetzen, wehren oder darüber hinwegsetzen, so ist Frauenbewegung etwas Verbundenes, Zerrissenes, Prozeßhaftes, Fließendes, Uneinheitliches, Wechselhaftes, Komplexes, Widersprüchliches, Zusammenhängendes, sich Freischwimmendes, die Gesellschaft Verschiebendes und In-Fluß-Bringendes zugleich. Sie ist vielleicht ein gemeinsamer, nach allen Seiten offener Zwischenraum, aber keine einheitliche feste Größe. Diese gab oder gibt es allenfalls partiell und in Momenten vor allem der ersten (Ur-) Erkenntnis gestohlener Freiheit. Die nicht-geschlossenen und nicht-festen, sondern offenen und beweglichen Räume oder Netze der

Frauen sind aber ein Freiheitsgewinn. Sie ermöglichen einen liberaleren, demokratischeren und problemadäquateren Umgang. Sie sind allem Anschein nach den linear und hierarchisch angelegten Männerbünden in der Gesellschaft von heute und morgen überlegen, während letztere an sich selbst scheitern könnten. Frauen verbindet, und darin überschreiten sie Frauenbewegung als bloß separat und speziell nur für Frauen gedachte schon, gemeinsames Bewegtsein gegen spaltende Geschlechterhierarchie und darauf basierend für gleiche Selbstbestimmung oder Demokratie und Gerechtigkeit, für Vielfalt von Individuen oder Freiheit und für Humanität oder Solidarität. Wer mit dem Finger nur auf *die* Frauen zeigt, perpetuiert in der Tat geschlechtsspezifische Zuweisungen und erzeugt in der Krise kontradiktorisch den Rückverweis auf die Frauen. Hierarchie, Abwertung, Dissenz, Differenz, Ausschluß und Fremdheit, die Frauen erleben, können nicht mehr als die Grundlage für Herrschaftskritik und eigene Maßstäbe sein. Es geht nicht darum, (historisch gewordene) „weibliche" Muster als solche gegen patriarchale Werte zu setzen, sondern mit ihrer Hilfe neue jenseits der traditionellen Geschlechterschranken zu finden. Fraueninteressen sind nicht partikular, sondern allgemein. Frauenbewegung könnte sich, würde sie ihren eigenen Fundus erschließen und nutzbar machen, ausbreiten zu einer Gesellschaftspolitik unter neuen historischen Vorzeichen dessen, was Gerechtigkeit, Humanität und Emanzipation ausmachen.

Subjekte dieser Politik wären dann erstens alle Frauen und Männer im allgemeinen, die ein Interesse an ihr haben oder vermuten lassen, zweitens die Frauenbewegung vor allem als in sich pluralistische Gegenbewegung gegen patriarchale Unterdrückung sowie drittens im besonderen jene Frauen, die sich für diesen speziellen Politikentwurf verbünden. Sie wären die bedeutendsten Subjekte dieser Politik – wenn sie sich frei und öffentlich aufeinander bezögen und zusammen Macht bildeten, nicht zuletzt indem sie sich Bündnispartner aus den beiden anderen Gruppen suchten und im offenen Wettbewerb und Streit mit anderen Politikentwürfen ihren Entwurf in Praxis umzusetzen versuchten, für sich selbst und währenddessen auch für andere und die Gesellschaft. Wieviel sie davon in welcher Weise verwirklichen könnten, ließe sich erst im praktischen Prozeß selbst herausfinden. Daß sie ihren Entwurf möglicherweise nur teilweise werden verwirklichen können, obwohl viele verschiedene Interessen in ihm Platz finden können, spricht nicht gegen ihn. Die Umsetzung zu probieren, wäre das, was an Politik möglich ist. Über das Ergebnis entscheiden immer viele. Mit dieser Politik verknüpfte sich ein anderes Machtverständnis, das sich nicht der Anerkennung von Herrschaft ausliefert. Ihr Ziel wäre Macht zur Gestaltung der eigenen Lebensverhältnisse, die immer voraussetzt, sich öffentlich zu anderen in Beziehung zu setzen und Gesellschaft neu zu stiften. Es wäre eine weitere Demokratisierung der Macht selbst.

Frauen könnten sich für diese Politik neu organisieren, nachdem sie zuerst den Konkurrenzkampf um den Mann und später die symbiotische Verschwesterung hinter sich gelassen haben. Sie könnten zu einer erwachsenen Auseinandersetzung und festen Beziehung unter Frauen kommen und damit unabhängige Solidarität und differenzierte Loyalität exemplifizieren. Sie könnten eine oder mehrere organisierte gemeinsame Achsen und Netzwerke bilden. Sie könnten auf dieser Basis in möglichst großer Zahl in die Parteien und Gewerkschaften gehen. Sie könnten Bündnisse mit Männern eingehen, wo sie mit ihnen gemeinsame Interessen haben. Sie müßten sich Männern (und gegebenenfalls auch Frauen) verweigern, wenn diese Privilegien in Anspruch nehmen. Sie könnten sich selbst ermächtigen, neue Fakten für ihre Selbstbehauptung zu setzen und sich Rechte und Freiheit zu nehmen. Frauen haben den historischen Durchbruch geschafft. Es liegt an ihnen, was sie daraus machen.

6. Gesellschaftlicher Wandel: anders arbeiten und leben

Als Helmut Kohl 1996 mit 14 Jahren Amtszeit länger als sein Vorbild Konrad Adenauer führender Machthaber der Bundesrepublik war, wurde er von vielen nach einer langen Zeit der Mißachtung oder Geringschätzung als Großer und Starker der Politik gefeiert. Doch worin bestehen Größe und Stärke von Helmut Kohls Dauerkanzlerschaft und dessem jüngsten Geschenk, seinem Ziehkind Claudia Nolte? Sie deuten kaum auf einen weitsichtigen, gestaltungsfähigen und im besten Wortsinne demokratischen Politiker oder Staatsmann.

Einer, der wie ein Schwamm zeitgeistige Normalität aufsaugt, der vorne mitschwimmt mit der Macht im Strom der Zeit, der Probleme zuerst in Personalangelegenheiten und dann in der Sache aussitzt, um sie im richtigen Moment vom Tisch des Herrn einfach herunterzustoßen, der keine neue politische Idee hervorbrachte, der mit Wolfgang Schäuble als einziger unmittelbarer Nachkommenschaft nur ein verkleinertes und verschärftes Maß seiner selbst und mit Claudia Nolte als mittelbare Nachfolge ein völlig unterlegenes, dafür um so rechteres Wesen hinter sich herzieht, dessen Eigenschaften sprechen einfach für ungewöhnliche Durchschnittlichkeit und ungewöhnlichen Machtwillen, nebst erheblicher Dickfälligkeit und Selbstgenügsamkeit. Nach einem wie ihm kann deshalb nicht viel kommen, was ernsthaft der Rede wert wäre. Bis dahin dient ihm die Jüngste seiner Regierung nur als muntere Unterhaltung und als Surrogat, das seine Überfälligkeit verdecken und die Leute möglichst lange bei der Stange halten soll.

Helmut Kohls konservative Zeit ist die Zeit der Krise. Es ist eine Zeit der Auflösung alles Bisherigen, das viel weiter und tiefer geht, als die meisten geahnt haben oder ahnen konnten. Und das hat seine Zeit so dauerhaft gemacht. In der Krise, zumindest solange der Überblick über ihren Charakter, ihre Ursachen und Folgen fehlt, langt es, mit dem Purzeln der Steine aus den zerfallenden Gebäuden mitzugehen, die Ohnmächtigen zu beruhigen und den Mächtigen Dienstbarkeit zu versichern. Im Zweifel geschieht dies allein dadurch, daß man die nicht totzukriegende Unberührbarkeit, Klobigkeit, Konformität und Haltbarkeit über alles andere an tiefer Verunsicherung hinweg verkörpert. Diese Haltung freilich wird zu einer Lüge, hinter der die Abgründe tiefer und die Hänge rutschiger werden. Eine solche Person geht so weit mit den Mächtigen der Wirtschaft, wie es die Gesellschaft erlaubt, und sie ist von sich aus unfähig, Verhängnisvolles abzuwenden oder gar Zerstörtes wieder aufzubauen. Eine Gesellschaft zu renovieren, wo nötig gar grundzuerneuern, ist ihre Sache nicht. Helmut Kohls Ende rückt näher, gerade seit er ausgerechnet Claudia Nolte berufen und das für einen Coup gehalten hat. Wenn sein Ende erreicht ist, wird sich zeigen, wofür die Kraft dieser nun gesamtdeutschen Gesellschaft reicht und wie viel sie historisch wirklich gelernt hat. Ob sie auf mehr Gewalt und Autoritarismus zurückgreift oder ihre freiheitlichen, demokratischen und sozialen Erfahrungen und Fähigkeiten weiterentwickelt.

Wenn die Krise, die seit 1983 von einer vergleichsweise harmlosen ökonomischen zu einer tiefen Gesellschaftskrise geworden ist, die Grundlage für Kohls Erfolg ist, dann ist der Blick noch einmal auf diese Erfolgsbedingungen der konservativen Politik zu richten. Letztere hat ihre Grundlagen und Gründe, die nicht einfach von der Hand zu weisen sind. Die westliche, namentlich die deutsche Gesellschaft befindet sich in einem tiefen sozialen Wandel, der für alle die Handlungsbedingungen ändert. Bisher war für sie die Arbeitgesellschaft und der Sozialstaat auf der Basis nationalen Wachstums konstitutiv. Frauenpolitik wurde aus ihrem Sozialetat finanziert. Dieser ist krisenbedingt nicht nur, wie es heißt, leer, sondern infolge des Wandels seiner bisherigen Grundlagen beraubt. Mit bloßer neuer Umverteilung ist es also nicht mehr getan. Diese Tatsache zwingt zu einer Neukonzipierung aller Politik. Das „weiter so", von dem die Kohl-Ära lebt, geht für alle erkennbar definitiv vorbei.

Die Krise der modernen industriellen Wachstumgesellschaft ist nicht so neu, wie es scheint. Daß das Schwarzweißmuster – der vermeintlich ewige Sieg des westlichen Kapitalismus vor dem Scheitern des sogenannten Realsozialismus – trügt, war absehbar. Dieser Kapitalismus belebte sich zunächst durch weltweite konkurrenzlose Ausdehnung des privatkapitalistischen Marktes. Nun gerät er nach seinem Gegenstück in Auflösung. Seine wildwüchsige Wirtschaftsweise stößt an Grenzen, wenn der Markt nicht sozial, ökologisch und demokratisch geformt wird. Doch noch wird die Globalisierung des Marktes – die als Tatsache der *einen* Welt ja ebenfalls keine neue Erkenntnis ist – nur als ökonomischer, obendrein meist reduziert als einzelökonomischer Vorgang verstanden. Kapitalstrategen betreiben eine vermeintlich „schöpferische Zerstörung" und negative Revolution als „Reform". Unter der Hand ist diese politisch antiemanzipatorisch und antiegalitär gestaltet. Sozialstaat und Sozialpartnerschaft werden fundamental in Frage gestellt und abgebaut. Das Kapital entbindet sich von der Gesellschaft. Damit begibt es sich jedoch – über den Zwischenweg einer Reklassifizierung der Gesellschaft – auf eine Vorstufe zur Selbstzerstörung. Das Sozialstaatsmodell wird nicht zufällig zeitgleich mit der Wende auf dem Gebiet der Frauenpolitik fallengelassen. Damit wird an der Basis und im Zentrum der ganze bisherige Gesellschaftsvertrag aufgekündigt. Nichts gilt mehr. Wenn das erst ins Bewußtsein der ganzen Gesellschaft vordringt, könnte es sein, daß ein innerer Krieg beginnt. Jeder und jede könnte versuchen, sich zu retten und dabei nicht mehr auf bisherige Grenzen achten, weil diese in der Wirklichkeit schon nicht mehr gelten. Denn gültige Grenzen setzen immer voraus, daß eine Gesellschaft sich auf sie und ihre halbwegs sichere Einhaltung verständigt hat. Dann noch humane Verkehrsformen zu verteidigen, könnte sehr schwer werden.

Der soziale Wandel ist vor allem charakterisiert durch die Individualisierung der westlichen Gesellschaften und die Globalisierung allen sozialen Verkehrs, an erster Stelle des Austauschs der Waren, einschließlich der Ware Arbeitskraft. Dadurch wird die bisherige nationale

Politik unterspült. Insbesondere ihre beiden Ordnungskräfte Kapital und Arbeit funktionieren nicht mehr wie bisher. Kapital und Arbeit verflüchtigen sich. Ersteres überschreitet Grenzen nach außen, zweiteres zerfällt nach innen. Ein starker sozialer Kontrakt zwischen ihnen war für die Bundesrepublik nicht nur entscheidender Produktivitätsfaktor, sondern auch prägend für das gesellschaftliche und politische Selbstverständnis. Wenn er in seiner alten Gestalt heute zerfällt, so ändert das nichts an der grundlegenden Bedeutung des sozialen Faktors für Wirtschaft und Gesellschaft. Im Gegenteil: er wird noch wichtiger, an seiner Gestalt ändert sich aber fast alles. Der alte Mechanismus der äußeren und inneren Korrektur der privaten Marktgesellschaft ist jedoch noch nicht durch einen neuen ersetzt.

Globalisierung des sozialen Verkehrs und Individualisierung von Gesellschaft haben ein besonderes Merkmal. Es werden diejenigen – etwa Frauen oder südliche Länder – zum Treibstoff des sozialen Wandels und der mit ihm einhergehenden Spaltungs- und Zerstörungsprozesse, deren bisherige strukturelle Schwäche und Not geradezu nutzbringend eingesetzt werden kann. Das gilt um so mehr, je stärker sie ein unausgeschöpftes Qualifikationspotential bilden. Die Eliten dieser bislang deprivilegierten Gruppen oder Schichten gehören zu den potentiellen Gewinnerinnen und sozialen Aufsteigerinnen im Wandlungsprozeß. Allerdings fallen jene gnaden- und chancenlos heraus, die für diese Veränderung wenig zu bieten haben oder ihr ein Hindernis sind. Das brauchbare und siegreiche Potential bildet dabei insgesamt aber ein immer kleineres Segment.

Die Globalisierung des Marktes geht mit einigen zerreißenden Widersprüchen einher: Immer mehr Menschen werden arbeits- und einkommenslos. Die bloße Explosion der Produktivität durch rasante Entwertung menschlicher Arbeit läßt ab einer bestimmten Schwelle die Kapitalverwertung kollabieren. Die sozialen Kosten der Globalisierung des Marktes unter den gegenwärtigen Bedingungen übersteigen die Steigerung der Reichtumserwirtschaftung um ein vielfaches und lassen diese unökonomisch werden. Sie verlangen immer höherwertigere und umfangreichere allgemeine Voraussetzungen, während sie einer immer kleineren Gruppe von Menschen zugute kommen. Die mit der Globalisierung produzierte soziale Spaltung und ökologische Zerstörung ist bald nicht mehr funktional, sondern kontraproduktiv selbst im Sinne eines Herrschaftssystems. Die bloße Ökonomisierung und Effektivierung allen Lebens löst Gesellschaft und ihre ökologischen Existenzvoraussetzungen auf, ohne die der Mensch als soziales Wesen doch nicht existieren kann. Sie schafft in ihrer theoretisch letzten Konsequenz den Menschen am Ende ab oder löscht menschliches Leben, das doch immer noch Voraussetzung für alle Produktivität ist. Sie führt sich also selbst ad absurdum. Die nur ökonomische Rechnung geht folglich nicht auf, weil sie ohne den Wirt, ohne die Gesellschaft und ihre Existenzvoraussetzungen, gemacht wird. Deshalb wäre es so bedeutend, eine neue soziale Gesellschaft zu entwerfen und für sie neue allgemeinfähige verbindliche Regeln zu finden.

Der soziale Wandel ist nicht rückholbar. Es könnten jedoch die produktive Potentiale aufgespürt werden, die ihn vorantreiben. Ihr voller Genuß ist exklusiv, denn nur eine Elite hat Chancen auf sie. Exklusiv aber sind sie gar nicht herstellbar: die Freisetzung von freierem Wettbewerb, von kreativer Kraft freigesetzter, aber noch nicht befreiter Subjekte, von einer Demokratisierung, die allgemeinfähige Standards hervortreibt und nach ausgleichender Entwicklung verlangt. Die Strategie müßte darin liegen, diese produktiven Potentiale und die Investitionen in die entscheidende Produktivkraft aller gesellschaftlichen Entwicklung, den Mensch, zu entfalten und zu verallgemeinern. Das Angewiesensein aller Teile von Gesellschaft ist in einer modernen Gesellschaft nicht mehr einfach in Gestalt von althergebrachter Unterwerfung und Herrschaft zu gewährleisten. Es sei denn, man wollte Gewalt und Terror anwenden. Anderenfalls muß es sich demokratisch legitimieren. Damit wäre dann eine Idee von Gesellschaft skizziert, die mehr ist als das Bruttosozialprodukt und der Wohlstand für alle, auch mehr als eine Bürgerrechtsgesellschaft, nämlich eine Sozialgesellschaft. Hier läge endlich auch eine grundsätzlich neue Chance, die Frauenfrage als Gesellschaftsfrage neu zu beantworten. Claudia Nolte als Frauenministerin markiert jenen Moment, in dem sie zusammenfällt mit der Frage nach neuer sozialer und politischer Emanzipation überhaupt, auch für Männer. Hierin begründet sich ein Feminismus für eine andere Gesellschaft und ein neues Gesellschaftsprojekt, das nicht Kapitalismus und nicht Sozialismus im traditionellen Sinne wäre. Frauen, Junge, alte und neue „UnternehmerInnen-ArbeiterInnen" können seine TrägerInnen sein. Sein Name hieße: anders arbeiten und leben. In diesem Projekt wären zugleich jene aufgehoben, die den bisherigen Gesellschaftstypus trugen. Es wäre ein humanes Vorhaben.

Abkürzungen

BMJFG	Bundesministerium für Jugend, Familie und Gesundheit
BMJFFG	Bundesministerium für Jugend, Frauen, Familie und Gesundheit
BMFJ	Bundesministerium für Frauen und Jugend
BMFSFJ	Bundesministerium für Familie, Senioren, Frauen und Jugend
DVZ	Deutsche Volkszeitung
FAZ	Frankfurter Allgemeine Zeitung
FR	Frankfurter Rundschau
JW	Junge Welt
KStA	Kölner Stadtanzeiger
Press Min	Pressemitteilung des (jeweiligen) Frauenministeriums
SZ	Süddeutsche Zeitung
spw	Zeitschrift für sozialistische Politik und Wirtschaft
taz	die tageszeitung
WdA	Welt der Arbeit

Literaturhinweise zu den einzelnen Kapiteln

Zur Analyse der CDU-Politik wurden generell alle Dokumente, Pressemitteilungen und Informationen der verschiedenen Bundesministerien ausgewertet: des Bundesministeriums für Jugend, Familie und Gesundheit, des Bundesministeriums für Jugend, Frauen, Familie und Gesundheit, des Bundesministeriums für Frauen und Jugend und des Bundesministeriums für Familie, Senioren, Frauen und Jugend.

Ferner wurden Materialien des Bundespresseamtes, die Dokumente der CDU-Parteitage und des CDU-Generalsekretärs sowie der Frauenunion als Grundlage genommen. Die Presseberichterstattung der führenden Tages- und Wochenzeitungen wurden analysiert. Die Verfasserin besuchte eine große Zahl der überregionalen Veranstaltungen zur CDU-(Frauen-)-Politik.

Im übrigen verweisen frühere und andere Veröffentlichungen der Autorin auf die mit Belegen unterstützte, detaillierte oder vertiefte Beschäftigung mit den behandelten Themen.

Kapitel I. Claudia Nolte so jung so alt – ein Porträt

Taz vom 18.11.94, 19.11.94 und 25.11.94; FR 18.11.94; Zweiwochendienst Nr. 96/1994; Emma Nr. 1-2/1995; KStA 8.12.94; KStA 22.2.95; FR 19.11.94; taz 14.12.94 und 21.12.94; FR 14.12.94, FAZ 14.12.94; KStA 22.2.95; FAZ 18.11.94; KStA 13.12.95, Journal für Deutschland, Oktober/November 95, DIE ZEIT 14.7.95, Die Woche 8.3.95, FAZ 21.12.95, Die Welt 11.5.96, Die Woche 8.3.96, FAZ 19.4.96, T. Härtrich/Transit, FR 8.2.96, Die Woche 12.1.96, FAZ 22.11.96, Informationsdienst des BMFSFJ Januar 1996, Dokumente Gemeinsam sind wir stärker 15 Jahre Gruppe der Frauen der CDU/CSU-Bundestagsfraktion, BMFSFJ-Pressemitteilung, Dokumentation Rede Claudia Nolte Ostfrauen fünf Jahre im wiedervereinigten Deutschland 27.11.95, IFPA 11/96, Die Welt 18.10.96, FR 24.7.96, Wochenpost 21.11.96, Pressemitteilung BMFSFJ 13.12.96.

Kap. III. Die Grundlagen bis heute: die Süssmuth'sche Politik

Die Einschätzungen dieses Kapitels insbesondere in Abschnitt 1. + 2. stammen überwiegend aus Untersuchungen und Analysen der Verfasserin aus dem Jahr 1985 zu diesem Thema. Sie haben sich in der Folgezeit als treffend erwiesen.

Zu III 1.

Dokumente des CDU-Parteitags 1984 in Essen unter dem Motto Die neue Partnerschaft, Frauen in Beruf, Familie und Politik, bes. die dort verabschiedeten Leitsätze Gleichberechtigung von Mann und Frau im Lebensalltag bis zum Ende des Jahrhunderts, aus denen die Zitate im Text stammen; Hg. Heiner Geißler, Abschied von der Männergesellschaft, Ullstein, Westberlin 1986; Heiner Geißler, Pressedienst des Bundesministers für Jugend, Familie und Gesundheit, 30.8.85;
Vgl. M.J., Die CDU und die Frauen, Blätter für deutsche und internationale Politik; M.J., Was also will uns Heiner Geißer sagen? DVZ 29.8.86; M.J. Argumente zum Erziehungsgeld und zu den CDU-Leitsätzen zur Gleichberechtigung der Frau, Broschüre Hg. DFI, Köln, 1985.

Zu III 2.

DVZ 6.9.85; Informationen des Bundesministers für Jugend, Familie und Gesundheit 20.12.85, Erklärung der Bundesministerin Rita Süssmuth Neue Familienpolitik '86, in: Informationen des BMJFG, Nr. 10, 20.12..85; Die Welt 14.10.85; Der Spiegel 43/85; WdA 17.1085; Vorwärts 26.10.85; Express für Köln, 26.9.85; WdA 5.9.85; Rita Süssmuth, Frauen – der Resignation keine Chance, Düsseldorf 1985, alle Zitate von Süssmuth aus diesem Buch; R.S., Ehrenamtliche Tätigkeit – eine lohnende Herausforderung für Männer und Frauen, in: Stimme der Familie, Familienbund der deutschen Katholiken, Feb. 85; R.S., Referat, Dokumentation der Europäischen Konferenz Aufgabenverteilung in Beruf und Familie 22./23.3.1984,

Hg. Bundesministerium für Familie, Jugend und Gesundheit; R.S., Rede Erziehung für die Zukunft auf dem Kongress Verantwortung für die Jugend – Erziehung im demokratischen Staat, 12.10.85, veröffentlicht im: Bulletin der Bundesregierung 19.10.85; Helmut Kohl, Regierungserklärung 4.5.85; R.S., Rede zum Bundeserziehungsgeld, in: Informationanen des BMJFG, 2.12.85; Interview mit R.S., KStA 7./8.12.85; Politik-Informationen aus Bonn, Hg. Presse- und Informationsamt der Bundesregierung Nr. 8, Dezember 85; FR 14.11.85, FAZ 21.12.85; FAZ 13.12.85, Vorwärts 14.12.85; R.S., Rede zu Lebenssituation und Zukunftsperspektiven älterer Menschen vor dem Bundestag 18.10.85, dokumentiert in: Informationen für die Frau, Deutscher Frauenrat, 11-12/85.

Vgl.: M.J., Zukunftsinvestition Erziehungsgeld, DVZ 26.4.85; M.J., Konservativer Feminimus mit Rita Süssmuth?, Blätter für deutsche und internationale Politik, Heft 2/86, Sonderdruck Nr.327; M.J. Frauenpolitik in der neuen Legislaturperiode, DVZ 10.4.87; M.J., Anlaß zur Ernüchterung, Frauenprogramm und Frauenpolitik der CDU, DVZ 16.1.87.

Kap. IV. Die Zwischenstationen: Prof. Ursula Lehr und Dr. Angela Merkel

Zu IV 1.

Ursula Lehr, Rede, Kongress 40 Jahre Gleichberechtigung von Mann und Frau – Bilanz und Perspektiven, 24.11.89, Bonn; Das Leben vor der Geburt, Informationsschrift des BMJFFG, Bonn 1989; Ursula Lehr, Schwerpunkte zur Frauenpolitik 1987-1990, Eine vorläufige Bilanz, 7.3.90, in: Materialien zur Frauenpolitik 7/90, BMJFFG; Erziehungsgeld, Erziehungsurlaub, Informationsschrift des BMJFFG, 1989; Ursula Lehr, Bundesregierung hat die Rahmenbedingungen für Gleichberechtigung von Frauen verbessert – Weichen für die 90er Jahre sind durch den Einigungsvertrag gestellt, Informationen des BMJFFG, Nr. 12, 5.12.90; Ursula Lehr, Rede zur Verbesserung der Gleichbehandlung von Frauen und Männern am Arbeitsplatz, im Deutschen Bundestag, in: Pressemitteilung des BMJFFG, 11.5.90; Informationen des BMJFFG 25.1.90; Materialien zur Frauenpolitik 1/89, Motive junger Nichtwählerinnen, veröffentlicht am 8.3.89 in Dokumenationen des BMJFFG; Materialien zur Familienpolitik der Bundesregierung, Sept.89, in Dok. des BMJFFG; Frauen in der Bundesrepublik Deutschland, Hg. BMJFFG, Okt.89; FR 30.11.88, FAZ 30.11.88; FAZ 5.12.88; FR 2.12.88; FAZ 3.12.88, FAZ 10.12.88, taz 9.12.88; SZ 30.11.88; Die Welt 30.11.88, Welt am Sonntag 4.12.88; Der Spiegel 5.12.88; FR 16.1.89.

Vgl. M.J., Porträt Ursula Lehr, DVZ 9.12.88, M.J., Die CDU und ihr Programm – 10 Grundsatzprogramm: Debatte über ‚ethische Grundlagen verantwortlicher Politik‘, DVZ 18.11.88.

Zu IV 2.

Materialien zur Frauenpolitik 15/91, Dokumentation des BMFJ, Nov. 91; Bundesministerin Merkel legt Fahrplan für mehr Gleichberechtigung vor, Pressemitteilung des BMFJ 17.4.91; Angela Merkel, Rede zur 3. Lesung des Schwangeren- und Familienhilfeänderungsgesetz im Deutschen Bundestag am 26.5.94; Informationsdienst Nr. 2, April 92; Nr. 3 Aug. 92; Nr. 4, Dez. 92; Nr. 5, Juni 93; Nr. 6, Feb. 94; Nr. 7, Juni 94; Nr. 8, 10/94 des BMFJ.
Die Welt 9.2.91, Der Spiegel 18.2.91, FR 4.12.91, Der Spiegel 4.11.91, FAZ 18.10.91; FR 5.10.91; DIE ZEIT 23.8.91; Der Spiegel 16.9.91; DIE ZEIT 12.9.91; taz, 5.3.91; FR 13.4.91; FAZ 3.4.91; Der Spiegel 23.3.92; Der Spiegel 10.8.92; FAZ 8.3.94.

Kap V. Der gewendete Nachwuchs: Claudia Nolte

FAZ 22.2.95 und 3.3.95; Die FAZ vom 22.11.94 schreibt: Frau Nolte ist nicht wegen ihres Sachverstandes in das Kabinett Kohl geraten, sondern wegen des Zusammentreffens der drei Eigenschaften östlich, weiblich, jung. Man könnte also durchaus die Meinung vertreten, es sei egal, was sie sagt, weil es darauf nicht ankomme. Doch es muß Grenzen des Zumutbaren geben: Mit dem Baby-Begrüßungsgeld ist diese Grenze überschritten. Wenn das der Stil des Umgangs mit des Bürgers Steuerzahlungen wird, dann darf zur Steuerverweigerung aufgerufen werden.; Pressemitteilung des BMFSFJ Nr. 14 vom 21.2.95; Zweiwochendienst Nr.97/1994; FAZ 22.2.95; JW 22.2.95; Kölner Stadtanzeiger 18.2.95; Pressemitteilung des BMFSFJ vom 3.2.95; Pressemitteilung des BMFSFJ vom 19.1.95; zum Kindergeld vgl. auch: M.J., Nichts ist vorwärts gegangen, in: taz 9.3.95; Pressemitteilung des BMFSFJ vom 19.1.95; FR 1.3.95; FR 20.2.95; Pressemitteilung des BMFSFJ vom 20.2.95, 2.2.95 und 26.1.95; Pressemitteilung des BMFSFJ vom 15.2.95 und 27.6.95; KStA 13.8.96, Press Min. 1.10.96, FAZ 13.9.96, Press Min. 12.6.96, FR 20.9.96, FAZ 20.9.96, Press Min. 29.8.96, KStA 13.6.96, FAZ 14.6.96, Press Min. 16.9.96; BMFSFJ, Zukunft schaffen. Gleichberechtigt. 10 Jahre Bundesfrauenministerium, Juni 96; Journal für Deutschland, Presseamt der Bundesregierung, August-Sept.96; Dokumente der Nationalen Nachbereitungskonferenz zur 4. Weltfrauenkonferenz, BMFSFJ, Bonn 11.3.96; Informationsdienst des BMFSFJ Nr. 1 - 6.

Kap. VI. Kohl, die CDU und die Frauen (-union)

Zu VI 1.

Pressemitteilungen der Bundesregierung, Argumente – Veröffentlichung der Bundesregierung, Bild der Frau 1985-87, Frankfurter Neue Presse 1987, Grußwort des Bundeskanzlers an den Deutschen Frauenrat 1988, Eröffnungsrede Helmut Kohl auf dem Essener Bundesparteitag 1985, Deutschland-Union-Dienst 1987, Leben und Erziehung 1984, Bulletin der Bundesregierung 1986-88, Regierungserklärung 1987, Bulletin der Bundesregierung 24.6.96.

Zu VI 2.

Dokumente der Delegiertentage der Frauenunion

Zu VI 3.

DIE ZEIT 14.7.95; FR 11.10.95; taz 19.10.95: KStA 19.10.95; FR 19.10.95; FAZ 19.10.95 und 20.10.95; FR 6.11.95; FAZ 10.9.96 und 31.8.96; FR 31.8.96; FAZ 17., 22. und 23.10.96; FR 11.7.96; FR 18.10.96; Der Spiegel 14.10.96; taz 17.10.96; CDU-Informationsdienst, Union in Deutschland, UiD, 24.10.96, Dokumente des 8.Parteitags der CDU 20.-22.10.96 in Hannover

FAZ 26.10.95; FAZ 31.10.95; KStA, 22.11.95, Der Spiegel 14.11.94, Der Spiegel 10.8.92, Der Spiegel 22.7.91; Die Woche 26.5.94, FAZ 2.6.92; FAZ 4.4.92; FR 22.1.96, FAZ 27.1.96

vgl.: M.J., CDU prüft Frauenquote, taz 9.11.94; M.J., Die Gegner der Quote, Gastkommentar, Badische Zeitung, 18.11.94.

Kap. VII. Die Nolte-Wende

Der Entwurf eines Gegenbildes wurde öffentlich sehr schnell erfaßt. Die FAZ meinte gleich nach ihrer Ernennung zur Ministerin, Claudia Nolte werde bei aller äußerlichen Bescheidenheit in aller Öffentlichkeit zu einer Gegenspielerin Rita Süssmuths in deren Rolle als feministisch eingefärbter Frauenpolitikerin der CDU. ... Jenen, die aus anderer Ecke mäkeln wollten, könnte sie entgegenhalten, daß sie ihr Kind keineswegs in eine Krippe abgeschoben hat, daß ihr Mann Erziehungsurlaub genommen hat. Die Abtreibungsgegnerin führt vor, daß Frauen mit Kindern beruflich aufsteigen können. FAZ 18.11.95

Die FAZ war es auch, die für eine CDU- und Regierungspolitik, die wieder stärker der Vorsorge für Familie und Nation dient, ganz ohne Quote zeitweilig ein weibliches Übergewicht in der Politik hinnehmen würde. Während die Quote selbst, so ihre Warnung, weil sie Frauen bevorzuge, nur neue Disproportionen schaffe. (FAZ 25.11.94).

Vgl.: M.J., Der weibliche Heitmann?, Claudia Nolte, neue CDU-Ministerin und Proporzfrau, taz 19.11.94, M.J., Jung, weiblich, östlich und katholisch-konservativ, Die neuen christdemokratischen Schwestern, Eine Analyse der Politik und des Phänomens der Ministerin Claudia Nolte, FR-Dokumentation, 22.5.95.

Vgl. allgemein: Adelheid Gliedner-Simon, M.J., Kinder, Küche und Karriere, Wie manage ich Familie und Beruf, Abschlußbericht eines Forschungsprojektes 1993 Wege zur besseren Vereinbarkeit von Beruf und Familie, Pfaffenweiler 1995; M.J., Täterin, Zuarbeiterin, Opfer – Frauen, Rechtsextremismus und Gewalt, in: Christiane Tillner (Hg.), Frauen, Rechtsextremismus, Rassismus, Gewalt – Feministische Beiträge, Münster 1994.

Kap. VIII. Vom Versagen der Traditionslinken und der grünen Innovation

Zu VIII 1.

Sozialdemokratischer Informationsdienst, Dokumente Nr. 28, Frauen in der SPD, Dokumentation der Quotendebatte vom 30.8.1988 auf dem Bundesparteitag in Münster, Bonn 1988; Politik für Frauen mit der SPD, 2. Frauenpolitische Konferenz der SPD-Bundestagsfraktion am 24.10.1990, Dokumentation der Bundestagsfraktion, Bonn 1991; Frauenthemen Nr. 1, Der Gleichstellungsbericht des Parteivorstandes – vorgelegt auf dem Bremer Parteitag am 28.Mai 1991, Dokumentation der ASF, Bonn, Juli 1991; Gleichstellungsbericht zur Vorlage auf dem o. Bundesparteitag der SPD 16.-19.11.1993 in Wiesbaden, Dokument des Parteitages; Gleichstellungsbericht 14.-17.11.1995 Mannheim; Dokumente der SPD-Parteitage 1989-1996

Die Zeit, in der sozialdemokratisch geführte Regierungen sich mit auffallenderer Frauenrepräsentanz profilierten, war sehr kurz: Der berühmte Berliner Frauensenat hielt vom März '89 bis Juli '90. Ministerpräsident Eichel trat in Hessen paritätisch mit vier Frauen an, von denen eine auch als Ministerin noch manche feministische Positionen vertrat und deshalb bald gehen mußte. Der Hamburger Wahlsieg im Juni '91 bescherte eine neue Senatsfrau, für die Bremer Ampel-Koalition vom Oktober '91 war die Frage nach Senatorinnen gerade noch ein Randthema. Im Januar '92 warb die SPD Baden-Würtembergs – solange Wahlkampf war – mit paritätischem Schattenkabinett. In der anschließenden großen Koalition blieb eine Frau für Kultur und Soziales übrig. Fraktionsvorsitzender wurde 1992 Ulrich Klose und nicht Herta Däubler-Gmelin und Parteivorsitzender 1993 Rudolf Scharping und nicht Heidi Wieczorek-Zeul. Renate Schmidt als bayrische Spitzenkandidatin, Inge Wettig-Danielmeier als Schatzmeisterin und Heide Simonis als Ministerpräsidentin nach dem gescheiterten Engholm sind da ein nicht sehr beeindruckender Ausgleich. Auf dem Wiesbadener Parteitag, der sich schwerpunktmäßig mit der arbeitsmarkt- und sozialpolitischen Lage des Landes beschäftigte, wies Rudolf Scharping die Kritik an fehlenden Aussagen zur Frauen- und ImmigrantInnenpolitik mit dem Hinweis zurück, diese zählten nicht zum heute Wichtigen. Vgl. SZ 18.11.93.

Vgl. auch: M.J., Mit Weiblichem zur Menschlichkeit, Zur AsF-Bundeskonferenz, DVZ 23.10.87; M.J., Mitbestimmung: Wenig Chancen für Recycling – SPD-Programmwerkstatt zur Wirtschaftsdemokratie, taz 2.2.88; M.J., SPD-Diskussion um Gleichstellung – SPD-Programmwerkstatt Frauen, DVZ 13.5.88; M.J., SPD und Quote, in: Das Argument 172/1988; M.J., Oskar Lafontaine bietet sich als Weichensteller für zukunftsfähigen Kapitalismus an – zum SPD-Parteitag, Analyse in: Druck und Papier 19/88; M.J., Fortgeschritten und ausgeblendet, Feministische Kritik am SPD-Programmentwurf, in: Sozialistische Politik und Wirtschaft, Nr. 48, 1989; M.J., Geschobene oder Schiebende, SPD auf dem Berliner Programmparteitag, in: Kontrapunkt 2/90; M.J., Zerrissenheit der SPD, Kolumne in: DVZ 22.6.90; M.J., Mit neuem Outfit – Warum sich nicht ‚versöhnen' lassen – SPD-Parteitag in Bremen, in: Kontrapunkt 13/91; M.J., Auf die Linke kommt es an, in: K. Thüsing,

A. Klönne, K.L. Hesse, (Hg.), Zukunft SPD – Aussichten linker Politik in der Sozialdemokratie, Hamburg 1981; M.J., Peter Glotz und Peter von Oertzen und der lebendige Marxismus – sozialdemokratische Schlußfolgerungen aus dem Wandel der Zeit, Kommentar in: DVZ 28.6.85; M.J., Die Enkelinnen melden sich zu Wort – Sorgen um das frauenpolitische Erscheinungsbild der SPD, DVZ 26.7.85; M.J., Massenarbeitslosigkeit überwinden – SPD-Parteitag in Nürnberg 25.-29.8.86, in: Druck und Papier 19/86; M.J., Frauenprogrammatische Erneuerung der Sozialdemokratie – Nürnberg und die Frauen, Analyse in: spw 1986; M.J., Schlaffe Beschlüsse von SPD-Frauen, taz 19.10.87, M.J., Ob's noch mal was wird – Quotierung bei der SPD, taz 19.10.87; M.J., Fast alles soll geändert werden – Arbeitsschwerpunkte der SPD-Bundestagsfraktion, DVZ 9.10.87; M.J., Das Ende des frauenpolitischen Bad Godesberg, Freitag 8.10.93; M.J., Abschied von der Reformpartei, Gastkommentar, Badische Zeitung 24.11.93. M.J., Pudding im Nebel, Die SPD zerfällt, bis zur Selbstbedienung nichts mehr bleibt, Kommentar in: taz 8.9.95; M.J., Bremser und Blockierer, Ist die SPD zu einem Reformbündnis in der Lage?, taz 3.5.95; M.J., Zwei Frauen spielen zweite Geige, Die SPD und ihre salomonische Entscheidung, taz 12.10.93; M.J., Das Wesentliche ist die SPD, IG Medien Forum, Nr. 16/92; M.J., SPD-Parteitag, IG Medien Forum, Nr. 1/94.

Zu VIII 2.

Vgl. M.J., Beim DGB geht Frau längst nicht mehr vor, taz 1.2.94; M.J., Frau geht zurück, taz 4.2.94; M.J., Gewerkschaftsreform: Weniger Mann wäre mehr, taz 13.6.94, M.J., Die Zentralachse, DGB-Reform und die Frauenfrage, taz 2.6.94; M.J., Referat: Durchsetzungsbedingungen von Fraueninteressen in der Tarifpolitik, Frauenpolitische Fachtagung der Gewerkschaft HBV, 9.-11.6.94, Dokumentation; M.J., Die Gewerkschaften rutschen ins Abseits, Badische Zeitung, Gastkommentar, 9.6.94; M.J., Grauenhafter Kotau, Der DGB und seine Frauen, taz 16.6.94; M.J., Besuch bei führenden Herren, taz 24.11.94; M.J., Feminisierung der Gewerkschaften, Gewerkschaftliche Monatshefte 7/95, M.J., Gleichberechtigt arbeiten und leben, Thesen zur 2. Bundesfrauenkonferenz der IG Medien 31.3.-2.4.95; M.J., Statt Sturm..., HBV-Gewerkschaftstag, Forum der IG Medien, Nr. 2/95; M.J., Zukunftskongress der IG Metall, in: Druck und Papier, Nr. 1/89; DGB-Frauenoffensive Frau geht vor, Forum der IG Medien, 7.9.92; M.J., Auf schwankendem Boden, Kommentar zum DGB-Kongress, taz 14.11.96; M.J., Zwischen Öffnung und Regression, Nach dem Scheitern des Bündnisses für Arbeit, taz 14.6.96; M.J., Die Jagd nach der verlorenen Realität, Gewerkschaftstag der IG Medien, taz 26.10.95; M.J., Keine Zeit zur Trauer, Gewerkschaften: noch nie waren sie so schwach wie heute, taz 17.2.95; M.J., Frau geht vor! Der DGB muß in die wirkliche Reformdebatte kommen, taz 11.5.94; M.J., Abschied von Gestern, DGB-Programm für soziale Marktwirtschaft, taz 2.7.96.

Zu VIII 3.

Vgl. M.J., Die Entwicklung der Frauenprogramme der Parteien (CDU, FDP, SPD, Grüne, DKP), Sonderdruck DVZ, 1988; M.J., Eine neue Strategiediskussion der Linken, in: Detlev Albers, Frank Deppe, Michael Stamm (Hg.), Fernaufklärung, Köln 1989; M.J., Das bloße Objekt der Begierde? Die Ursachen der Probleme im Osten sind vielgestaltiger als die Initiatoren des Komitees meinen, in: Freitag 31.7.92; M.J., Linke Hoffnung PDS? Widerspruch gegen Gysi, DVZ Nr. 17/90; M.J., Pappkamerad Stalin, zum PDS-Parteitag, Forum IG Medien Nr. 2/95; M.J., Deutsche Kommunistische Partei – eingekeilt, in: spw 45/89.

Zu VIII 4.

Vgl. M.J., Die Bedeutung von '68, in: Blätter für deutsche und internationale Politik 2/88; M.J., Keine Perestroika für die Frauen, taz 30.6.88; M.J., Soziale Bewegungen in den 90er Jahren, Referat 2. bundesweite Aktionskonferenz gegen Neofaschismus und Rassismus, 10./11.2.90; M.J., Die westdeutsche Linke und des Krise des Sozialismus, in: spw Juli 1990; M.J., Prima Klima wider den Zeitgeist, Kommentierung zum SDS-Treffen, DVZ 27.11.86; M.J., Am Rande ein Lebenszeichen – Glasnost und die Linke, in: Frontal Mai 88; M.J., Autonomie, Individuum, Kollektiv; Ein Beitrag zur Erneuerung der Linken, in: Sozialismus 2/90; M.J., Ende des Sozialismus? Kein Bedarf an Utopien, DVZ Nr. 37/89; M.J., Frauen unter Gorbatschow, Sozialistische Revolutionen und die Frauenfrage, in: Konkret Mai 1988; M.J., Frauenemanzipation und Befreiung, in: Jürgen Harrer (Hg.), Für eine Mehrheit links von der CDU, Köln 1986; M.J., Konturen einer emanzipatorischen Utopie heute, Ökologie-Stiftung NRW, Dortmund 1993; M.J., Auf der Suche nach dem verlorenen Streit. Es droht ein Rückfall in altes Lagerdenken, taz 5.11.93; M.J., Auf den Oppositionsbänken lauert die Frauenfrage, taz 2.3.95.

Zu VIII 5.

Vgl. M.J., Gradwanderung, Der Parteitag der Grünen in Hamburg, Verändern, aber wie?, DVZ 14.12.84; M.J., Was von ihnen zu erwarten ist – Die Grünen, in: Druck und Papier Heft 4/85; M.J., Nachdruck für Veränderung – der grüne Entwurf eines Antidiskriminierungsgesetz, DVZ 13.12.85; M.J., Notwendiger denn je – grüne Anhörung zum Antidiskriminierungsgesetz, DVZ 9.5.86; M.J., Freischwimmen ohne Bevormundung – zur Frauenpolitik der Grünen Partei, Analyse in: DVZ 24.10.86; M.J., Autonome Haushalte – Zum Kongress der Grünen ‚Frauen und Ökologie', Kommentierung in: DVZ 10.10.86; M.J., Mütter oder Nichtmütter – die zentrale Frauenfrage? Bericht und Einschätzung Mütterkongreß der Grünen, DVZ 19.12.86; M.J., Die Grüne Partei ist auf der Suche nach gesellschaftlicher Veränderungsstrategie in: Druck und Papier 11/87; M.J., Mütter – ein neuer Emanzipationsbegriff?, Zur Bundesversammlung der Grünen, DVZ 8.5.87; M.J., Orientierungssuche ohne greifbare Ergebnisse – die 2. Grüne Bundesfrauenkonferenz, DVZ 4.12.87; M.J., Vorläufiger Stillstand – Bundesversamlung der Grünen in Ludwigshafen, DVZ 1.4.88; M.J., Existenzkrise der Grünen, Badische Zeitung 7.3.91; M.J., Die Grünen sind nicht gescheitert, Badische Zeitung 3.5.91; M.J., Grüne Perspektiven, in: Die Grüne Zeitung NRW, März 91; M.J., Grüne Frauen Macht Politik – Zur 1. Bundesfrauenkonferenz der Grünen, DVZ 25.10.85; M.J.,Grüne Bundesfrauenkonferenz, WDR, Kritisches Tagebuch, 9.11.92; M.J., Das Feuer brennt noch, Zum Grünen Parteitag in Berlin, Badische Zeitung 17.4.91; M.J., Harte Zeiten fördern harte Männer, Zur Bundesfrauenkonferenz der Grünen, taz 16.9.96.

Kap. IX. Von der Autonomie in die Differenzierung: die neue Frauenbewegung

M.J., Frauenbewegung nach der Wende, Blätter für dt. und intern. Pol. 7/84, Sonderdruck 309; M.J., Frauenbewegung – Probleme und Chancen, DVZ 2.3.84; M.J., BMJFG: Frauen in der Bundesrepublik, DVZ 17.4.84; M.J., Die quotierte Frau – Keine Frauenpolitik ohne Feminismus, in: Düsseldorfer Debatte, Zeitschrift für Politik, Kunst, Wissenschaft 12/85; Zukunft der Familie – Zukunftsdebatte der Linken, in: Demokratische Erziehung Heft 2 1986; M.J. (Hg.), FrauenWiderspruch, Alltag und Politik, darin M.J., Die neue Frauenpolitik der Bundesregierung und das Agieren der Frauenbewegung, Köln 1987; M.J. (Hg.), Halbe-Halbe – der Streit um die Quotierung, Berlin 1986; M.J., Assoziationen zur Lage der Frauenbewegung, in: spw Nr. 44 1988; M.J., Aufkündigung der Mittäterschaft, DVZ 10.6.88; M.J., Keine Perestroika für die sowjetische Frau, taz 3.6.88; M.J., Frauenbewegung im Übergang zu den 90er Jahren, Analyse, Sonderseite in: DVZ 7.4.89; M.J., Menschenrechte haben (k)ein Geschlecht – Der Streit um Gleichheit und Differenz", DVZ 20.10.89; M.J., Frauenbewegungen in DDR und BRD – gesellschaftliche Utopien von Feministinnen, in: Axel Lochner (Hg.), Linke Politik in Deutschland, Hamburg 1990; M.J., Bündnis auf dem Petersberg – erste gesamtdeutsche Frauenkonferenz, DVZ 12.10.90; M.J., Frauenbewegung – Zwischen Utopien und Ruinen, in: Paderborner Universitätsreden, Christiane Erlemann, Martina Möller, Die Hälfte des Himmels, Paderborn, Oktober 1993; M.J., Wider die Einfalt, Die Frauenfrage ist keine Nischenangelegenheit, sondern gehört ins Zentrum der Gesellschaftspolitik, taz-Debatte 8.3.94; M.J., Feminismus, Frauen und Politik, in: Christine Eifler (Hg.), Ein bißchen Männerhaß steht jeder Frau, Berlin 1991; M.J., Die Frauen sind stinksauer, Gastkommentar, Badische Zeitung 17.6.93; M.J., Die Quote – einst Schlachtruf, nun Pleitesymbol? Eine Bilanz der Frauenförder- und Gleichstellungspolitik, Samstag abend im WDR, 8.10.94; M.J., Lautlose Kämpfe, Frauen, Politik und Macht, taz 26.10.94; M.J., Vater, Mutter, Kind, Europa im Umbruch – wo steht die Familie, Freitag 20.1.95; M.J., Was heißt hier noch Emanzipation, Postmoderne Theorien in der feministischen Forschung, Freitag 17.3.1995; M.J., Keineswegs nur westliche Dominanz, Zum Verhältnis der beiden Frauenbewegungen, in: Katrin Rohnstock (Hg.), Stiefschwestern, Frankfurt 1994; M.J., Die Dekonstruktion der Geschlechter – das Ende der Politik?, WDR, Am Abend vorgestellt, 14.8.95; M.J., Gleichberechtigung wie man(n) sie gerne hätte – Politische Auswirkungen des EuGH-Urteils und Perspektiven für die Frauenpolitik, Referat, dokumentiert in: Landeskonferenz der Hochschulbeauftragten Schleswig-Holstein, Symposium

15.3.96, Männerjustiz gegen Frauenquoten, Reader Kiel 1996; M.J., Die Frauenfrage als Männerfrage, in: DVZ 4.5.89; M.J., Motherhood is beautiful, Ein Beitrag zur Auseinandersetzung um das Müttermanifest, in: Kommune 6/87; M.J., Weibliche Freiheit braucht Gleichstellungspolitik. Eine Antwort an die italienischen Differenzfeministinnen, in: Unterschiede Heft 14/15, Oktober 1994; M.J., Lautes Schweigen, Der Frauentag findet nicht statt, taz 8.3.96; M.J., Bevorzugung der Bevorzugten, Was Chancengleichheit ist, bestimmen die Männer, taz 18.10.95; M.J., Wo die Quote erfüllt ist, beginnt demokratische Geschlechterpolitik, taz 24.7.95; M.J., Familie nach Plan, taz 3.9.94; Frauenförderung als Alibi? Analyse der Gleichberechtigungsgesetze, taz 6.8.93; M.J., Zielgruppe Frauen, in: Psychologie heute, Sonderheft Frauen, Januar 1987; M.J., Das Frauenbild der Zukunft – das Männerbild der Zukunft, in: Loccumer Protokolle 4/86, Familienpolitik kontra Frauenpolitik, Loccum 1986.

Zur Einschätzung der Situation der Frauen in der DDR und zur Frauenbewegung im Osten vgl.: Christine Kulke, Heidi Kopp-Degethoff, Ulrike Ramming (Hg.), Wider das schlichte Vergessen, Der deutsch-deutsche Einigungsprozeß, Frauen im Dialog, Berlin 1992; Rita Süssmuth, Helga Schubert, Bezahlen die Frauen die Wiedervereinigung, München 1992; Cordula Kahlau (Hg.), Frauenbewegung in der DDR, Dokumentation, München 1990; Argument extra, Unabhängiger Frauenverband (UFV), Ohne Frauen ist kein Staat zu machen, Hamburg 1990; Ministerium für Arbeit, Soziales, Gesundheit und Frauen, 1. Frauenreport Land Brandenburg, Potsdam, 1993

Kap X. Das Claudia-Nolte-Phänomen

FAZ 19.6.96; FAZ 30.9.96; FAZ 15.6.96; KStA 22.6.96 und 4.7.96, FAZ 17.6.96; FR 21.6.96; taz 14.6.96; FAZ 25.11.94; Die Welt 30.4.96.

Kap. XI. Alternativen – Emanzipation ist produktiver

M.J., Männerwelten brechen zusammen, taz 21.12.93; M.J., Die Schätze bergen, taz 30.4.94; M.J., Nicht mehr Totem, nicht neues Tabu: Gleichstellung weiterdenken, in: E.Biester, B.Holland-Cunz u.a.(Hg.), Gleichstellungspolitik – Totem und Tabus, Eine feministische Revision, Frankfurt/New York 1994; M.J., Der Sozialstaat steht nicht zur Debatte, in: Olympe, Feministische Arbeitshefte zur Politik, Sozialpolitik – Arena des Geschlechterkampfes, Heft 3 / Juni 1995; M.J., Gleichstellungspolitik zwischen Anpassung an den Mann und Abbau patriarchaler Strukturen, in: Beiträge zur feministischen Theorie und Praxis; Utopie – Richtiges im Falschen, Heft 39, 1995; M.J., Was Frauen schon immer forderten und noch nicht haben, in: Arbeitsgruppe Kultur und Lebenswelt (Hg.), Dialoge zwischen den Geschlechtern, Deutsches Institut für Erwachsenenbildung, Frankfurt 1995; M.J., Ein Schuß aus der

Hüfte, Das Bündnis für Arbeit greift in vielem zu kurz und doch muß der Vorschlag gerettet werden, taz 9.1.96; M.J., Für eine gerechten Neubau des Sozialstaates, in: Freibeuter, Wie wirtschaften?, Heft 67, März 1996; M.J., Jenseits der Arbeitsgesellschaft? Für einen neuen Geschlechter- und Gesellschaftsvertrag, Vortrag, Dokumentation der Angestelltenkammer Bremen, 1996.

Vgl. die Arbeiten der folgenden Personen, die sich ebenfalls mit der Umgestaltung der Gesellschaft auseinandergesetzt haben: Dörthe Jung, Barbara Holland-Kunz, Frigga Haug, Friedhelm Hengsbach, Ingrid Kurz-Scherf, Peter Grottian, Warnfried Dettling, Gisela Notz, Ute Gerhard, Marie-Luise Beck, Andrea Fischer, Detlef Hensche, Dieter Wunder, Herbert Mai, Walter Riester u.a.m.

Die Autorin

Mechtild Jansen, geb. 1952, lebt als Sozialwissenschaftlerin und freie Publizistin in Köln. Sie arbeitet für verschiedene Tages- und Wochenzeitungen sowie für den Rundfunk, regelmäßig erscheinen Kolumnen von ihr in der *taz*. Sie veröffentlicht vor allem in Zeitschriften, Büchern und hält Vorträge. Als Studentin war sie Bundesvorsitzende des Sozialistischen Hochschulbundes (SHB), danach war sie hauptsächlich in der Frauenbewegung, in der Friedensbewegung und in demokratischen Bürgerinitiativen auf Bundesebene tätig, u.a. in den 80er Jahren als Mitglied und später Sprecherin des Koordinierungsausschusses der Friedensbewegung.

Thematische Schwerpunkte ihrer Arbeit sind: Frauen- und Gleichstellungspolitik, Feminismus, Gesellschaftspolitik, Arbeit, Sozialstaat, Militarismus, Sicherheits- und Friedenspolitik, Parteien, Gewerkschaften, soziale Bewegungen.